GOLDMANN
ARKANA

Christian Reiland

Lass los
und finde das
Glück in dir

GOLDMANN
ARKANA

FSC
Mix
Produktgruppe aus vorbildlich
bewirtschafteten Wäldern und
anderen kontrollierten Herkünften
Zert.-Nr. GFA-COC-001262
www.fsc.org
© 1996 Forest Stewardship Council

Verlagsgruppe Random House FSC-DEU-0100
Das FSC-zertifizierte Papier *EOS*
für dieses Buch liefert Salzer, St. Pölten.

1. Auflage
Originalausgabe
© 2010 Arkana, München
in der Verlagsgruppe Random House GmbH
Lektorat: Daniela Weise
Umschlagmotiv: FinePic®, München
Umschlaggestaltung: UNO Werbeagentur, München
Satz: Greiner & Reichel, Köln
Druck und Bindung: Friedrich Pustet AG, Regensburg
Printed in Germany
978-3-442-33877-1

www.arkana-verlag.de

Inhalt

Das Streben nach Glück

Es war einmal in einem weit entfernten Land ein König, dem das Glück seines Volkes wichtiger war als alles Geld und Gold. Kultur, eine intakte Umwelt, eine gute Regierung und ein nachhaltiges Wirtschaftswachstum waren für ihn die vier Säulen des Glücks. Jedem Menschen sollte eine gute Erziehung, Bildung und auch gesundheitliche Vorsorge und Versorgung ermöglicht werden.

Ein Märchen? Nicht wirklich! Es gibt diesen König. Er heißt Jigme Singye Wangchuck, das Land, das er regierte, Bhutan. Er war es, der vor fast 40 Jahren den Begriff »Bruttonationalglück« in die Welt brachte. Mittlerweile im Ruhestand, sind es nun sein Sohn und die Regierung der neu gegründeten Demokratie, die dieses »Bhutan-Projekt« weiter verfolgen. Sicherlich ist auch in Bhutan nicht alles perfekt, doch es ist wahrscheinlich das einzige Land, für das das Bruttonationalglück erklärtermaßen wichtiger ist als das Bruttosozialprodukt.

Das Streben nach Glück verbindet uns Menschen mehr als alles andere. Dabei spielen natürlich auch die äußeren Bedingungen und gesellschaftlichen Gegebenheiten eine Rolle, doch letztlich findet der Einzelne das Glück nicht im Außen, solange er es nicht in sich selbst entdeckt und befreit hat.

Um Letzteres geht es in diesem Buch. Es ist eine Reise hin zu einem glücklich(er)en Leben. In den nächsten Tagen, Wochen oder auch Monaten werde ich Ihr ganz persönlicher Reiseleiter sein. Da ich die vertraulichere Du-Form vorziehe, werde ich diese ab jetzt verwenden.

Gleich einmal eine Frage an dich: Stell dir vor, es gäbe ein persönliches Glücksniveau und du würdest jetzt für die letzten sieben Tage eine durchschnittliche Bewertung auf einer Skala von -10 bis +10 abgeben. Welche Zahl kommt dir da in den Sinn? Notiere diesen Wert: _____

Da du dieses Buch gerade jetzt in dein Leben gezogen hast, gehe ich einmal davon aus, dass dein Glückswert, so nenne ich ihn mal, nicht bei +10 liegt. Und du bist bestimmt nicht abgeneigt, deinen persönlichen Wert zu erhöhen, nicht wahr?!

Glücksmomente zu erleben, ist sicherlich eine wundervolle Sache, erstrebenswerter finde ich jedoch ein hohes und stabiles Glücksniveau. Doch schließt das eine das andere nicht aus? Ist nicht gerade das Nicht-glücklich-Sein die Voraussetzung für intensive Glücksmomente? Als ich anfing, mich intensiv mit dem Thema Glück zu beschäftigen, stellte ich mir unter anderem genau diese Fragen. Die eigenen und auch die Erfahrungen anderer lieferten mir schließlich die Antwort: Je höher das Glücksniveau, desto häufiger, länger und auch intensiver sind letztlich die Glücksmomente. Durch ein höheres Glücksniveau wird unsere innere Antenne neu ausgerichtet, und zwar auf die positiven Seiten des Lebens. Nicht nur dass wir diese nun mehr und mehr registrieren, wir bewerten sie auch anders. Eine Blume ist nun ein Wunder der Natur und ein Sonnenuntergang ein fantastisches Naturschauspiel. Selbst Dinge, die vorher negative Gefühle bei uns auslösten, sehen wir nun anders und bewerten sie auch anders.

Sicherlich kennst du Menschen, die schnell in Angst verfallen. Selbst eine leicht brenzlige Situation löst bei ihnen schon Panik aus. Gemeinsam ist diesen Menschen ein (zu) hohes Angstniveau, von wo aus der Schritt zur Panik nicht mehr weit ist. Bei anderen wiederum ist die Distanz zwischen Angst und Panik sehr viel größer, und daher geraten sie auch nur selten in Panik. Umgekehrt ist es mit positiven Emotionen genauso: Von einem hohen Glücksniveau aus ist es nur ein kurzer Weg zu intensiven Glücksmomenten, und ein hohes Glücksniveau fängt einen auch in weniger angenehmen Zeiten sehr sanft auf.

Sicherlich hast du schon einmal von den Serotoninen gehört, den Glückshormonen. Wenn nun ein ausgeglichener oder auch leicht erhöhter Serotoninspiegel Glücksgefühle auslöst, dann, so sagt mir der gesunde Menschenverstand, können im Umkehrschluss Glücksgefühle den Serotoninspiegel ausgleichen und auch leicht erhöhen. Und um nur einige positive Auswirkungen zu nennen: Das verringert Gefühle von Angst, Stress, Hunger, Niedergeschlagenheit, Aggressivität, Sorgen, Depressionen, Müdigkeit usw. Und es verbessert die Wundheilung, lindert Migräneattacken und stärkt die Libido.

Ein kleines Bonbon noch für all diejenigen, für die das Gesetz der Anziehung ein Begriff ist: Ein höheres Glücksniveau bedeutet natürlich auch eine höhere Grundschwingung, und diese wiederum erleichtert das Manifestieren ungemein.

Liebe Leserin, lieber Leser, ich hoffe, ich habe deine Neugier geweckt und dich zu diesem Abenteuer motiviert. Wie du siehst, gibt es genügend Gründe dafür, glücklich(er) zu sein, und während du diese Zeilen liest, hast du schon den ersten Schritt in diese Richtung getan. Ich wünsche dir alles Gute auf deiner Reise zu einem glücklich(er)en Leben!

Christian Reiland

Einleitung: Ich bin dann mal glücklich

Zur Entstehung dieses Buches

Wie alle von Menschen geschaffenen Dinge war auch dieses Buch erst einmal »nur« ein Gedanke, der sich mit der Zeit zu einer Vision entwickelte. Nach meinen beiden ersten Büchern („LOA – Das Gesetz der Anziehung" und „EFT – Klopfakupressur für Körper, Seele und Geist") entstand bei mir das Bedürfnis, die Klopfakupressur-Techniken mit den Prinzipien des Gesetzes der Anziehung (= LOA, Law of Attraction) zu verbinden. Glücklichsein erschien mir als das ideale Bindeglied zu LOA, und ich bin darauf schon am Schluss meines LOA-Buches kurz eingegangen. Es bietet sich gerade jetzt, in der Weltwirtschafts-»Chance«, die Möglichkeit, uns wieder auf unsere *inneren* Werte zu besinnen und diese zu kultivieren.

Grundlage des vorliegenden Buches ist ein Online-Glückskurs, den ich im April 2009 durchführte und den 44 TeilnehmerInnen bis zum Schluss absolvierten. Primär ging es um die Erhöhung des Glücksniveaus, jedoch bezog ich bei der Auswertung auch andere Faktoren mit ein (siehe Kapitel 5). Ergebnis des 30-Tage-Kurses war, dass sich neben dem Glücksniveau auch diese anderen Aspekte wie körperliches, emotionales, mentales Befinden, innerer Friede, Freiheitsgefühl, Ausgeglichenheit, Fitness, Vitalität und Schlafqualität, in signifikantem Maße verbesserten.

Mit diesem Kurs konnte ich mein Programm, das diesem Buch zugrunde liegt, testen. Die Teilnehmer absolvierten ihn, wie sich herausstellte, mit großem Erfolg, und ich konnte dank Rückmeldungen und Verbesserungsvorschlägen mein Konzept noch vereinfachen und optimieren.

Im Großen und Ganzen kann man dieses Buch als nächsten Schritt nach LOA bezeichnen, und einiges wird meinen Lesern schon bekannt vorkommen. Aber dieses Buch geht darüber hinaus und wird dir, so hoffe ich, neue Möglichkeiten eröffnen.

»Reise« – und Schreibstil

Zu der in diesem Buch verwendeten Reise-Metapher wurde ich inspiriert durch Hape Kerkelings Bestseller: »Ich bin dann mal weg – Meine Reise auf dem Jakobsweg« (Malik Verlag, 2006). Mein Buch kann man mit einer inneren Pilgerreise vergleichen, bei der man Etappe für Etappe sein hinderliches Gepäck loslässt. Im gleichen Maße kommen Leichtigkeit, Freiheit, Frieden und Glück hinzu.

Als ich mir letztlich klar wurde über Inhalt und Aufbau dieses Buches, traf ich die Entscheidung, meinen Schreibstil gegenüber meinen ersten beiden Büchern zu verändern. In meinen Seminaren und auch in Coachings verwende ich leidenschaftlich gerne einen humorvoll-provokativen Stil. Dieser wird dir in diesem Buch immer mal wieder begegnen.

Du kannst davon ausgehen, dass dies auf eine respektvolle und liebevolle Art gemeint ist, mit einem kleinen Augenzwinkern. Und: Das Lesen soll und darf Spaß bereiten! Mit diesem humorvoll-provokativen Stil beabsichtige ich, eingefrorene Denk- und Glaubensmuster aufzubrechen – und das ist schließlich ein nicht unwesentlicher Teil dieser Reise. Über sich selbst lachen zu können, ist meines Erachtens eine ganz wichtige Fähigkeit, um auch dauerhaft glücklich zu sein.

Wie du wirklich von diesem Buch profitierst

> »Es gibt nichts Gutes, außer man tut es.«
> *Erich Kästner*

Es ist selbstverständlich dir allein überlassen, wie du an dieses Buch herangehst. Wir alle haben unsere persönlichen Lese-, Lern- und auch Umsetzungsstrategien. Ich möchte dir jedoch empfehlen, die vorgegebene Reihenfolge einzuhalten.

Dieses Buch ist in 5 Kapitel untergliedert. Die beigefügte CD wiederum ist dazu da, dir die Reise zu erleichtern.

Vielleicht ist dies nicht dein erstes Buch zum Thema Glück oder auch allgemein zum Thema Persönlichkeitsentwicklung. Und, sei mal ehrlich: Wie viele davon hast du von Anfang bis Ende gelesen und wie viel davon letztendlich umgesetzt? Willkommen im Club. Da geht es dir so wie mir und vielen Millionen anderen auch. Immerhin finanzieren wir den Ratgeberbuchmarkt und schaffen bzw.

erhalten Arbeitsplätze ... Ich weiß, was du jetzt denkst: Ja, ich profitiere auch davon!

Damit du in Sachen Glück wirklich weiterkommst, möchte ich dich dazu anregen, nicht nach dem Fundament (Kapitel 1) aufzuhören, sondern mit Hilfe des praktischen Teils, ab Kapitel 2, auch noch das Haus darauf zu errichten. Wie viel Zeit du dir im Endeffekt dafür nimmst, ist dir überlassen, jedoch gilt auch hier: »Steter Tropfen höhlt den Stein.« Es ist sehr viel effektiver, über zwei bis drei Monate vier- bis sechsmal die Woche etwa eine halbe Stunde pro Tag deinen »Glücksmuskel« zu trainieren, als ein- bis zweimal die Woche für ein bis zwei Stunden.

Höre ich da den leisen Aufschrei: »So viel Zeit habe ich nicht!«? Möchtest du jetzt dieses Buch zu den anderen ungelesenen legen, es verschenken oder schnell wieder verkaufen? Vielleicht wartest du ja auf ein Buch mit dem Titel: »Glücklich werden im Schlaf«? Falls da jetzt ein kleines Lächeln entsteht, dann behalte es noch mindestens eine Minute bei, du stärkst damit nicht nur dein Immunsystem, sondern setzt auch noch Glückshormone frei! Ich warte so lange.

Keine Zeit zu haben, ist wohl die Nummer eins der Ausreden, etwas nicht zu tun. Möglicherweise ist auch das Problem am Glücklich(er)sein, dass es nichts kostet, vielleicht mal abgesehen von dem Preis für dieses Buch. Und was nichts kostet, hat nun mal keinen Wert. Du verneinst die Aussage? Dann machen wir doch einmal die Probe aufs Exempel. In der Einleitung habe ich dich aufgefordert, dein derzeitiges Glücksniveau auf einer Skala von -10 bis +10 bezüglich der letzten sieben Tage festzulegen. Wie viel (in Euro) wäre dir eine Erhöhung dieses Niveaus um 4,42 Punkte wert? Und wie viel Zeit (in Stunden) würdest du dafür in den nächsten zwei bis drei Monaten investieren?

4,42 Punkte sind exakt die durchschnittliche Steigerung des Glücksniveaus meiner Onlinekurs-TeilnehmerInnen bei einer Investition von durchschnittlich insgesamt 25,19 Stunden. Bist du dazu bereit? Bist *du dir* das wert?

Die gute Nachricht: Hast du erst einmal ein zufriedenstellendes Glücksniveau erreicht, so braucht es nur noch eine geringe Investition von Zeit, um dieses Niveau zu halten. Das ist wie beim Autofahren. Um ein Auto zu beschleunigen, ist viel Energie notwendig, um das Tempo zu halten, sehr viel weniger.

Sicherlich wird es in den folgenden Wochen auch Tage geben, an denen deine Zeit wirklich knapp ist. Das ist jedoch kein Grund, dann gar nichts für dein Glück zu tun. Tut mir leid! Insbesondere in Kapitel 3 findest du Tipps und Anregungen, die wenig oder auch gar keinen Zeitaufwand erfordern.

Nutze die Zeit, die dir zur Verfügung steht, ob dies nun 5 oder auch 50 Minuten sind, und vergiss dabei das *Leben* nicht. Gönne dir deine »Ruhetage« und pflege, nein, intensiviere deine sozialen Kontakte. Nutze insbesondere die Zeiten, in denen du dich bezüglich Vergangenem grämst oder auch über Zukünftiges sorgst. Die Vergangenheit ist vergangen (deshalb heißt sie auch so), und die Zukunft ist noch nicht geschrieben. Hilfreich wird dir dabei die Klopfakupressur (Kapitel 2) sein.

Investiere weniger Zeit in das Erreichen materieller Dinge und mehr in das, was wirklich wichtig ist: Schätze des Lebens wie innerer Friede, Freiheit, Zufriedenheit, Freude, Liebe, Wohlbefinden und Glück, und sei dir gewiss, dass dir das Universum dafür alle Zeit der Welt schenkt ... womit wir bei Kapitel 4 wären, dem wohl zeitaufwendigsten Teil des Buches. Hier geht es ums Loslassen der Aspekte deines Lebens, die deine »innere Kraft« und damit auch dein Glücksniveau beeinträchtigen. Des Weiteren findest du hier Übungen, die dir helfen, dein erlangtes Glücksniveau zu stabilisieren bzw. weiter zu erhöhen. Auch hier hat es sich bewährt, die vorgegebene Reihenfolge einzuhalten.

Dieses Buch und auch jedes einzelne Kapitel erheben in keiner Weise den Anspruch auf Vollständigkeit. Während deiner »Reise« werden sicherlich einschränkende Aspekte, dein Glück betreffend, auftauchen, die eventuell nicht Teil der in Kapitel 4 beschriebenen Etappen sind. Notiere diese und verschiebe deren Bearbeitung auf das Ende der Tour, sofern sie dann noch vorhanden sind.

Es ist ganz normal, dass dir auf deiner Reise zwischendurch mal die Luft ausgeht. Die Feedbacks (du findest diese in fast allen Kapiteln) meiner Onlinekurs-TeilnehmerInnen und auch die Auswertung dieses »Glücks-Kurses« (Kapitel 5) können dich sicherlich zum Weiterlesen und Weitermachen anspornen.

Inklusivleistungen und Haftungsausschluss

Es muss nicht, kann jedoch sein, dass an irgendeinem Punkt deiner Reise Fragen zu spezifischen Inhalten, Techniken oder auch Übungen des Buches auftauchen. Bevor dieser Umstand eventuell als Vorwand herhalten muss, die Reise zu unterbrechen oder gar abzubrechen, biete ich dir einige unterstützende Lösungsmöglichkeiten an. Kostenfrei (bis auf eventuell anfallende Telefongebühren) sind:

· Mein LOA-Forum (www.loa-forum.de), in dem du auch einen Bereich zu diesem Buch findest.

· Meine monatlich stattfindenden Telefonkonferenzen.
Nähere Einzelheiten zu diesen Leistungen findest du auf
meiner LOA-Homepage www.lawofattraction.de. Hier gibt
es auch Informationen zu kostenpflichtigen Angeboten
wie:

· Telefon-Coaching
· Seminaren

Empfehlen möchte ich dir auch noch meine beiden bereits
erwähnten Bücher:

· EFT – Klopfakupressur für Körper, Seele und Geist
· LOA – Das Gesetz der Anziehung (beide bei Goldmann-
  Arkana erschienen)
· und meine Homepage www.eftforall.de, mit vielen Informationen zum Thema Klopfakupressur.

Für diese Reise gibt es *keine* Möglichkeit zum Abschluss
einer Reisekostenrückerstattungs-, Reisegepäck- oder auch
Reisekrankenversicherung. Die Verantwortung für dein
geistiges, seelisches und körperliches Wohl trägst du zu
100 Prozent selbst. Das gilt für dieses Buch, die CD und
auch alle weiteren genannten Leistungen.

> *»Ich glaube, wenn jeder Mensch auf der Erde diesen Kurs vom
> Herzen her (anders geht es eh nicht) machen würde, gäbe es
> keinen Krieg mehr, keine Finanzkrise usw.«*
>
> (Onlinekurs-TeilnehmerIn)

1. Die Basis

Herzlich willkommen auf deiner Reise in ein glücklicheres Leben, und vielen Dank, dass du bei Individual-Glücksreisen gebucht hast! Bevor ich dich mit den Aspekten deiner Reise vertraut mache, noch einige grundsätzliche Anmerkungen. Auf den folgenden Seiten werde ich dir einen Einblick geben in meine Erkenntnisse, das Thema Glück betreffend. Diese können deine Sicht der Dinge widerspiegeln, jedoch dieser auch in manchen Punkten widersprechen. Was ich dir aufzeige, sind meine ganz persönlichen inneren Wahrheiten, die keineswegs den Anspruch auf Allgemeingültigkeit erheben. Hinterfrage also meine Ansichten, insbesondere wenn diese konträr zu deinen sind. Frage dich aber in diesem Falle auch, welche unterstützender sind für ein glücklich(er)es Leben. Glaube nichts, was dein Glück einschränkt, sondern nur das, was es unterstützt! Du kannst nämlich davon ausgehen, dass sich hinter jedem einschränkenden Glauben(ssatz) eine Lüge versteckt.

Du hast eine Reise gebucht mit vielen Inklusivleistungen, doch annehmen solltest du im Endeffekt nur diejenigen, die nach sorgfältiger Prüfung förderlich sind für dein Ziel. Sicherlich wirst du während deiner Reise manchem begegnen, wovon du bereits gehört hast oder was du sogar schon kennst. Aber hast du es verinnerlicht? Wiederholungen können das leisten, und du solltest sie deshalb begrüßen.

Triffst du auf etwas Neues, und es macht plötzlich »Klick«, dir geht ein Licht auf, oder du hast ein Aha-Gefühl, erfreue dich daran, notiere diesen Aspekt und nimm ihn für dich an. Vielleicht war es ja genau dieses kleine Stück, das dir zum Glück gefehlt hat?! Erwartungen können einschränken und sind, wenn sie das tun, kontraproduktiv. Als kleine Kinder haben wir noch eine niedrige Erwartungshaltung, es überwiegen Neugier und Freude. Wie wäre es für dich, in dieser Energie, in dieser Haltung zu reisen?

Dann stell dir doch einmal vor, es gäbe ein inneres Mischpult mit Dutzenden von Reglern und Schiebern. Über einem von diesen steht »Erwartungen«, über einem anderen »Neugier« und über einem dritten »Freude«. Die Skala neben diesen Schiebern reicht jeweils von 0 bis 10. Bei welchem Wert stehen nun deine Regler, was deine Reise betrifft, und wie fühlt sich das an? Wie wäre es jetzt, mit diesen Schiebern zu experimentieren und eine Einstellung zu finden, die für deinen Zweck optimal ist und sich bezüglich deiner Reise rundum gut anfühlt?

> »Der Kurs ist supergut, besonders für Menschen, die noch nicht so viele Erfahrungen oder Therapien gemacht haben. Habe 1,5 kg abgenommen ohne vorgeschriebene Diät. (Jede Zelle verbrennt ihr Fett.) Außerdem ist ein altes Symptom im Oberbauch weggegangen, das ich schon zigmal bearbeitet hatte und auch so richtig leid war.«
>
> (Onlinekurs-TeilnehmerIn)

Willkommen am Ausgangsort

Jede Reise hat ihren Ausgangspunkt, und auch diese Glücksreise ist da keine Ausnahme. Bevor du dich auf den Weg machst, erhältst du jetzt von mir eine umfangreiche und vorbereitende Einweisung in die grundsätzlichen Aspekte deiner Reise.

Befreie deine innere Kraft

Was lösen diese vier Worte bei dir aus? Hast du eine Vorstellung davon, vielleicht gar ein Bild vor Augen? Kommt es zu irgendwelchen Emotionen oder Gefühlen?

Die Aufforderung, die innere Kraft zu befreien, impliziert zweierlei: 1) Du besitzt eine innere Kraft. 2) Diese innere Kraft ist nicht frei.

Glaubst du, ganz persönlich, dass du etwas besitzt, was man als innere Kraft bezeichnen kann? Ich nehme an, ja. Und denkst du, dass diese vollkommen frei ist? Vermutlich ist sie es nicht, denn wäre sie es, so würdest du wohl jetzt kaum dieses Buch lesen. Diese beiden Vorannahmen – »Ich besitze eine innere Kraft« und »Meine innere Kraft ist nicht (vollkommen) frei« – anzunehmen, ist hilfreich für deine Reise.

Sicherlich hast du deine innere Kraft schon öfters in deinem Leben gespürt. Vielleicht erinnerst du dich ja gerade jetzt an so einen Moment? Einen mehr oder weniger langen »perfekten« Augenblick, an dem du glaubtest, Bäume ausreißen zu können, du dich leicht, frei, in Frieden und mit allen und allem verbunden fühltest?

Was ist nun diese innere Kraft? Ist sie das, was man gemeinhin als Lebenskraft, Qi oder auch Prana bezeichnet? Für mich ist sie mehr, viel mehr. Sie ist das, was wir wirklich sind, eine wunderbare Energieform, die schon immer da war und auch immer da sein wird, gleich einer Sonne, die nie verglüht. Diese Energie *ist* Zufriedenheit, Freiheit, Liebe, Frieden, Stille, Freude, Ekstase, Glückseligkeit, Einheit, Harmonie und Mitgefühl.

Glaubst du an eine höhere Macht, an ein höheres Wesen? Wenn nicht, dann tu einfach mal so und nenne sie bzw. es Gott. Gehen wir einen Schritt weiter und beherzigen seine Worte, so sind wir alle seine Kinder, was wiederum bedeutet, ein Teil von uns ist göttlich. Gibt es einen Beweis dafür? Nein! Gibt es auch nur einen Beweis dagegen? Nein! Es spricht also rein faktisch nichts dagegen, diese These als Wahrheit anzunehmen.

Doch macht es uns glücklicher, wenn wir an eine höhere Macht glauben? Untersuchungen zeigen, dass das der Fall ist – und mehr noch, es macht uns auch stressresistenter[1]. Es liegt also in unserem ureigensten Interesse. Dabei spielt jedoch eine wichtige Rolle, wie ich Gott sehe. Sehe ich ihn als ein strafendes Wesen oder als bedingungslose Liebe? Sollte das Göttliche in uns das sein, was ich als innere Kraft bezeichne (und davon gehe ich aus), und diese wiederum gleichzusetzen sein mit Zufriedenheit, Freiheit, Liebe, Frieden, Stille, Freude, Ekstase, Glückseligkeit, Einheit, Harmonie und Mitgefühl usw., so ist auch Gott ...? Richtig! Zufriedenheit, Freiheit, Liebe, Frieden, Stille, Freude, Ekstase, Glückseligkeit, Einheit, Harmonie und Mitgefühl usw.

---

1 Quelle: http://www.welt.de/wissenschaft/article182 1028/Religion_
macht_gluecklich_und_stressresistenter.html

Macht das für dich Sinn? Vielleicht denkst du jetzt: Und warum lässt Gott dann das ganze Leid, Elend, Krankheit, Krieg, Hunger usw. zu? Ich, ganz persönlich, sehe das so: Wie jeder gute Vater möchte auch er, dass wir wachsen, unsere Erfahrungen machen, daraus lernen und natürlich, dass wir glücklich sind. Alles, was wir dazu brauchen, hat er uns mitgegeben, und dieses Geschenk bezeichne ich als innere Kraft. Gott lässt uns aber auch den Raum, uns selbständig zu entwickeln und zu wachsen, und auch wenn er sich diesbezüglich selten »einmischt«, so ist er doch, wenn wir es zulassen, mit uns verbunden. Er steht uns bei, wenn es uns schlecht geht, und er unterstützt uns tatkräftig, wenn wir das leben, was wir wirklich sind, und das tun, was in unserer Macht liegt, um die Welt vielleicht auch nur ein klein wenig besser zu machen.

Vielleicht möchtest du es lieber eine höhere Macht nennen oder auch den Ursprung oder die Quelle. Und eventuell bist du auch offen für die Möglichkeit, dass du ein Teil dieser Quelle bist und diese Quelle wiederum ein Teil von dir. Und wenn du diesen Teil von dir, deine innere Kraft, die Verbindung zum Ursprung stärkst, dann lässt dich dies erkennen, wer du bist, ja zu dem werden, der du wirklich bist.

Ein indischer Meister sagte einmal sinngemäß: »*Gott* kommt von *gut*. Gott ist das unendlich Gute.« Vielleicht kannst du es so sehen, sofern du dich mit der Vorstellung eines personifizierten Gottes nicht anfreunden magst oder kannst. Oft genügt allein das Lächeln eines Babys, der Anblick eines Regenbogens oder eines Sonnenuntergangs, um das zu erfassen, was damit gemeint ist.

Ein ähnliches Thema: Glaubst du an frühere Leben, Wiedergeburt bzw. Reinkarnation? Auch das hat, wie ich finde, etwas mit dem Thema Glück zu tun.

Im Fernsehen lief vor nicht gar zu langer Zeit eine Dokumentation zum Thema Reinkarnation. Drei »Probanden« schilderten in einer Rückführung Einzelheiten (z. B. Details über gewisse Orte und Gebäude) aus ihren früheren Leben. Diese wurden danach überprüft, und auch wenn diese Menschen noch nie in *diesem* Leben an diesen Orten waren, so war die Übereinstimmung mit ihren Schilderungen sehr beeindruckend. Sicherlich ist dies kein Beweis für frühere Leben bzw. Wiedergeburt, doch habe ich weit mehr Indizien dafür als dagegen gefunden, was natürlich auch an meinem Blickwinkel liegen kann. Aber einer Sache bin ich mir ganz sicher: Der Glaube daran kann die Angst vorm Sterben bzw. vorm Tod verringern. Und würde dich das nicht auch glücklicher machen?

Ich weiß, dass an etwas zu glauben manchmal gar nicht so einfach ist, selbst wenn man es möchte. Auch bei mir ist es ein Prozess, der noch längst nicht abgeschlossen ist. Geholfen hat mir dabei auch die geistige Trennung von Glauben und Kirche, ohne diese Institution jetzt zu bewerten.

Sicherlich ist es unterstützend für deine Reise, an ein höheres Wesen, vielleicht auch an Reinkarnation, auf jeden Fall aber an das Vorhandensein einer inneren Kraft zu glauben. Selbst wenn du diese innere Kraft nicht erkennen kannst, so besteht eine sehr gute Chance, dass sich das während deiner Reise ändert. Vielleicht hast du diese Energie ja nur schon lange nicht mehr gespürt?! Dann eine gute Nachricht: Sie ist immer (noch) da! Du kannst nicht verlieren, was du wirklich bist! Wow, genial, oder?!

Worüber definieren wir uns denn im Allgemeinen? Neben »Das ist mein Haus, mein Auto, meine Frau, mein Mann, mein Beruf!« doch auch noch über unseren Körper, unser Aussehen, unsere Intelligenz, unser Wissen, unsere Gesundheit, unsere Erfahrungen usw. All diese Dinge werden wir früher oder später einmal verlieren, spätestens wenn wir »ins Licht gehen« (für mich ein schönerer Ausdruck als »sterben«, das tut ohnehin nur der Körper). Und wer, glaubst du, geht da ins Licht, zurück zum Ursprung? Dein Haus? Dein Auto? Dein Körper? Wohl nicht. Sondern das, was du *wirklich* bist, und es lässt dabei all das los, was du nicht wirklich bist.

Bevor jetzt ein Aufschrei meiner LOA-Leser kommt: »In LOA hat er doch geschrieben, dass wir alles sind und dass alles, was uns begegnet, nur wir selbst sind, also auch Dinge wie Haus, Auto, andere Menschen usw.« Richtig! Und das stimmt. Und zwar insofern als all dies unser Innerstes widerspiegelt. Was wir zutiefst sind, findet seinen Ausdruck in all den äußeren Dingen. Wir können in all dem sehr viel über unser Innerstes erfahren. Also keine Angst, ich bin weder schizophren noch von einer außerirdischen Intelligenz besessen. Auf der LOA-Ebene, also wenn es um das Gesetz der Anziehung geht, ist es sehr sinnvoll, sich mit dem zu identifizieren, ja, das zu *sein* (Ich bin ...), was man haben möchte. Je besser die Identifikation, desto stärker die Anziehungskraft. Um uns weiterzuentwickeln, müssen wir jedoch irgendwann einmal diese Ebene verlassen.

Hier ein kleines Beispiel: Ein guter Freund von mir erzählte mir einmal von einem indischen Meister, der seinen Schülern die Aufgabe gab, einen Monat lang innerlich oder auch laut, bei allem, was ihnen begegnete bzw. was sie sahen, zu sagen: »Auch das bin ich!« Nach diesem Monat ließ er sie die Übung machen mit dem Unterschied, dass sie jetzt sagen mussten: »Auch das bin ich *nicht*!«

Wenn wir alles sind, so sind wir auch nichts, denn das Alles enthält ja das Nichts und das Nichts wiederum enthält alles. Und wenn nichts alles ist, dann wäre ja alles nichts. Beginnende Kopfschmerzen? Dann ein guter Tipp, den ich selbst zu wenig beherzige: Überlass die Paradoxe den Erleuchteten, außer du stehst auf Kopfweh und Frustration.

Zu verinnerlichen, dass du alles *und* nichts bist, bringt Erdung, Ganzheit, dich in deine Mitte und vielleicht zu der Erkenntnis, dass alles Illusion, deine Illusion ist. Und wenn dies so wäre, wären dann nicht positive Veränderungen ein Kinderspiel?

Wenn auch auf deiner Reise die Alles- bzw. die Ich-bin-Seite im Vordergrund steht, so vergiss nicht die andere. Selbst wenn du es jetzt noch nicht glaubst, auch sie ist eine Kraftquelle, ist sie doch geprägt von Leere, Ruhe, Stille und Frieden.

Abschließend möchte ich den Bogen zurück zum Anfang dieses Abschnittes schlagen, zum Thema Befreiung deiner inneren Kraft. Als ich einem Freund, der Buddhist ist, von meinem Onlinekurs berichtete, meinte er, das Programm ähnele einem Prozess, den die Buddhisten »Den inneren Diamanten polieren« oder auch »Diamantweg« nennen. Mir gefällt diese Metapher sehr gut, denn wie die innere Kraft, so hat auch ein Diamant viele Facetten, die jedoch erst in ihrer ganzen Herrlichkeit erstrahlen, wenn sie poliert sind.

Für deine Reise möchte ich dir jedoch ein anderes Bild an die Hand geben, das in diesem Buch eine Rolle spielt. Stell dir vor, deine innere Kraft wäre eine kleine und doch mächtige Sonne, die sich irgendwo in deinem Körper befindet, vielleicht in der Herzgegend. Und auch wenn diese ewige Sonne immer strahlt, so erreicht dich ihr wunderbares Licht nicht, da es von Wolken umgeben ist. Diese wiederum repräsentieren die Aspekte deines Lebens, die deine innere Kraft und damit auch dein Glück einschränken. Vielleicht sind es viele Wolken, vielleicht wenige, manche sind groß, andere wiederum klein, es gibt schwarze, graue oder auch weiße. Und jetzt stell dir vor, du lässt diese Wolken Schritt für Schritt weiterziehen. Aus schwarzen werden graue, aus grauen werden weiße, bis auch diese nach und nach ganz verschwinden, so dass du mehr und mehr Licht empfängst. Und nicht nur das. Deine innere Sonne wird in sich stärker, intensiver, da sie nun auch mehr und mehr gespeist wird von ihrer und damit deiner Quelle, deinem Ursprung, Gott oder dem Göttlichen.

Dies alles wird letztendlich nicht nur dein Glücksniveau erhöhen, es wird auch deine Lebenskraft stärken und sich im Endeffekt positiv auf deine Gesundheit und Heilung auswirken.

Macht das für dich Sinn? Vielleicht hast du es schon erkannt, es geht auf deiner Reise nicht primär ums Glücklich(er)sein, sondern um die Befreiung deiner inneren Kraft und die damit verbundene Rückverbindung mit deiner Quelle. Glücklich(er) sein ist dabei nur eine der vielen positiven »Nebenwirkungen«.

»Ich bin achtsamer geworden, spüre meinen Körper, bin erfüllt von Dankbarkeit. Ich habe abgenommen und nehme meine Umwelt bewusster wahr.«

(Onlinekurs-TeilnehmerIn)

Finde das Glück in dir

> »Alles ist gut. Der Mensch ist unglücklich,
> weil er nicht weiß, dass er glücklich ist. Nur deshalb.
> Das ist alles, alles! Wer das erkennt, der wird gleich
> glücklich sein, sofort, im selben Augenblick.«
> *Fjodor Dostojewski, Die Dämonen*

Du bist zutiefst unglücklich? Du bist unglücklich? Du bist nicht glücklich? Du bist nicht unglücklich? Du bist glücklich? Du bist überglücklich? Welcher dieser sechs Sätze beschreibt dein derzeitiges Glücksniveau am besten? Oder liegt dieses irgendwo dazwischen? Bist du auf den Stufen der ersten drei Sätze, so gibt es sicherlich gute Gründe dafür. Vielleicht ist ja irgendwer in deiner Familie oder auch du selbst krank, dein Konto eventuell stark in den Miesen, du hast keine Beziehung oder hast eine, bist aber unglücklich damit. Vielleicht kennst du ja jemanden, der oder die *wirklich* glücklich ist und dies auch ausstrahlt. Und eventuell kennst du auch jemanden, der das genaue Gegenteil verkörpert. Was glaubst du, wer von den beiden könnte dir wohl besser helfen, wenn du krank bist, dich mies fühlst oder Liebeskummer hast? Wen würdest du anrufen?

Ich bin sicher, auch das kennst du: Du bist auf einer Party, und die ist … langweilig, langweilig, langweilig. Die Tür geht auf, und ein Mensch kommt herein, der nicht nur die Mundwinkel oben hat, sondern auch noch Freude und Glück ausstrahlt. Mit der Zeit wird (fast) jeder auf der Party von seiner Freude angesteckt, und noch Monate später spricht man von dieser tollen Fete.

Worauf will ich hinaus? Glücklichsein ist ansteckend und auch heilsam. Selbstmitleid oder auch Mitleid sind kontraproduktiv – Liebe, Mitgefühl, Vergebung und Dankbarkeit sind der Schlüssel. Die Chancen zu heilen, auf ein gefülltes Bankkonto oder eine erfüllende Beziehung steigen nicht, wenn du unglücklich bist, sondern dann, wenn sich dein Glücksniveau erhöht.

Glücklichsein ist ein *natürlicher* Zustand. Nicht- bzw. unglücklich sein also un-natürlich. Erlaubst du dir dieses, dein wahres Naturell zu leben, lässt es zu, dann bist du schon am Ziel.

Indem du lebst und Luft zum Atmen hast, sind schon mal die Grundvoraussetzungen geschaffen. Hast du ausreichend Wasser zum Trinken, Nahrung, ein Dach überm Kopf, Kleidung, Elektrizität, Licht, fließendes Wasser, Toilette, Herd, Heizung, Kühlschrank, Geschirr, Besteck, Stuhl, Tisch, Schrank, Handtuch und Fenster, kannst du dich schon »von« schreiben. Du verfügst außerdem über eine Dusche oder eine Badewanne und hast keine schweren Krankheiten – willkommen in der Königsklasse. Du hast zusätzlich noch eine Beziehung, bist gesund, hast einen Job und Freunde – hallo Kaiser, hallo Kaiserin! Alles darüber hinaus wäre dann schon die »König-der-Welt«-Kategorie.

Was bist du? Wo würdest du dich einordnen? Bist du ein »von«, ein König bzw. eine Königin, ein Kaiser bzw. eine Kaiserin oder gar König(in) der Welt?

Ich will damit nicht verhehlen, dass es auf der Welt Abermillionen von Menschen gibt, die nach dieser Liste nicht einmal die »Von«-Ebene erreichen. Würde es wohl die Welt ein klein wenig besser machen, wenn mehr von uns »Vons«, Königen usw. diese mehr unterstützen würden? Gerade da ich diese Zeilen schreibe, erhalte ich eine deutliche Antwort, denn genau in diesen wenigen Sekunden bekomme ich eine Mail von Unicef bezüglich einer Spende für die Kinder in Haiti.

Wir wollen immer mehr haben, und wir wollen unter keinen Umständen das verlieren, was wir schon haben. Jedenfalls gilt das für die meisten von uns. Wäre es nicht erstrebenswerter, glücklich zu sein mit dem, was wir *gerade* sind, *gerade* haben, und dafür dankbar zu sein? Sollte nicht dieses Ziel vor allen anderen stehen? Und ist nicht dies möglicherweise *das* Rezept für dauerhaftes Glück?

Um glücklich(er) zu sein, ist es von Vorteil, erst einmal zu definieren, was das überhaupt heißt, damit klar ist, wohin die Reise geht. Unterscheiden möchte ich glücklich(er) sein auch von dem, was man so landläufig unter Glück oder Glücksmomenten oder Glückseligkeit versteht.

Glück *hat* man – glücklich *ist* man. Glücklichsein ist ein natürlicher *Seins*-Zustand, im Gegensatz zu Glück, welches man ab und an, in dem einen oder anderen Falle mal *hat*. Im Englischen gibt es die Unterscheidung zwischen »luck« (Glück im Sinne von Glück haben) und »happiness« (Glücklichsein). Wie du sicher schon erkannt hast, ist Letzteres ein Ziel deiner Reise. Um dies leicht und auch dauerhaft zu erreichen, gilt es nicht nur dein emotionales Gepäck loszulassen, sondern dich auch weitgehend von deinen Glücksbedingungen zu befreien. Je weniger Bedingungen Voraussetzung für dein Glücklichsein sind, desto größer die Chance, es letztendlich zu sein. Macht Sinn, oder?!

Wenn ich an Glücklichsein denke, so habe ich einen strahlend blauen Himmel vor Augen, an dem zwar ab und an einmal die eine oder andere Wolke vorbeizieht, es *kurz* auch einmal (Gegen-)Wind, Regen, Gewitter und Hagel gibt, der jedoch, bis auf diese Ausnahmen, weitgehend wolkenlos ist.

Glücksmomente sind, wenn wir bei dieser Metapher bleiben, besonders intensive, jedoch zutiefst angenehme Sonnenstrahlen, deren Licht und Wärme kurzzeitig durch einen mehr oder weniger wolkenverhangenen Himmel dringen. Glücksmomente sind auch meist abhängig von der jeweiligen Situation oder auch von anderen Menschen.

Wahres Glücklichsein braucht nichts von dem, man *hat* es nicht, man *ist* es einfach. Glückseligkeit ist für mich bedingungsloses Glücklichsein in Vollendung, nicht zu 99 Prozent, sondern zu 100 Prozent und auch dauerhaft. Ein Zustand, den meines Erachtens nur wenige und wahrscheinlich auch nur Erleuchtete *im Leben* erreichen. Auch wenn wir »Normalsterblichen« den Begriff Glückseligkeit das eine oder andere Mal bemühen, so bezeichnen wir damit eher einen besonders intensiven oder auch längeren *Moment* der Freude, der Zufriedenheit bzw. des Glücks. Glückseligkeit bedeutet nicht nur, dass es keine Wolken mehr gibt, sondern dass *alles* gut ist. Das kannst du auch, für eine mehr oder weniger lange Zeitspanne, als glücklicher Mensch erreichen. Es besagt, du bist nicht nur dauerhaft und vollkommen verbunden mit deiner inneren Kraft, vielmehr du *bist* sie, in absoluter Verbindung mit der Quelle. Glückselig zu sein ist sicherlich ein reizvolles Ziel, jedoch nicht das Ziel dieser Reise.

Die Würze des Lebens sind nun mal auch die Wolken, ob nun hell oder dunkel. Sind es nicht oft gerade die letzteren, Regen bringenden Wolken, die uns wachsen lassen?! Diese und auch die damit verbundenen Emotionen und Gefühle sind es, die uns wieder »erden«, kreativ fordern und unser Leben bereichern.

Verstehe mich nicht falsch, ich möchte hier kein Loblied auf Wolken singen, je weniger desto besser. Doch möchtest du letztendlich an einem Ort leben ganz ohne Wolken und damit auch ohne jeglichen Regen, jahrein und jahraus?

Ich möchte noch einmal auf das Zitat von Dostojewski am Beginn dieses Kapitels verweisen. Ein weiser Mann, dieser Dostojewski! Da werde ich jetzt sogar noch eins draufsetzen: Der Mensch ist unglücklich, weil er glücklich sein *will*. Hat er erst erkannt, dass er es bereits *ist*, wird er es *sein*, im selben Augenblick.

Finde das Glück in dir.

Das wahre Glück ist *in* dir und nirgendwo anders. Erst wenn du dies erkannt hast, erst dann kannst du es auch dort finden. Also, was bedeutet für dich ganz persönlich Glücklichsein? Nimm dir jetzt einige Minuten Zeit für diese Frage und schreibe deine Antwort auf ein Blatt Papier oder in ein Reisetagebuch, das du dir vielleicht zulegen magst.

> »Der Frohe lächelt, wenn er mit seinen Freunden zusammen ist. Der Glückliche lächelt auch, wenn er allein ist.«
> (Ola Normann)

Lass los …

»Der Durchbruch zum göttlichen Licht vollzieht sich meistens in Augenblicken, außerhalb der Meditationszeiten und stets dann, wenn er nicht erwartet wird. Manch einer wird das Erleuchtungserlebnis zum Beispiel ganz plötzlich und unverhofft während dem ruhigen Verweilen in der Natur zuteil. Gerade in dem Augenblick, wo wir entspannt loslassen oder besser selbst losgelassen worden sind, wird uns alles geschenkt.«

Zensho W. Kopp, Zen und die Wiedergeburt der christlichen Mystik

Wow. Ist das nicht fantastisch? Das bedeutet doch: Loslassen = Empfangen, oder liege ich da falsch? Doch was bedeutet los-lassen? Das Gegenteil ist festhalten. Loslassen kann immer nur der, der festhält. Macht doch Sinn, oder? Doch *wer* hält fest?

Ein kleines Beispiel: Nehmen wir einmal an, du hast Flugangst, entscheidest dich jedoch, das Wagnis einzugehen. Du sitzt nun in der Maschine, und es dauert gar nicht lange, bis erste Angstgefühle in dir aufsteigen. Um diese zu bekämpfen, stemmst du dich mit all deinen Kräften *gegen* die aufkommende Panik, die jedoch immer stärker wird. Sie hat dich im Griff. Dein Herz rast, du zitterst am ganzen Körper, du schwitzt und willst nur noch eines: raus aus dem Flugzeug, doch die Türen sind zu, und unter dir sind zehn Kilometer Nichts. Du hast das Gefühl: »Gleich drehe ich durch!«, deine Kräfte schwinden und – du gibst auf! Und obwohl du scheinbar den Kampf verloren hast, entspannst du dich, kannst wieder durchatmen und vielleicht genießt du sogar den Rest des Fluges.

Wer hat nun losgelassen, die Angst dich oder du die Angst? Doch wohl derjenige, der den Kampf beendet hat, und das warst – du! Wer hat festgehalten? Auch du! Und wie hast du festgehalten und letztlich losgelassen? Jetzt sind wir beim springenden Punkt: Festgehalten hast du die

Angst, indem du *dagegen* gekämpft hast, und losgelassen hast du, indem du den Kampf beendet und die Angst damit angenommen hast. Es ist somit offensichtlich kontraproduktiv, »Nein!« oder »Ich will das nicht« zu sagen und gegen etwas anzukämpfen. Es mag paradox klingen, aber: *Annehmen ist Loslassen!* Diese Erkenntnis ist nicht nur der erste Schritt zur Besserung, sondern auch der wichtigste. *Du kannst nur etwas loslassen, was du angenommen hast!*

Macht dies eventuell eher für dich Sinn? Wenn nicht, dann lass doch mal etwas (z. B. einen Stift) los, das ein anderer festhält. Streng dich an! Streng dich mehr an! Noch mehr! Funktioniert es? Wohl eher nicht – außer du bist ein Jedi-Ritter. Lass dir jetzt einmal diesen Stift geben, nimm ihn an und – lass ihn los. Jetzt funktioniert es, oder?! Du kannst also nur etwas loslassen, was du angenommen hast.

Doch was zeigt dir dieses kleine Experiment noch? Du *kannst* loslassen, du hast die Fähigkeit dazu! Wenn du den Stift loslassen kannst, dann gilt dies auch für negative Gefühle, Emotionen, Glaubenssätze, Erlebnisse usw.

Auch hierzu zwei kleine Beispiele: Als kleines Kind glaubtest du sicher, wie auch ich, an den Osterhasen. Heute weißt du, dass es diesen nicht gibt. Ist doch so. Wenn nicht, tut es mir leid, deine Illusion zerstört zu haben. Diesen Glauben hast du also irgendwann losgelassen. Und das zweite Beispiel: Du hast es eilig, hast vielleicht ein Date und findest die Schlüssel nicht – Stress pur. Dieser ist jedoch fast augenblicklich verschwunden, als du sie endlich, noch rechtzeitig, findest. Da der Stress nicht mehr da ist, musst du ihn zwangsläufig losgelassen haben.

Ich gehe einmal davon aus, dass es Einschränkungen in deinem Leben und bezüglich deines Glücklichseins gibt, die du gerne loslassen würdest, sonst hättest du wohl kaum diese Reise angetreten. Und vermutlich hältst du an diesen Aspekten fest, indem du dagegen ankämpfst, und dieses kostet – Kraft.

Nimm jetzt (noch mal) den Stift aus unserem letzten Experiment und halte ihn fest, so fest, dass es am Anfang vielleicht sogar etwas unangenehm für dich ist. Halte ihn weiter fest und weiter. Vielleicht spürst du mittlerweile schon, wie du dich langsam an die Anspannung gewöhnst, und mit der Zeit würdest du diese möglicherweise gar nicht mehr registrieren.

Du kannst den Stift jetzt wieder weglegen. Richte nun die Aufmerksamkeit auf deinen Körper. Checke ihn von unten nach oben durch mit der Konzentration auf irgendwelche Anspannungen. Fündig geworden? Dies ist nur die Spitze des Eisberges. Du kannst davon ausgehen, dass sich unter der Oberfläche noch weitere, dir im Moment nicht bewusste Anspannungen verbergen, die du jedoch nicht registrierst, da sie sich nur sehr langsam entwickelt haben, du dich an sie gewöhnt hast und sie schließlich für dich normal geworden sind.

Diese Anspannungen sind das Resultat deiner inneren ungelösten seelischen Konflikte und deines Kampfes gegen ihre Projektionen im Außen. Glaubst du, dass dies Kraft kostet? Wenn ja, wie viel? 5 Prozent, 10, 20, 30, 40 oder mehr? Und was wäre wohl, wenn du diese Konflikte loslassen würdest, einen nach dem anderen? Glaubst du, dass dir dann nach und nach mehr Kraft zur Verfügung stehen würde, dass du dich freier und glücklicher fühlen würdest?

Ich sage dir, das wäre mit Sicherheit der Fall!

Einer meiner Mentoren, Dr. Fred Gallo, Pionier der so genannten Energetischen Psychologie, zu der auch die Klopfakupressur gehört, erzählt zum Thema Loslassen gerne folgende Geschichte[2], die ich hier sinngemäß wiedergebe: Es war einmal vor langer Zeit, da lebte eine Kolonie von Wesen am Grunde eines Flusses. Um nicht von der Strömung mitgerissen zu werden, hielten sie sich an Pflanzen und auch Steinen fest. Eines schönen Tages überlegte sich eine dieser Kreaturen, was wohl passieren würde, wenn sie ihren Stein loslassen würde, und stellte diese Frage auch ihren Artgenossen. »Du wirst dich verletzten, wirst verloren gehen und niemals mehr die Möglichkeit haben zurückzukommen«, war die einhellige Antwort. Das Wesen überlegte weiter und entschied, bevor es hier an Langeweile sterben würde, dann doch lieber das Wagnis einzugehen. Es ließ los! Die Strömung erfasste es, und es zog sich auch wirklich in den ersten Sekunden ein paar blaue Flecken zu. Als es jedoch den Kampf gegen die Widrigkeiten beendete, sich einfach treiben ließ, stieg es höher und höher und über alle Hindernisse hinweg. Es fand heraus, dass, wenn es sich ein bisschen in die eine Richtung legte, es nach links getragen wurde, wenn es sich in die andere Richtung legte, nach rechts, und wenn es sich zurücklegte, nach oben. Es stieg höher und höher, erreichte die Oberfläche und erblickte dort eine neue faszinierende Welt. Es sah die Sonne, den Mond, die Sterne, Bäume und auch andere Wesen am Ufer, die ihm freundlich zuwinkten. Es ließ sich weitertreiben und entdeckte am Boden des Flusses eine andere Kolonie von Artgenossen. Es tauchte hinunter, und kaum wurde es von diesen Kreaturen entdeckt, riefen diese laut: »Der Messias kommt, unser Erlöser ist da! Rette uns, rette uns!« Das Wesen antwortete darauf: »Ich bin nicht der Messias!

---

2 Quelle: Fred Gallo, *Einführung in die Energetische Psychologie*, Video-Cooperative-Ruhr GmbH, 2002

Alles, was ihr tun müsst, ist loslassen. Lasst los, lasst los, lasst los!«, und schon war es in der Ferne entschwunden. Einige dieser Kreaturen ließen sofort los, wurden von der Strömung erfasst, einige auch gegen Steine gespült, aber alle, die losließen, wurden nach oben getragen. Andere wiederum ließen erst später los, und unglücklicherweise gab es auch einige, die niemals losließen, sondern sich weiter festhielten. Diese erfanden Legenden und Geschichten, dass irgendwann einmal ein Messias vorbeikommen, sie befreien und damit das tun würde, was über ihre eigenen Kräfte hinausging.

Annehmen = Loslassen = Empfangen

Mögliche Nebenwirkungen

In den vorherigen Abschnitten bin ich schon des Öfteren auf die *positiven* Nebenwirkungen eingegangen, die mit einer Befreiung der inneren Kraft und der damit verbundenen Erhöhung des Glücksniveaus einhergehen können. Doch was ist mit möglichen *negativen* Begleiterscheinungen?

Jede Reise birgt ihre Gefahren, doch wenn du glaubst, zu Hause zu bleiben wäre sicherer, so sagt die Statistik etwas anderes. Wenn du reist, dich also fortbewegst, musst du zwangsläufig mit Gegenwind rechnen, und auch hier gilt, je schneller, desto mehr. Ein guter Grund, sich Zeit zu lassen. Je mehr Wolken du im Schlepptau hast, desto größer ist zusätzlich die Chance auf Regen, Gewitter, Sturm und Hagel. Insbesondere am Beginn der Reise, möglicherweise auch darüber hinaus, kann es durchaus sein, dass du dir, ähnlich dem Wesen in der letzten Geschichte, ein paar blaue

Flecken holst und dich vielleicht fragst, ob dein Ziel diesen ganzen Aufwand wert ist? Fragen solltest du dich dann aber eher: Bin *ich* es *mir* wert, mehr mit meiner inneren Kraft verbunden und damit glücklich(er) zu sein?

Um dir die eventuellen Anfangsschwierigkeiten zu verdeutlichen, gehe ich einmal kurz auf die Auswertung meines Onlinekurses ein. Von den 44 TeilnehmerInnen verzeichneten 7 ein Fallen ihres Glücksniveaus in der Mitte (nach 15 Tagen) des Kurses um durchschnittlich 2 Punkte. Der Endwert der 7 war jedoch am Ende (nach 30 Tagen) höher als der Startwert (Tag 0), bis auf eine Ausnahme. Diese Teilnehmerin begann schon auf einem sehr hohen Wert, nämlich 9, fiel nach 15 Tagen zurück auf 8 und endete wieder auf 9. Auch wenn sie in den anderen Sparten eine Verbesserung von »nur« jeweils einem Punkt erzielte, so schien ihr der Kurs doch Spaß zu machen, denn dies bewertete sie mit einer 10 (die höchstmögliche Wertung). Wichtig zu bemerken ist noch, dass die TeilnehmerInnen für den gesamten Kurs nur 30 Tage Zeit hatten, es war also eine sehr schnelle Reise und damit viel Gegenwind.

Für das Reiseprogramm (Kapitel 4) empfehle ich dir eine Reisezeit von zwölf Wochen, was weniger Gegenwind bedeutet und damit die Chance erhöht, möglichst »unbeschadet« die Anfangshürden zu überwinden. Eine Anfangsverschlechterung ist nämlich nichts Ungewöhnliches. Jede Art von Therapie, Beratung, Behandlung, Medikation usw. kann eine Heilkrise oder besser eine Heilchance auslösen. Dies sollte positiv bewertet werden, da es ein Zeichen dafür ist, dass die Methode wirkt und die Dinge in Bewegung kommen. Wie und warum dies nun insbesondere den Beginn deiner Reise betreffen kann und eine Erklärung dafür, dazu komme ich jetzt.

Ich mach es so kurz und schmerzlos wie möglich.

Sicherlich hast du dir schon mal etwas vorgenommen, z. B. fürs neue Jahr. Mehr Sport zu treiben, ein Buch zu schreiben, dich gesünder zu ernähren, mit dem Rauchen aufzuhören, whatever. Doch auch wenn du *bewusst* davon überzeugt warst, dass es gut für dich wäre, so hast du doch dieses Vorhaben nicht längerfristig umgesetzt oder erst gar nicht damit begonnen.

Hm ... gut, also wenn *dir* so etwas gänzlich unbekannt ist, dann tun wir einfach mal so, als würdest du es kennen. Warum hättest du wohl versagt? Vielleicht hattest du ja das Gefühl, dass irgendetwas in dir deine Absicht blockierte, sabotierte, ein Veto einlegte, nein sagte. Und wer war das wohl? Wer war dieser Spielverderber?

Sorry! Die Erklärung wird doch etwas länger. Eine mögliche Antwort auf diese Frage liefert das so genannte Teile-Modell aus dem Neurolinguistischen Programmieren (NLP). Dieses geht davon aus, dass neben unserem Bewusstsein weitere unbewusste Teilpersönlichkeiten existieren und agieren, und dies oft »auf eigene Faust«. Jeder dieser Teile verfolgt sein eigenes Ziel und geht nur einen Pakt mit anderen ein, wenn es um einen gemeinsamen Feind bzw. ein gemeinsames Ziel geht.

Nehmen wir einmal an, du nimmst dir vor, dich ab *morgen* gesünder zu ernähren. Großer Fehler! Auch wenn dein Bewusstsein vielleicht auch morgen noch Ja zu deinem Vorhaben sagt, so gibst du allen unbewussten Teilen, die damit *nicht* einverstanden sind, Zeit, sich zu sammeln, Kriegsrat zu halten und in Stellung zu gehen.

Sicher gibt es auch Teile, die deine Absicht unterstützen, doch sind diese oft in der Unterzahl und/oder auch weniger motiviert. Es kommt also zum Kampf, zum Konflikt.

Versteh mich bitte nicht falsch, diese scheinbar destruktiven Teile handeln durchaus geleitet von einer positiven Intention. Der eine möchte, dass alles bleibt, wie es ist. Veränderungen bedeuten für ihn Gefahr (oft der Anführer). Ein anderer möchte, dass du frei bist, also auch alles essen darfst, was du willst. Gesundes Essen bedeutet für ihn Verzicht (der Rebell, auch nicht zu unterschätzen). Der Dritte möchte dir die Schmach des Versagens ersparen. Das könntest du ja, wenn du mit deinem Vorhaben beginnst (hoch dekorierter Frontoffizier). Der Vierte möchte, dass du möglichst viel Zeit hast für Erholung und Faulenzen. Gesundes Essen bedeutet für ihn schwere Einkaufstaschen, öfters einkaufen und mehr Zeitaufwand fürs Kochen (ein guter Kämpfer). Der Fünfte sorgt sich um dein Konto. Gesundes Essen bedeuten für ihn Mehrausgaben (kann auch ein zäher Hund sein). Der Sechste möchte, dass du das Leben (und damit auch das Essen) genießt (auch nicht gerade Kanonenfutter). Usw.

Es ist faszinierend und erhellend, eine solche Liste zu erstellen. Vielleicht möchtest du dies auch mal tun, für eines deiner Vorhaben? Es ist immer gut, seine Gegner zu kennen, aber natürlich auch seine Mitstreiter, die beispielsweise möchten, dass du gesund wirst oder bleibst, ein langes Leben führst, möglichst gut aussiehst, glücklich bist, das Leben genießt usw. Diese dein Ziel unterstützenden Teile sind davon überzeugt, dass eine gesündere Ernährung vorteilhaft wäre zum Erreichen *ihrer* Absichten.

Du fragst dich vielleicht, was du jetzt anfangen kannst mit diesen Erkenntnissen. Sicherlich stimmst du mit mir überein, dass es dienlich wäre, wenn die »Gegenpartei« ihren Widerstand aufgeben würde, und optimal, wenn alle in den Konflikt involvierten Teile dein Vorhaben unterstützen, also an einem Strang ziehen würden. Doch wie kann ich Letzteres erreichen oder wenigstens Ersteres, wirst du dich vielleicht fragen.

Die Lösung ... Trommelwirbel ... sage ich dir später. Ich möchte die Spannung noch etwas erhalten bzw. noch ein wenig ausholen.

Wenn du dich verändern bzw. entwickeln willst, musst du – und das ist wirklich ein Muss – raus aus deiner so innig geliebten, gemütlichen und vertrauten »Komfortzone«. In dieser herrscht Stillstand, ist Wachstum nicht möglich. Verlässt du sie, musst du wohl oder übel mit inneren Konflikten rechnen. Wenn du diese, und das ist jetzt neu und vielleicht auch tröstlich, letztlich überwunden hast, so wird dieser Ort, an dem du dich dann befindest, zu deiner – du wirst es nicht glauben – neuen Komfortzone. Auf deiner Reise wird sich dies sicherlich mehr als einmal wiederholen, vielleicht sogar von Etappe zu Etappe.

Wie auf jeder längeren Reise *kann* es, und ich wiederhole mich da gerne, insbesondere zum Beginn zu fühlbaren Verschlechterungen kommen. Vielleicht fühlst du dich mal mies, müde, krank, überfordert, was auch immer. Doch gibt es dies nicht auch in deiner jetzigen Komfortzone? Warum also nicht das Wagnis eingehen?

Es gibt nichts zu verlieren, jedoch viel zu gewinnen.

Eine Möglichkeit, diesen Nebenwirkungen vorzubeugen, ist es, und auch hier wiederhole ich mich, langsam zu reisen. Weitere Möglichkeiten wirst du noch kennen lernen.

Sollten trotz all dieser Vorsichtsmaßnahmen unerwünschte Nebenwirkungen auf deiner Reise auftauchen, so hast du mit der Klopfakupressur (Seite 89 ff.) ein wundervolles Gegenmittel in deinem Gepäck. Weiterhin hilfreich kann diesbezüglich auch folgende Haltung sein: »Es ist nur ein Test!« Alles Unangenehme, was dir auf deiner Reise begegnet, ist – ein Test!

Dies gilt nicht nur für eventuell auftauchende physische Symptome. Auch dein Umfeld wird dich so lange testen, bis du hundertprozentig kongruent bist mit deinem Ziel, d. h. die inneren Konflikte bereinigt sind, innerer Frieden besteht. Unter Umfeld verstehe ich in erster Linie dein soziales Umfeld, deine Familie, Freunde, Kollegen und Bekannten. Mit all diesen Menschen bist du mehr oder weniger stark verbunden, wie ein Rädchen in einer mechanischen Uhr. Du hast eine ganz bestimmte Funktion. Verlässt du nun deine Komfortzone, fällst aus der Rolle und drehst dich als Rädchen mit einer anderen Geschwindigkeit oder in eine andere Richtung, so kannst du nicht damit rechnen, dass alle anderen damit einverstanden sind.

Einige werden vielleicht versuchen, dich zu bremsen, in die Spur zu bringen, und, sollte ihnen dies nicht gelingen, kurz- oder auch langfristig das Uhrwerk verlassen. Andere, und das sind deine wahren Freunde, werden dich unterstützen, sich gerne den Veränderungen anpassen und vielleicht sogar *mit* dir wachsen. Konflikte mit deinem Umfeld sind meist, vielleicht sogar ausnahmslos, ein Spiegel deiner eigenen inneren Gefühlswelt. Sie sind ein Test und wertvolles Feedback, welches dir Aufschluss gibt, dass noch Handlungsbedarf besteht. Oft erfährst du auf diese Weise auch, wo du handeln musst. Innere Konflikte haben die Eigenschaft, sich im Außen zu zeigen, und das ist nur auf den ersten Blick unangenehm. Bei genauerem Hinsehen können wir es als wertvolle Hilfestellung sehen.

Ein Beispiel: Nehmen wir einmal an, du machst diese Reise und befindest dich auch auf einem guten Weg. »Zufällig« begegnest du einem alten Freund und erzählst ihm von dieser Reise und deinem Vorhaben. Dieser teilt dir auch gleich seine Meinung dazu mit und sagt: »Schön, dass es dir bessergeht, aber glaub mir, langfristig bringen diese Programme ja doch nichts.« Diese Antwort motiviert dich natürlich ungemein, und weil dein Freund ja scheinbar ein weltweit anerkannter Fachmann auf diesem Gebiet ist, beschließt du, deine Reise zu beenden. Das Buch wandert ins Regal und mit ihm auch all deine Träume und Hoffnungen.

Okay, das war eine Möglichkeit, wie du reagieren könntest, ich biete dir mal eine andere an. Wie du ja jetzt weißt, ist die Auffassung deines Freundes nur ein Spiegelbild deiner eigenen. Ich weiß, was du jetzt denkst: Das stimmt doch gar nicht! Und du hast Recht. Ich formuliere es mal anders. Was dir dein Freund spiegelt, ist die Reaktion irgendeiner unbewussten Teilpersönlichkeit von dir bezüglich deines Vorhabens. Dieses *innere* Rädchen ist nicht so ganz einverstanden damit und nutzt nun deinen Freund als Sprachrohr, vielleicht mit der ehrenvollen Absicht, dich vorm Versagen zu schützen.

Okay, was wäre nun eine konstruktive Verhaltensweise deinerseits? Erst einmal solltest du immer ein kleines Notizbuch und einen Stift zur Hand haben, insbesondere wenn du dich in die Öffentlichkeit wagst. Sollte nun eine scheinbar destruktive Bemerkung fallen, wie die deines Freundes, so bitte ihn, diese noch mal zu wiederholen, damit du sie notieren kannst. Frage danach, ob es noch mehr gibt, was er zu diesem Thema sagen möchte, bitte ihn, langsam zu sprechen, denn auch das würdest du gerne aufschreiben. Abschließend bedankst du dich aufrichtig – kein Scherz –, wirklich aufrichtig für seine Unterstützung.

Eine kleine Randbemerkung: Das gleiche Vorgehen ist

höchst effektiv, wenn dich dein Chef, dein Partner, deine Mutter, dein Vater usw. einmal kritisiert. Was glaubst du wohl, wie die reagieren? Sehe ich da ein Schmunzeln bei dir angesichts dieser Vorstellung?

Analysieren wir doch mal den Sachverhalt und lassen dabei deinen Freund außen vor. Den hast du geschickt ausgebremst, was du leicht an seiner Reaktion erkennen kannst. Konzentrieren wir uns lieber auf den inneren Teil, dessen »Schutzverhalten« hier gespiegelt wurde. Was wird wohl seine Reaktion sein auf deine Aktion? Hören wir doch mal rein: »Das habe ich nicht erwartet. Ich hatte mich schon so schön auf einen Kampf eingestellt, und jetzt das! Was für ein Spielverderber. Aber eigentlich ist es ja auch ganz nett von ihm, nicht nur, dass er mich akzeptiert, er notiert sogar noch, was ich sage. Es ist ihm also wirklich wichtig, und bedanken tut er sich auch noch aufrichtig. Wenn *er* fair ist, dann will ich es auch mal sein und die Sache überdenken. Ich lass ihn mal machen, und vielleicht fällt mir sogar ein, wie ich ihn unterstützen kann.«

Mit deiner Reaktion hast du ihm nicht nur den Wind aus den Segeln genommen, sondern du hast ihn durch deine Anerkennung und Wertschätzung vielleicht sogar zu deinem Verbündeten gemacht. Du hast ihn angenommen, und Annehmen ist, wie du jetzt weißt, der erste und wichtigste Schritt vom Loslassen. Mit deiner Wertschätzung bleibst du in deiner Kraft, hast die Zügel in die Hand genommen und den Kampf beendet, noch bevor er begonnen hat.

Natürlich solltest du auch dein Vorhaben fördernde Spiegelungen bzw. Feedbacks in dein Notizbuch mit aufnehmen und dich dafür bedanken. Diese zeigen dir, du bist nicht allein, es gibt genügend »Teile« und auch Menschen, die dich unterstützen. Gehe in die Offensive und erzähle allen Menschen, die du kennst, von deiner Reise (du darfst auch gerne dieses Buch erwähnen, herzlichen Dank!), und du wirst wertvolles Feedback erhalten. Du weißt ja jetzt, wie du auch mit den scheinbar destruktiven Teilen konstruktiv umgehen kannst. Und vergiss nie: Es ist nur ein Test!

»Der Kurs wurde zum Highlight des Tages. Insgesamt bin ich viel ruhiger und gelassener geworden. Meine Gedanken und meine Wortwahl sind viel klarer. Allerdings bin ich auch weniger geneigt, Kompromisse einzugehen. Dass der April ein stressiger Monat wird, habe ich vorher gewusst. Den täglichen Übungen habe ich es zu verdanken, dass alles so gut gelaufen ist.«

(Onlinekurs-TeilnehmerIn)

Veränderungen

»Wer ständig glücklich sein möchte,
muss sich oft verändern.«
Konfuzius

Veränderungen. Was lost dieses Wort bei dir aus? Ist es eher ein freudiges Gefühl oder doch eher Unsicherheit oder gar Angst? Vervollständige mal spontan (nicht denken!) die folgenden Sätze:

- »Veränderungen sind ...«
- »Ich ... Veränderungen.«

Welche Ebene hat da gerade »gesprochen«, die bewusste oder die unbewusste oder beide im Duett? Was glaubst du?

Machen wir es einmal einfacher: Was ist bewusst deine Meinung zu Veränderungen im Allgemeinen? Lass dir Zeit. Ist deine bewusste Auffassung im Gleichklang mit dem »Veränderungs-Gefühl« vom Anfang? Und was ist mit den beiden Sätzen? Sind die es?

Worauf will ich hinaus? Die Frage nach dem Gefühl und auch die beiden spontan vervollständigten Sätze zeigen dir eventuell, was dein Unbewusstes für eine Meinung zu Veränderungen hat. Nehmen wir einmal an, du findest sie, ganz bewusst, positiv oder stehst ihnen wenigstens offen gegenüber. Leider existiert jedoch ein unbewusster Teil in dir, der die gegenteilige Meinung vertritt. Dann hast du was? – Richtig: einen Konflikt!

Schwierig wird es, wenn du vom Bewusstsein her die gleiche negative Einstellung zu Veränderungen hast wie dieser unbewusste Teil. Dann hast du nämlich was? – Ein Problem, und zwar ein riesengroßes! Denn du kannst nicht glücklich(er) werden ohne irgendwelche Veränderungen. Logisch, oder?!

Diese Veränderungen vollziehen sich erst einmal im Inneren, werden sich jedoch dann auch im Außen zeigen. Innen wie außen – außen wie innen. Lehnst du bewusst und/oder auch unbewusst Veränderungen ab, so wird das eine beschwerliche oder auch kurze Reise. Dabei musst du nicht bewusst Veränderungen lieben, es reicht, offen für sie zu sein, ob diese nun positiv oder auch negativ erscheinen.

Viele Menschen, und vielleicht auch du, bewerten Veränderungen eher als etwas Negatives, lieben den Stillstand und sehnen sich nach der guten, alten Zeit. Und da früher »alles« besser war, müssen Veränderungen ja zwangsläufig schlecht sein. Macht doch Sinn, nicht wahr?!

Doch gab es nicht auch früher unliebsame Veränderungen, und wird nicht irgendwann auch mal das Heute zur guten, alten Zeit? Was für ein Glück, dass wir uns rückwirkend bewusst doch eher an die schönen Momente erinnern. Amnesie kann ja doch etwas Tolles sein! Und es kommt noch besser: Nicht selten können wir in der Rückschau selbst scheinbar negativen Erfahrungen und auch Zeitperioden etwas Gutes abgewinnen. An was liegt das wohl?

»Die Zeit heilt alle Wunden«, heißt es. Ist das auch deine Antwort? Gut, aber geht es nicht noch besser? »Wir entwickeln uns ja, und das führt dazu, dass wir dann die Dinge anders sehen. Und das mit der Amnesie spielt vielleicht auch eine Rolle.« Schon besser, und entwickeln hat ja auch mit Veränderung zu tun, oder? Mir fehlt jedoch ein bestimmtes Wort. »Durch die Veränderung befinden wir uns auf einer anderen Ebene, von der aus wir zurückliegende Dinge anders *bewerten*.« Bingo! »Bewerten« ist der Schlüssel, »andere Ebene« das Schloss. Albert Einstein hat mal sinngemäß gesagt: Du kannst ein Problem nicht auf derselben Ebene lösen, auf der es entstanden ist.

Worauf will ich hinaus? Nicht die Zeit heilt alle Wunden, sondern du bist der Heiler. Insbesondere seelische Verletzungen heilen dann, wenn *du* diese anders bewertest. Hierzu ist jedoch eine Veränderung deiner Sichtweise erforderlich, und dies ist nur möglich von einer anderen Ebene, einem anderen Standpunkt aus. Dabei geht es nicht darum, die rosarote Brille aufzusetzen, sondern eine andere, hilfreichere Wahrheit zu entdecken. Das »Gute im *scheinbar* Schlechten« könnte man sagen. Gehe davon aus, dass Veränderungen grundsätzlich positiv und sinnvoll sind. Befindest du dich auf dieser Ebene, so wird es dir leichtfallen, die Lern- und Entwicklungschancen in ihnen frühzeitig zu erkennen.

Gehen wir mal eine Etage tiefer, ins Reich des Unbewussten. Nehmen wir an, du hast da so einen unbewussten Teil, für den Veränderungen höchste Gefahrenstufe bedeuten. Für ihn gibt es nur diese eine Wahrheit. Schon früh ist er durch intensive schmerz- und leidvolle Erfahrungen zu dieser Auffassung gelangt, die sich, kaum zu glauben, auch später des Öfteren bestätigt hat. Jetzt kommst du mit deinem Entschluss, dich verändern zu wollen in Richtung Glücklich(er)sein, und das auch noch im Schnelltempo. Wie glaubst du wohl, wird dieser Teil reagieren? Richtig: Alarmstufe Rot! Er sucht sich Verbündete, geht mit ihnen in die Verteidigungsposition oder bläst gar zum Gegenangriff. Wie du schon weißt, agiert dieser Teil geleitet von einer durchaus ehrenvollen Absicht. Er möchte dich schützen vor Leid, Verlust und Schmerz, den Gefühlszuständen, die er mit Veränderung verbindet. Der mächtige »Treiber« dahinter ist demzufolge – Angst!

Mit der Klopfakupressur und etwas Verhandlungsgeschick wird dir jedoch sicherlich nicht nur ein Waffenstillstand gelingen, sondern vielleicht sogar eine gemeinsame Front.

Veränderungen können sehr schnell geschehen, insbesondere in der heutigen Zeit. Viele »Weise« sagen einen elementaren, weltweiten Wandel zu mehr Frieden, Freiheit und Miteinander voraus, der schon längst begonnen hat und 2012 seinen Gipfel erreicht. Der Grundstein dazu wurde schon vor vielen Jahrhunderten gelegt, durch Menschen wie Jesus und Buddha.

In unserer Zeit suchen viele Menschen den Schlüssel zu einem glücklicheren Leben über die Werke von Murphy, Hill, Carnegie und Freitag und in den letzten Jahren von Burnes, Hicks, Losier und – auch von mir. »What the Bleep do we (K)now«, »The Secret – Das Geheimnis« und viele andere Videos und Bücher, darunter auch »LOA«, zum Thema Gesetz der Anziehung haben ihre Leserschaft gefunden. Die Zeit ist einfach reif dafür. Sie wären so oder so gedreht bzw. geschrieben worden, von wem auch immer.

Millionen von Menschen weltweit sahen und lasen sie, und viele versuchten ihre Botschaften umzusetzen. Aber eigentlich geht es dabei nicht um die Manifestationstechniken und das »Anziehen« von Wohlstand, Gesundheit oder auch dem Partner fürs Leben. Dies waren nur die Aufmacher, die es brauchte, um möglichst vielen Menschen das wahre Geheimnis, sozusagen das Geheimnis im Geheimnis, zu offenbaren. *Und dieses ist...*

Willst du das überhaupt wissen? Okay, okay: *Liebe, Vergebung, Mitgefühl und Dankbarkeit. Liebe* den anderen wie auch dich selbst. *Vergib* dir selbst und den anderen. Habe *Mitgefühl* und tue Gutes. Sei *dankbar* für alles. Tue dies alles bedingungslos.

Stell dir nur mal für eine Minute vor, du wärst in dieser Energie. Wärst du dann mit deiner inneren Kraft verbunden? Wärst du dann glücklich(er)? Und stell dir jetzt einmal vor, Tausende oder gar Millionen von Menschen weltweit würden diese hohen Schwingungen dauerhaft ausstrahlen: *Liebe, Vergebung, Mitgefühl und Dankbarkeit.* Was hätte das wohl für einen positiven Einfluss auf den Weltfrieden?

Mit deiner Reise, mit der Befreiung deiner inneren Kraft

wirst auch du zu diesem Weltfrieden deinen Beitrag leisten. Und ist dies nicht allein schon Motivation genug? Ich weiß, ich bin etwas abgeschweift. Wird nicht wieder passieren – oder doch? Veränderungen können, gerade in der heutigen Zeit, sehr schnell geschehen. Auch wenn es eine lange Zeitspanne ist von Jesus bis 2012 – die Zeitangabe ist nicht auf meinem Mist gewachsen –, so wird der eigentliche Wandel in wenigen Jahren vonstatten gehen, nämlich jetzt. Und wir sprechen hier von weltweiten, grundlegenden Veränderungen.

Astrologisch gesehen befinden wir uns in den Anfängen des Wassermannzeitalters. So wurde es mir jedenfalls berichtet – du musst nämlich wissen, ich habe davon keine Ahnung. Ebenfalls wurde mir zugetragen, dass das Wassermannzeitalter, neben vielem anderen, schnelle, einfache und leichte Veränderungsmöglichkeiten mit sich bringt. »Leicht«, wie Spaß und Freude, im Gegensatz zu »schwer«, wie schmerzhaft und leidvoll. Für mich macht das Sinn, da Veränderungswerkzeuge wie EFT (Klopfakupressur), TAT®, BSFF, Quantenheilung, Yuen-Methode™, um nur einige wenige zu nennen, gerade in den letzten Jahren wie Pilze aus der Erde schießen, und die besten davon sind schnell, einfach und leicht.

Doch es ist, wie gesagt, erst der Beginn des neuen Zeitalters, und so gibt es notgedrungen noch viele Fische im Meer aus dem zu Ende gehenden Fischezeitalter. Diese, und vielleicht auch du, glauben immer noch, dass Veränderungen schwer, schmerzhaft und langwierig sind. Veränderungstechniken müssen deshalb kompliziert, Leid auslösend und Zeit raubend sein.

Was glaubst du? Kannst du das »alte« Denken loslassen und dich dem neuen zuwenden? Erwarte keine leidvolle,

komplizierte und langwierige Reise – sei offen für Leichtigkeit, Freude und Spaß, offen dafür, *jetzt* glücklich(er) zu
sein.

Das Leben ist Wandel. Dabei sind es nicht die Dinge, son-
dern in erster Linie sind es wir selbst, die sich verändern. Die
Dinge sind nur die Resultate dieses lebenslangen Prozesses.
Veränderungen bergen auch immer ein gewisses Risiko,
doch »no risk – no fun«. Die Komfortzone zu verlassen,
ist ein spannendes Abenteuer, eine Reise zu unbekannten
Ufern. In jedem von uns schlummert auch ein »Indiana
Jones«. Weck ihn auf und mache ihn zu deinem Anführer.
Übernimm seine Einstellung, sein Mantra, wenn er vor
einer großen Herausforderung steht: »Mir wird schon was
einfallen!«

---

*»Ein großer Strauß an Übungen, die durchzumachen sich
(fast) immer gelohnt hat. Das hat auch dazu geführt, dass ich
mich aus meiner Komfortzone herausbewegt habe.«*

(Onlinekurs-TeilnehmerIn)

Sinn, Karma, Seelenplan, Mission

> »Der Weg ist das Ziel.«
> *Konfuzius*

Was ist der Sinn des Lebens? Was ist der Sinn meines Lebens? Das sind Fragen, die man sich im Verlauf des Lebens immer wieder stellt. Doch was sind die Antworten?

Auf die erste Frage lautet die Antwort ganz einfach: »42« – wenn man »Per Anhalter durch die Galaxis« Glauben schenkt.[3] Für alle Uneingeweihten: In diesem Buch (Heyne Verlag, 1998), das auch zweimal verfilmt wurde (TV-Serie, Kinofilm), wurde die Frage »nach dem Leben, dem Universum und dem ganzen Rest« dem mächtigsten je erbauten Computer gestellt. Nach Millionen von Jahren kam dann die Antwort: »42«, und das ohne jegliche Begründung. Ich muss ehrlich zugeben, dass ich damals, beim Anschauen der TV-Serie, sehr enttäuscht war. Ich hatte mir doch etwas mehr erhofft. Mit »42« konnte ich so gar nichts anfangen, doch ein gewisses Schmunzeln konnte ich mir auch nicht verkneifen. Vielleicht gab es ja doch einen Teil in mir, der da etwas weiser war.

Heute gibt es für mich zwei Interpretationsmöglichkeiten: Was kann man wohl erwarten, wenn man einer *Maschine* eine Frage zum *Leben* stellt? Doch nehmen wir einmal an, dieser Computer wäre dazu fähig und auch sehr, sehr weise. Ich glaube sogar, dass du, wenn du diese Frage einem wirklich weisen Menschen stellst, eine ähnliche Antwort

3 http://de.wikipedia.org/wiki/42_(Antwort)

erhältst.»42« ist, und das ist meine aktuelle Interpretation, die sinnlose Antwort auf eine sinnlose Frage! Wer blöd fragt, bekommt auch ... Denn die Frage ist unsinnig in der Hinsicht, dass das Leben *in sich* der Sinn ist!

Damit hast du auch schon meine Teil-Antwort auf die zweite Frage: Der Sinn deines, meines, unseres Lebens ist – Leben.

Gehen wir einen Schritt weiter. Was bedeutet es, *wirklich* zu leben? Bedeutet es nicht, in seiner Kraft und glücklich zu sein? Wann stellen wir uns denn die Frage: »Was ist der Sinn meines Lebens?« Doch dann, wenn wir nicht in unserer Kraft und nicht glücklich sind. Oder stellst du sie dir auch, wenn du glücklich bist? Vermutlich nicht. Warum nicht? Ganz einfach, du lebst dann diesen Sinn!

Die Sinnfrage stellen wir uns meist dann, wenn es nicht so recht läuft, und zwar aus den verschiedensten Gründen: Wir sind krank, pleite, haben eine miese oder keine Partnerschaft, Liebeskummer, jemand anders ist krank oder für immer gegangen, der Job ist zum Davonlaufen usw. Doch selten erhalten wir in einer solchen Situation eine Antwort.

Überspitzt kann man fast sagen, das übermäßige Grübeln in solchen Situationen ist verschenkte Zeit. Wie wäre es da mit folgender Einstellung? Fühl einmal rein.»Ich muss den Sinn nicht wissen. Ich *weiß*, dass *alles* auf irgendeiner Ebene Sinn hat.« Könnte dir diese Haltung nicht viel *Lebens*-Zeit schenken? Wir Menschen sind wahrscheinlich die einzigen Lebewesen auf der Erde, die sich die Sinnfrage stellen, und das hat selbstverständlich auch sein Gutes. Doch sollten wir uns darüber hinaus auch ein Beispiel an den anderen Geschöpfen nehmen und einfach leben. Nichtsdestotrotz gilt, dass Menschen, die in ihrem Leben und Wirken einen Sinn sehen, einfach glücklicher sind. Das heißt ja nicht, dass sie endlos darüber grübeln, sondern dass sie, auch wenn sie beispielsweise ein Ereignis nicht verstehen, einfach davon ausgehen, dass es sinnvoll ist.

Hast du übrigens das Paradoxon entdeckt? *Alles* hat einen Sinn und somit auch das – Sinn-lose. Du bist hier, um zu lernen, um zu wachsen und letztlich zu erkennen, dass es nicht die Aufgabe der Welt ist, dich glücklich zu machen, sondern allein die deinige. Alle Dinge, die dir widerfahren, ob du sie nun als sinnvoll oder (noch) sinnlos bewertest, dienen unter anderem auch diesem Zweck.

Kommen wir zu den anderen drei Punkten auf der Tagesliste: *Karma, Seelenplan, Mission.* Manche Menschen machen, wenn sie unglücklich sind, aus welchem Grund auch immer, die beiden ersten dafür verantwortlich: »Das sieht halt mein Seelenplan so vor.« »Ich habe ein mieses Karma, und das muss ich jetzt abtragen.« Bullshit! Weder dein Seelenplan noch dein Karma möchten, dass du leidest. Beide geben dir lediglich das Ziel vor. Des Weiteren bieten sie eine unbegrenzte Anzahl von Möglichkeiten an, dieses zu erreichen. Die Entscheidung, ob dein Weg beschwerlich und leidvoll oder leicht und freudvoll ist, triffst nur du allein – zugegeben zumeist unbewusst. Dem Seelenplan ist deine Wahl letztendlich wurscht, Hauptsache er führt zum Ziel, so oder so, früher oder später. Dieses wiederum hat meist etwas zu tun mit Bedingungslosigkeit. Bedingungslose Liebe, Dankbarkeit, bedingungsloses Glücklichsein, was auch immer. Deine Reise, und da bin ich mir sicher, passt auf alle Fälle hinein in diesen Plan.

Vielleicht gefällt dir ja der Ausdruck Seelenplan nicht so sehr, dann nenne es doch einfach deine höchste Bestimmung oder *Mission.* In meinem LOA-Buch bin ich sehr intensiv auf dieses Thema eingegangen.

Für deine Reise ist lediglich von Wichtigkeit: Du musst nicht wissen, was deine höchste Mission für dich vorgesehen hat. Da du dich für dieses Buch entschieden hast, liegst du mit »bedingungslos Glücklichsein« allerdings sicherlich goldrichtig. Es gibt jedoch noch andere Missionen, die sicherlich nicht weniger bedeutungsvoll und außerdem ein wichtiger Eckpfeiler der höchsten Mission sind. »Bedingungslos Helfen« wäre diesbezüglich der Oberbegriff. Ich weiß, du weißt, was ich damit meine.

Karma gründet auf dem Prinzip von Ursache und Wirkung. Es setzt auch frühere Leben und damit Reinkarnation voraus. Du hast in einem Leben etwas Böses getan, so musst du das in irgendeinem späteren Leben mal begleichen, sozusagen die Rechnung bezahlen.

Karma ist *keine* Bestrafung. Es ist nur eine weitere Möglichkeit zu wachsen und einen Ausgleich herzustellen. Um dieses zu erreichen, musst du nicht wissen, woher es kommt oder um was es dabei geht. Das Geld für Rückführungssitzungen kannst du dir also sparen. Wenn du keine Lust mehr hast, mit Leid und Schmerz zu »bezahlen«, dann versuch doch mal die folgende Variante: *Liebe* den anderen wie auch dich selbst. *Vergib* dir selbst und den anderen. Habe *Mitgefühl* und tue Gutes. Sei *dankbar* für alles. Tue dies alles bedingungslos.

Kommt dir bekannt vor, oder? Ich glaube, jetzt bist du auch bereit für ein weiteres großes Geheimnis. Du erinnerst dich ganz bestimmt an den »leichten und freudvollen Weg« beim Thema »Seelenplan«? Was, glaubst du, *ist* dieser Weg, mal abgesehen von leicht und freudvoll? Bingo! *Liebe* den anderen wie auch dich selbst. *Vergib* dir selbst und den anderen. Habe *Mitgefühl* und tue Gutes. Sei *dankbar* für alles. Tue dies alles bedingungslos.

»Es ist einfach schön, in sich selbst zu investieren. Ich arbeite als Coach und habe jedes Mal das Gefühl, auch für mich selbst etwas abzubekommen. Hier ging es jetzt ausschließlich um mich. Das hat mir gut gefallen und gutgetan! Ja, lieber Christian, der Inhalt und die Wirkung deines Seminars [gemeint ist der Onlinekurs] sind sehr effektiv. Außerdem macht es Laune, die Aufgaben zu erledigen! Ich gratuliere dir zu diesem Konzept. Mir gefällt, dass du die Seelenebene mit einbeziehst! Dieses: Alles hat einen Sinn, einen Zweck und einen Nutzen! Alles will mir dienen und helfen und gibt mir die Chance der Reflexion und Selbsterkenntnis! Jeden, der mir das vermeintlich Schlimme antat oder antut, habe ich einmal darum gebeten ...! Vielleicht lesen sich meine Werte [gemeint ist der Feedbackbogen] wie ein Märchen – ich fühle mich einfach so! ... Es war wohl kein Zufall, dass ich diesen einen Platz in deinem Seminar noch bekommen habe. Das, was geschehen war, von einer höheren Ebene betrachten und entsprechend fühlen zu können, macht mich einfach total happy!«

(Onlinekurs-TeilnehmerIn)

Geben ist Empfangen

Geben = Empfangen
Empfangen = Geben

Kein Empfangen ohne Geben, kein Geben ohne Empfangen. Es gibt keine Trennung – Geben und Empfangen sind eins, die zwei Seiten derselben Medaille. Das Universum sorgt immer für einen Ausgleich. Dabei ist Zeit relativ. Er kann sofort erfolgen, erst in einem späteren Leben, dann nennen wir es Karma, oder eventuell schon als »Vorschuss«. In meinem LOA-Buch lag der Fokus mehr auf der Empfangen-Seite. Die Geben-Seite war zwar ebenfalls vorhanden, doch nur etwa wie das kleine Yin im großen Yang. Dieses Buch sorgt für den Ausgleich mit etwas Yang im großen Yin. Damit ergeben beide Bücher zusammen – richtig:

Geben = Empfangen.

Geben sollte immer bedingungslos sein! Bedingungslos heißt, wie schon das Wort aussagt, du knüpfst an das Geben keinerlei Bedingungen. Du forderst und erwartest im Gegenzug nichts, wirklich nichts, nicht mal ein »Dankeschön«. Es ist kein Geschäft. Du gibst um des Gebens willen.

Du wirst in der Regel mehr empfangen, als du gibst. Du wirst auch meist etwas anderes empfangen als das, was du gibst. Erwarte nichts, sei offen für alles, und du wirst erkennen, wenn du etwas erhältst.

Es gibt Menschen, die nicht richtig verstehen, wie das mit dem Geben gemeint ist. Hierzu eine kleine Geschichte: Es war einmal ein Mann, der spendete 1000 Euro und erwartete (der erste Fehler) dieses Geld dann mit Zinsen (zweiter Fehler) zurück. Da dachte sich das Universum: »Hm. Da will also einer ein Geschäft mit mir machen. Lass mich mal kurz überlegen. Ich muss zwar für einen Ausgleich sorgen, jedoch habe ich auch einen Lehrauftrag. Ach, ich seh grad, der Typ ist alleine, hat keine Freundin. Das wäre doch ein toller Ausgleich, und sicherlich wird das auch sehr unterhaltsam.« Gesagt, getan. Der Mann bekam also seine Freundin, eine Frau, wunderschön, gebildet, eine Seelenpartnerin. Beide waren zuerst auch recht glücklich miteinander, doch schon in der Anfangszeit wirkte er oft teilnahmslos und abwesend. Er wartete nämlich auf ... die 1000 Euro plus Zinsen. Mit der Zeit wurde es der Freundin zu dumm, sie betrog ihn mit seinem besten Freund und verließ ihn schließlich. Freundin futsch, Freund futsch. Hat er nun seine Lektion gelernt oder sitzt er, wenn er nicht gestorben ist, immer noch allein zu Hause und wartet?

Bedingungsloses Geben heißt auch bedingungsloses Empfangen. An das, was du vom Universum als Ausgleich erhältst, sind keinerlei Bedingungen geknüpft. Setzt du es jedoch, wiederum bedingungslos, zu deinem *und* zum Wohle anderer ein, so freut es sich und wird sich erneut, auf die eine oder andere großzügige Art und Weise, bei dir bedanken.

Du kannst nur geben, was du hast! Ich spreche hier weniger von materiellen Dingen. Auf deiner Reise wirst du zu *inneren* Schätzen gelangen, die niemals versiegen werden und die du letztlich mit uns allen teilen wirst, indem du mehr Liebe in die Welt ausstrahlst, mehr Licht, mehr inneren Reichtum, mehr Frieden, mehr Glück.

>*Die Ziele, die wir zu Beginn des Kurses notieren sollten, habe ich für mich erreicht, was mich auch glücklich macht. Ich war total (positiv) geschockt, als ich meine Daten über die Selbsteinschätzung* [gemeint ist der Feedbackbogen] *miteinander verglich. Ich hatte sie getrennt ausgefüllt und erst am letzten Tag miteinander verglichen. Ich bin demnach viel glücklicher als vor vier Wochen … Ich konnte durch den Kurs an mir das Sprichwort erfahren: Jeder ist seines Glückes Schmied. Ich konnte die Auswirkung des Kurses auf mich auch an meiner Umwelt bemerken. Vor allem bei dem Rest meiner Familie hatte ich das Gefühl, dass sie ausgeglichener und zufriedener waren. Danke, Christian. Das Gefühl des Glücklichseins beschäftigte mich eine Vielzahl von Stunden und in meinen Gedanken. Ein schönes Gefühl.*«

(Onlinekurs-TeilnehmerIn)

Perfektionismus

Was hat Glücklich(er)sein mit Perfektionismus zu tun? Gegenfrage: Kann jemand, der diese »Krankheit« hat, dauerhaft oder überhaupt glücklich sein? Gut, er hat vielleicht so seine Glücksmomente, wenn ihm mal etwas perfekt gelingt, doch dazwischen?

Bist *du* perfektionistisch veranlagt? Man sagt doch »veranlagt« oft in diesem Zusammenhang? »Sie hat die Veranlagung zum Perfektionismus.« Es wurde ihr sozusagen in die Wiege gelegt – und damit muss sie nun leben, bis dass der Tod sie erlöst. Quatsch! Selbst wenn dir etwas in die Wiege gelegt wird, so heißt das noch lange nicht, dass du es für den Rest deines Lebens behalten musst. Oder läufst du auch heute noch mit einem Schnuller im Mund und deiner Schmusedecke herum? Perfektionismus ist kein genetischer Defekt, es ist ausschließlich ein erlerntes Verhalten. Das ist jedenfalls meine Meinung, die vielleicht auch nicht so ganz »perfekt« ist.

Was ich gelernt habe, kann ich jedoch auch wieder verlernen. Dies wissen selbst die Perfektionisten – die ärgert das nur mehr.

Jetzt mal zur Beruhigung. Ich denke, wir tragen alle diesen Teil, der nach Perfektionismus strebt, in uns, in mehr oder weniger ausgeprägter Form, und das ist gut so. Ich jedenfalls möchte nicht von einem Arzt operiert werden, der dabei nicht nach Perfektion strebt. Du?

Ganz kurzes Break zum Verständnis: Wenn ich in diesem Abschnitt von Perfektionisten bzw. Perfektionismus spreche, dann meine ich damit primär Menschen, die diesen in vielen oder gar allen Bereichen ihres Lebens anstreben, auch dort, wo es kontraproduktiv ist.

Wie lernen wir überhaupt? Erst einmal, indem wir unsere primären Bezugspersonen nachahmen. Dies sind im Kindesalter meist unsere Eltern, aber oft auch Verwandte und Bekannte, die wir toll finden. Diese ersten Modelle hinterlassen den tiefsten Eindruck. Sind darunter Perfektionisten, dann ... Prost, Mahlzeit! Damit ist die Chance sehr hoch, dass man selbst mit diesem Virus infiziert wird und ein Teil entsteht, der Perfektionismus zur eigenen Bestimmung macht.

Zu deiner Beruhigung, auch hier gelten die Gesetze der Polarität, von Yin und Yang. Es entsteht also gleichzeitig noch ein zweiter Teil, der Gegenspieler, der Unperfekte. Dieser möchte uns in erster Linie unterstützen in unserem

Streben nach Freiheit, Frieden, Freude und Glück. Der Perfekte sieht im Gegensatz dazu seinen primären Auftrag darin, uns zu schützen vor Liebesentzug, Nicht-Wertschätzung und Nicht-Anerkennung. Welcher Teil ist wohl der Stärkere, welcher wird wohl mehr gefüttert, insbesondere bei perfekten Modellen? Welcher hat wohl mehr das Sagen, auch in Anbetracht der Tatsache, dass »vom Schmerz weg« in der Regel Vorrang hat vor »zur Freude hin«?

Ich wiederhole jetzt mal meine Frage von vorhin. Bist du perfektionistisch veranlagt? Sagen wir mal, du bist eine Frau. Dann würde ich sagen: mit hoher Wahrscheinlichkeit. Du bist ein Mann: vermutlich noch mal Glück gehabt. Diese Einschätzung muss nicht generell stimmen, sie beruht lediglich auf *meinen* Erfahrungswerten. Ich glaube jedoch, ich liege damit nicht ganz falsch. Egal. Solltest du ein(e) Perfektionist(in) sein und daran leiden, so habe ich eine schlechte Nachricht: »Keine Chance auf Heilung, nicht auch nur die klitzekleinste Spur!«

Doch tun wir mal so, als ob es eine gäbe. Fällt dir was ein? Eine klassische Psychoanalyse über vier Jahre mit drei Sitzungen pro Woche? Ich glaube, das geht auch einfacher. Wie wäre es mit: »Stop it! Hör auf damit!« Zu schnell? Zu einfach? Dann strebe doch an, perfekt im Unperfektsein zu werden. Damit wärst du dir der Unterstützung *beider* Teile gewiss. Gar nicht so schlecht, doch wie?

Erst mal ist es wichtig, beide Teile zu nutzen. Du bist der Boss, und deine Aufgabe ist es, zu erkennen und zu entscheiden, wann Perfektion notwendig ist und wann nicht. Dies alles ist sehr einfach – wenn du in deiner Kraft bist.

Für dich mach ich's auch gerne noch perfekter. Nutze beide, insbesondere den Perfekt-Teil, um Folgendes *besser* zu machen:

- *Liebe* den anderen wie auch dich selbst.
- *Vergib* dir selbst und den anderen.
- Habe *Mitgefühl* und tue Gutes.
- Sei *dankbar* für alles.
- Tue dies alles bedingungslos.

All diese dir mittlerweile hinreichend bekannten Punkte sind gleich wichtig, was deinen Perfekt-Teil angeht, jedoch insbesondere der erste. Du erinnerst dich: Der Perfekt-Teil sieht seinen primären Auftrag darin, dich zu schützen vor Liebesentzug, Nicht-Wertschätzung und Nicht-Anerkennung. Nun stell dir einmal vor, du bist ein Mensch, für den in erster Linie die Liebe, Anerkennung und Wertschätzung von *außen* wirklich zählen (Perfektionisten neigen dazu). Dies bedeutet natürlich Stress und Schwerstarbeit rund um die Uhr für deinen Perfekt-Teil. Mit deiner Hilfe konnte er ja bisher nicht rechnen, und so musste er zwangsläufig auch noch die Bossrolle übernehmen.

Jetzt kommst du und gibst dir all diese Qualitäten (Liebe, Wertschätzung, Anerkennung) mehr und mehr selbst, und das bedingungslos. Was wird wohl dein Perfekt-Teil dazu meinen? Richtig, wir hören mal rein: »So, so, der Boss ist zurück. Wird auch Zeit. Ich strample mich hier ab, und keiner hilft mir. Hm, was spüre ich denn da? Fühlt sich gut an. Aber ich seh da doch niemand anderen. Kann das der Chef jetzt selbst? Wann hat er das denn gelernt? Schlaues Kerlchen. Dann kann ich mich ja mal entspannen – oder soll ich ihm dabei helfen? Oder beides? Ich hab ja jetzt eine Menge Zeit und Energie zur Verfügung, und wenn ich ihm helfe, dann ist das sicher vorteilhaft für uns beide. Ach, ich hör schon. Dachte mir schon, dass er mich braucht. Dann gehen wir die Sache mal gemeinsam entspannt an.

Moment mal! War da nicht noch einer, der mich immer geärgert hat? Ach, ich seh, der hilft schon. Dann beeil ich mich mal!«

Keiner liebt perfekte Menschen, nicht mal die perfekten selbst!

Oder bist du anderer Meinung? Perfektion anzustreben, um geliebt oder mehr geliebt zu werden, ist also – Bullshit! Natürlich ist es deine eigene Entscheidung. Wenn du das Hamsterrad liebst, dann renne weiter darin herum.

Eine kleine Anekdote (meine LOA-Leser kennen sie schon): In meiner NLP-Ausbildung war unsere erste Aufgabe, unseren »höchsten Wert« zu ergründen und diesen zu notieren. Mir fielen da zwei Punkte ein: Freiheit und Anerkennung. Ich bastelte daraus den folgenden Satz: »Frei wie ein Adler und Anerkennung.« Als meine Trainerin vorbeikam und dies sah, sagte sie: »Der Anfang ist gut, aber das mit der Anerkennung ist eine Mausefalle.« Sie wusste genau, dass ich damit Anerkennung von *außen* meinte und mit diesem Wert nicht in *meiner* Kraft war. Ich formulierte also meinen Satz um: »Frei wie ein Adler und mit mir selbst zufrieden.«

Geschichten, die man nie vergisst.

Was ist für dich der höchste Wert? Und bringt er dich wirklich in deine Kraft, oder gibt es da noch Optimierungsbedarf? Perfektion kann Leben retten, das Leben aber auch drastisch einschränken. Mein »Unperfektionismus« ist auf jeden Fall eine meiner Stärken. Meine ersten EFT-Seminare gab ich, als ich das Klopfen gerade mal ein knappes Jahr kannte. Mein EFT-Buch schrieb ich nur zwei Jahre später. Wäre ich ein Perfektionist, würde ich gewiss immer noch daran schreiben. »LOA« schrieb ich wiederum zwei Jahre später. Beide perfekt? Sicherlich nicht. Jetzt, wieder zwei Jahre später, schreibe ich an diesem Buch. Wird das perfekt? Natürlich – nicht! Aber ich bin mit mir zufrieden, wie das auch bei den ersten beiden der Fall war und ist. Und die Zahlen der Leser sprechen auch für sich.

Übrigens bin ich mit meinem Glücksniveau – das möchtest du doch sicher schon lange wissen – (noch) nicht auf +10. Aber vielleicht weiß ich es ja auch nur nicht. Was will ich damit sagen? Warte nicht, bis etwas perfekt ist oder du in etwas hundertprozentig gut bist. Im Endeffekt bedauern wirst du später eher die Dinge, die du *nicht* getan hast, als diejenigen, die du getan hast.

Abschließend möchte ich noch kurz auf einen Aspekt zum Thema Perfektion eingehen, den ich bisher noch nicht angesprochen habe: Stolz. Als Kind schon haben die meisten von uns gelernt, dass, wenn wir etwas hervorragend gemacht haben, nicht nur die Eltern auf uns stolz sind, sondern wir auch selbst auf uns stolz sein »dürfen«. Etwas ganz, ganz besonders Wertvolles scheint Stolz also zu sein, wenn wir dafür sogar eine Erlaubnis brauchen. Schon wieder muss ich dich enttäuschen:... ist es ni-icht!

Stolz ist eindeutig eine *übertriebene* Ego-Geschichte. Was hältst du von Menschen, die herumstolzieren mit stolz geschwellter Brust, wie ein Pfau beim Balztanz? Sicherlich kommt da auch bei dir keine Freude auf – womit wir auch schon auf der »Sonnenseite« wären. Stolz ist der Schatten, Freude das Licht. David Hawkins hat in seinem Buch »Die Ebenen des Bewusstseins«[4] eine Skala aufgestellt, die von 0 bis 1000 reicht. 0 bedeutet physischer Tod, und 1000 ist

4 VAK-Verlag, 2008

die höchste Bewusstseinsstufe, die ein Mensch überhaupt erreichen kann. Mit dem kinesiologischen Muskeltest ordnete er dann, unter anderem, verschiedenen Bewusstseinszuständen den jeweiligen Wert zu[5]. »Stolz« erreichte dabei gerade mal 175 und befindet sich damit auf der gleichen Ebene wie beispielsweise »Angeberei« und »Verachtung«. Wissen solltest du dabei, dass bei 200 (z. B. »Mut«) die Schwelle ist, wo du so langsam in deine Kraft kommst, die Schwelle der Integrität. »Freude« ist dabei ein ganz anderes Kaliber und befindet sich auf der gleichen Stufe wie »bedingungslose Liebe«, auf 540.

Sollte dich also einmal wieder der Stolz übermannen, so geh schnell heraus aus diesem Schatten, in die Freude, ins Licht. Deine Reise wird dich zwangsläufig, auch mit Hilfe deines Perfekt-Teiles, dorthin führen, ob du willst oder nicht.

Sai Baba, ein indischer Meister, wurde auch einmal zum Thema Stolz befragt. Er sieht das, denke ich mal, ähnlich wie Hawkins. »Darf ich denn niemals stolz sein?«, war sinngemäß die Frage, und Sai Baba antwortete: »Wenn überhaupt, dann sei stolz auf Gott!«

Eine Reise ist nur perfekt, wenn sie un-perfekt ist. Im Un-Perfekt-en liegt also das Perfekte. Macht doch allein schon, wenn man das Wort betrachtet, Sinn, oder?!

Stell dir doch einmal eine Reise vor, perfekt geplant und durchgeführt vom Anfang bis zum Ende. Also ich muss allein schon bei dieser Vorstellung gähnen, und zwar vor Langeweile. Geht es dir nicht ähnlich? Perfekt ist also auch noch langweilig. Noch ein guter Grund, es … zu lassen.

Es gibt, und das meine ich ernst, auf deiner Reise keine

5 Weitere Quelle: http://de.spiritualwiki.org/Hawkins/Skala

Etappe, keine Übung, keine Aufgabe, die du perfekt bewältigen musst. Versagen könntest du nur, wenn du die Reise erst gar nicht begonnen hättest, und das kann nicht der Fall sein. Du hast die Reise schon angetreten, weil du das hier liest. Damit hast du es schon mal gut gemacht. Besser kannst du es machen, wenn du weiter liest und auch die Etappen bewältigst, auf deine Art und Weise und in deinem Tempo. Am besten machst du es, wenn du auf deiner Reise auch noch viel Spaß hast und auch danach weiter ein Reisender bleibst.

Es gibt also für dich und diese Reise *nicht* »perfekt«, nur »gut«, »besser«, »am besten« – und all das »unperfekt«!

> »[Positiv war,] dass der innere Kampf und Druck, das hinzukriegen mit den Übungen, sich die Zeit zu nehmen (was mir am Anfang viel Energie und Spaß genommen hat), sich dann doch plötzlich gewandelt hat, als ich den Druck rausgenommen habe. Ich habe einfach gesagt: ›ich schaffe, was ich schaffe‹. Dann kam der Spaß, die Freude, das Glücklichsein, die Dankbarkeit ... der Erfolg, mehr Frieden, Ruhe, Gelassenheit auch mit dem, was sich noch nicht optimal anfühlt.«
> (Onlinekurs-TeilnehmerIn)

Hier und Jetzt

Leben im Hier und Jetzt. Klingt schön, nicht wahr?! Machen wir mal ein kleines und wirklich einfaches Experiment. Lies aber bitte erst mal die folgenden Anweisungen: Denke an etwas oder an jemanden, das oder der dich immer mal wieder wurmt oder ärgert, vielleicht deinen Chef oder was auch immer. Etwas auf mittlerer »Wurmstufe«. Jetzt schau dich um. Was siehst du wirklich? Den Schreibtisch vor dir? Ein Bild an der Wand? Was siehst du in deinem Zimmer, wenn du dich umblickst? Und was hörst du? Stimmen, Geräusche, vielleicht auch von außen? Und was fühlst du? Den Boden unter deinen Füßen, den Hintern auf deinem Stuhl, einen Luftzug? Und sind da vielleicht auch noch Gerüche und Geschmäcke? Nimm hier und jetzt so viele Sinneseindrücke wahr wie möglich.

Experiment verstanden? Okay. Dann nimm dir jetzt ein, zwei Minuten dazu Zeit.

Ich warte.

Gut. Wie war es für dich? Während du dich auf die Sinneseindrücke konzentriert hast, was hast du gefühlt? Wo war währenddessen dein »Wurm-Thema«?

Wenn du es »gut« gemacht hast, dann war dieses nur noch halb so schlimm. Du warst auf dem Weg ins Hier und Jetzt, aber noch nicht ganz da. Dein Bewusstsein war immer noch etwas in der Vergangenheit oder Zukunft.

Hast du es »besser« gemacht, so war es ganz verschwunden, und du hattest beim Wahrnehmen auch ein paar positive oder auch negative Emotionen. Du warst im Hier und Jetzt, brachtest aber *in* dieses noch Bewertungen, die sich auf die Vergangenheit oder auch auf die Zukunft bezogen. Hier gibt es das ganze Spektrum an Emotionen.

»Am besten« hast du es gemacht, wenn man das, was du fühltest, als »nichts« bezeichnen kann. Ein gutes Nichts – nur Ruhe, Stille und Frieden. Hier gibt es keine Bewertungen. Alles ist neutral.

Du willst es »am besten« machen, dann wiederhole das Experiment. Es ist dir jedoch jetzt verboten, dich dabei anzustrengen und auch irgendeinen Sinneseindruck zu bewerten. Nur schauen, hören, fühlen, riechen und schmecken, ganz entspannt, ohne Bewertung.

Im Hier und Jetzt sind wir in unserer Kraft, sind geerdet, verfügen über unser ganzes Potenzial, können handeln und damit die Weichen für die Zukunft stellen. Hier *bin* ich, nur hier kann ich wirklich glücklich *sein*.

Solltest du doch einmal auf Zeitreise gehen wollen, dann aber bitte zu einem Zeitpunkt der Freude und des Glücks. Mit dieser Energie komm dann wieder zurück und bring sie ins Hier und Jetzt.

Mir persönlich gefällt die zweite (»besser«) Variante am besten, da sie ein weites Spektrum an Emotionen und auch an Wachstumschancen bietet. Sie ist auch diejenige, die wie geschaffen ist für das Manifestieren. Bringe das, was du dir wünschst, ins Hier und Jetzt und vergiss nicht, dass du dich auch selbst darin befindest. Um schnell in einen Zustand von innerem Frieden zu kommen oder auch den Akku wieder aufzuladen, ziehe ich jedoch die dritte Version (»am besten«) vor.

Im Hier und Jetzt zu sein kannst du täglich trainieren. Im Prinzip musst du dich nur auf das konzentrieren bzw. bei dem *sein*, was du gerade tust, auch wenn dir dies vielleicht zu Beginn nur für wenige Minuten gelingt. Insbesondere alltägliche Dinge, wie Zähneputzen, Abwaschen, Abtrocknen, Bügeln, Staubsaugen, Kehren, Gartenarbeit, Putzen, Autofahren, Gehen, Treppensteigen, Essen, Trinken, Sex, Musikhören, Lesen – ich könnte diese Liste noch endlos fortführen –, sind Möglichkeiten für diese Zen-Übung. Konzentriere dich bewusst nur auf eine Sache, nämlich auf die, die du gerade tust. Wir sind keine Multitasker, jedenfalls keine *bewussten*, auch nicht die Frauen. Wir haben nur eine

Schnittstelle für bewusste Aktionen. Tust du zwei Dinge auf einmal, so einen davon auf Autopilot. Doch auch dieser wird immer mal wieder von deinem Bewusstsein gecheckt, und spätestens dann bist du raus aus dem Hier und Jetzt.

Die Vergangenheit ist vergangen, die Zukunft noch nicht geschrieben – beides also Illusion. Was der Realität am nächsten kommt, ist somit das Hier und Jetzt.

Auf deiner Reise wirst du die Vergangenheit und die Sorgen und Ängste, deine Zukunft betreffend, Schritt für Schritt loslassen. Wohin wird dich das wohl führen? Richtig! Mehr und mehr ins Hier und Jetzt. »Du kannst im Hier und Jetzt glücklich sein«, ist nur die halbe Wahrheit. »Du kannst *nur* im Hier und Jetzt *wirklich* glücklich sein«, ist die ganze. Alles, was du wirklich hast, ist der Augenblick. Genieße ihn!

Das Gesetz der Anziehung

Ich habe schon von den zahlreichen Büchern und Filmen gesprochen, die in den letzten Jahren zum Thema Gesetz der Anziehung erschienen sind. Auch Bestell- und Wunschbücher erlebten in dieser Zeit einen Riesenaufschwung. Millionen von Menschen weltweit hatte das Bestell-, Wunsch- und Manifestierfieber gepackt, und bei nicht wenigen ist die Temperatur auch heute noch stark erhöht. Die meisten haben sich dabei auf die Aussicht auf mehr Wohlstand, Gesundheit und den Traumpartner fürs Leben konzentriert anstatt auf die »geheime« Botschaft, die in vielen dieser Bücher zu finden war und ist. Du weißt mittlerweile, welche ich meine:

- *Liebe* den anderen wie auch dich selbst.
- *Vergib* dir selbst und den anderen.
- Habe *Mitgefühl* und tue Gutes.
- Sei *dankbar* für alles.
- Tue dies alles bedingungslos.

Was, glaubst du, haben sich wohl die meisten Leser dieser Bücher bestellt, gewünscht oder zu manifestieren versucht? Doch wohl materielle Dinge, insbesondere Geld. Und wie viele von ihnen haben heute mehr Geld auf dem Konto als vorher? Sehr, sehr wenige. Ich denke sogar, dass viele von ihnen heute weniger in der Tasche haben als zuvor. Jedenfalls deuten die Statistiken darauf hin.

Bleiben wir mal beim »Mammon«. Während ich dies schreibe (Dezember 2009), also wenige Jahre nach Beginn der »Secret-Welle«, haben wir eine – Weltwirtschaftskrise! Das Geld ist scheinbar knapp. Vielleicht bin ich ja der Einzige, der da eine Verbindung zwischen beidem sieht? Interessiert an meiner Analyse?

Okay. Nehmen wir mal an, durch die »Secret-Welle« (wünschen und bestellen eingeschlossen) haben weltweit eine Million Menschen in den letzten zwei bis drei Jahren versucht, mehr Geld zu manifestieren. Diese Zahl soll einfach der Verdeutlichung dienen, vermutlich waren es wesentlich mehr Menschen. Gehen wir weiterhin davon aus, dass bei 50 000 von ihnen dieser Versuch geglückt ist, weil sie z. B. das Programm aus meinem LOA-Buch richtig umgesetzt haben:

1. Nimm an, was *ist*.
2. Finde und formuliere ein Herzensziel.

3. Lass alle Widerstände und Einsprüche los, die gegen dieses Ziel bestehen.
4. Manifestiere.
5. Sei dankbar.
6. Wiederhole Schritt 4 und 5 mehrmals täglich.
7. Lass los, erlaube und nimm an.
8. Erkenne die Zeichen und handle inspiriert.

Jeder dieser Schritte ist wichtig, Schritt 3 jedoch essenziell, nach meiner Ansicht auch noch Schritt 4. Da 950 000 keinen Erfolg hatten, gehe ich davon aus, dass ihnen Schritt 3 (Loslassen von inneren Widerständen) nicht bekannt war oder sie ihn nur unzureichend oder gar nicht durchgeführt haben. Was sie jedoch mit ihrem Wunsch oder Ziel bewirkt haben, ist, »schlafende Hunde«, und ich meine damit unbewusste innere Widerstände, zu wecken. Fortschritt und Veränderung treffen immer auf Opposition, innen wie außen.

Diese inneren Widerstände fingen nun an zu schwingen, und zwar vor Angst, denn für sie ist Geld – ein Sicherheitsrisiko:

· Es stinkt.
· Es ist schlecht, die Wurzel allen Übels.
· Es verwehrt den Zutritt zum Himmel.
· Es macht geizig.
· Man kann es wieder verlieren.
· Es ist unspirituell.
· Es ist knapp.
· Usw.

Dazu, und jetzt beziehe ich mich auf Schritt 4, kommt auch noch, dass, wenn ich mir etwas wünsche, bestelle oder manifestiere und dieses *nicht* ins Hier und Jetzt hole, ich was ausstrahle? Richtig: Mangel.

Das Gesetz der Anziehung besagt: *Wir ziehen die Dinge in unser Leben, mit denen wir uns in Resonanz (auf derselben Energieschwingung) befinden, oder auch: Energie zieht gleichartige Energie an.* Das heißt: *DEINE jeweilige Situation, was immer sie auch sei, ist das direkte Resultat DEINER Gedanken, Gefühle und Handlungen und liegt damit zu 100 Prozent in DEINER EIGENEN Verantwortung.*

Was noch dazu kommt: *Es gibt keine Trennung – alles ist mit allem verbunden.*

Das bedeutet wiederum: *Die Situation UNSERER Welt, was immer sie auch sei, ist das direkte Resultat UNSER ALLER Gedanken, Gefühle und Handlungen und liegt damit zu 100 Prozent in UNSER ALLER Verantwortung.*

Das heißt: In den letzten Jahren strahlten (und strahlen immer noch) weltweit Millionen von Menschen *konzentrierte* Schwingungen von Geldmangel (»Geld ist knapp«, »es stinkt«, »es ist schlecht« usw.) ins Universum aus – und wir sind nun sauer über seine Antwort. Die Banker, die *scheinbar* diesen Crash verursacht haben, waren dabei lediglich die Erfüllungsgehilfen.

Doch wie immer verbindet auch hier das Universum seine Reaktion mit einem Lehrauftrag, der möglicherweise lautet: »Konzentriert euch da unten mal mehr auf die wirklich wichtigen Dinge des Lebens und kümmert euch auch mehr um die vielen, vielen Baustellen. Dabei werde ich euch gerne und mit Freude unterstützen.«

Das Gesetz der Anziehung ist universell und gilt sowohl für das Individuum wie auch darüber hinaus. Jeder Einzelne sitzt nicht nur mit im Boot, sondern nimmt Einfluss auf Richtung und Geschwindigkeit. Bist du mit dir selbst im

Frieden, jeden Tag etwas mehr in deiner Kraft, so wirkt sich dies auch auf das Ganze aus, denn, wie es so schön heißt: Jeder Regentropfen erhöht den Meeresspiegel.

Im Großen und Ganzen weißt du jetzt alles zum Gesetz der Anziehung, was für deine Reise von Wichtigkeit ist. Abrunden möchte ich diesen Abschnitt noch mit ein paar weiteren Aspekten: *Energie folgt der Aufmerksamkeit!* Und: *Das, worauf wir unsere Aufmerksamkeit richten, wächst!* Richtest du deine Aufmerksamkeit auf den Schatten, so wird dieser wachsen. Richtest du sie auf das Licht, so wächst dieses. Das Universum bewertet nicht, es kennt kein Gut oder Böse. Es spiegelt dir lediglich das zurück, was du ausstrahlst, insbesondere mit deinen Gefühlen und Emotionen.

Eine kurze Erläuterung, damit keine Missverständnisse entstehen. Du denkst jetzt vielleicht: Wenn das stimmt, das mit der Aufmerksamkeit, dann reicht es doch, wenn ich mich einfach aufs Glücklichsein konzentriere. Da bearbeite ich doch besser nicht den Schatten, der würde ja wachsen, wenn ich ihm Aufmerksamkeit schenke.

Richtig – und falsch. Richtig, wenn du es schaffst, dich auf »Glücklich(er)sein« zu eichen, ohne die Opposition zu wecken. Und es gibt sie, da du ja nicht glücklich bist. Richtig ist diese Ansicht auch, wenn es dir (mit Willenskraft) trotz aller inneren Widerstände gelingt, dranzubleiben, bis die Gegenseite letztlich aufgibt. Hier gewinnt jedoch in der Regel der Schweinehund über das Kampfschwein. Die Falschseite brauche ich dir nicht zu erklären, die ergibt sich daraus.

Wenn du eine dauerhafte Veränderung anstrebst, dann wirst und musst du auch die Opposition wecken. Um verhandeln und loslassen zu können, ist es, du wirst mir zustimmen, sicherlich wichtig, diese zu kennen. Lässt du letztendlich die Schatten mehr und mehr los, so wird auch das Licht immer mehr und intensiver scheinen. Wut transformiert sich zwangsläufig in Liebe, Traurigkeit in Freude, Anspannung in Entspannung, Angst in Vertrauen und Zuversicht.

Glaub ja nicht, dass die Gegenseite, auch wenn sie schläft, keinen Einfluss auf dein Leben hat und keine Schwingungen aussendet. Sie tut es, in der Regel für dich unbewusst und, wie sie glaubt, zu deinem Schutz. Sie war maßgeblich verantwortlich für deine »Glücksvergangenheit«, ist es für deine »Glücksgegenwart« und wird es sein für deine »Glückszukunft«.

Du möchtest Veränderung, du möchtest Fortschritt? Dann geh in Verhandlungen mit der Opposition. Finde, und das ist jetzt wichtig, Gemeinsamkeiten bezüglich ihrer und deiner Absichten und auch Möglichkeiten, die ihren zum Wohle beider Parteien umzusetzen. Mach sie damit zu deiner Koalitionspartnerin. Du bist die Kanzlerin bzw. der Kanzler und hast das Recht und die Macht dazu. Ist deine Koalition schließlich stärker als die Gegenseite, dann, und erst dann, wirst du in der Lage sein, deine Vorstellungen, deine Ziele zu verwirklichen.

Das Gesetz der Anziehung ist wertfrei, kennt weder gut noch böse, weder groß noch klein, weder Raum noch Zeit. Es reagiert auf und spiegelt lediglich die Schwingungen, die du, die wir bewusst und insbesondere auch unbewusst ausstrahlen, ob wir dies nun wollen oder nicht. Das ist sein Job, seine Funktion.

Äußerer Wohlstand, Gesundheit und liebevolle Beziehungen sind somit letztlich nur ein Spiegel, eine Antwort des Universums auf eine starke Verbundenheit mit deiner inneren Kraft. Innen wie außen – außen wie innen.

> »Ich wachte morgens auf mit dem Gefühl und dem Gedanken an den Kurs ›Glücklichsein‹ und ging abends damit ins Bett. Ich war aufmerksamer und achtsamer mit mir und mehr im Leben, im Hier und Jetzt, das hat mir sehr gutgetan. Mir hat es auch sehr gut gefallen, jeden Tag ein festes Ritual für mich zu haben.«
>
> (Onlinekurs-TeilnehmerIn)

Gefühle und Emotionen

Ich habe mich entschieden, dieses Thema mit in diesen ersten allgemeinen Teil zu nehmen, da es dich während deiner ganzen Reise begleiten wird und natürlich auch darüber hinaus. Wenn ich von Gefühlen spreche, so meine ich damit Körpergefühle wie Druck auf der Brust oder Ziehen im Bauch. Emotionen wiederum sind für mich Gefühlszustände wie z. B. Angst, Ärger, Wut, Freude, Lust oder Spaß und zumeist Interpretationen unserer Gefühle. Die Unterscheidung zwischen Emotionen und Gefühlen ist ein theoretisches Modell, doch im praktischen Sprachgebrauch kann man diese Unterscheidung nicht immer exakt einhalten. Gemeinsam haben beide jedoch, dass man sie *hat*, hin und wieder, mal stärker, mal schwächer, mal länger, mal kürzer. Wirklich glücklich *ist* man (Seins-Zustand), und dies liegt damit auf einer tieferen Identitätsebene.

Auch glückliche Menschen *haben* Angst, Wut oder Ärger. Diese und auch andere »negative« Emotionen be-*reich*-ern das Leben. Glückliche Menschen haben jedoch eine Basis, die es ihnen ermöglicht, diese Emotionen kreativ zu nutzen und schnell wieder loszulassen. Also: Gefühle und Emotionen sind etwas, das wir *haben,* und nicht etwas, das wir *sind.* Warum das so wichtig ist? Ganz einfach. Etwas, was du *hast,* ist wesentlich einfacher loszulassen als etwas, was du *bist.*

Ein kleines Experiment: Nimm mal einen Stift. Dieser repräsentiert eine deiner Ängste. Wähle bitte nichts Dramatisches. Lege ihn auf deine Handfläche und rolle ihn ein wenig darauf. Wie fühlt sich diese Angst nun an? Es geht? Ist sie mit deiner Hand verhaftet? Nein? Dann lass ihn los. Einfach, oder?! Das war die »*Haben*-Seite«.

Nimm den Stift und damit die Angst noch mal auf und umschließe sie fest mit deiner Hand. Wie fühlt sie sich nun an? Schon etwas intensiver? Jetzt lass den Stift mal rollen. Geht nicht? Mist aber auch! Und jetzt lass ihn mal los, während du ihn weiter so festhältst. Geht auch nicht? Dann streng dich an. Halt die Angst noch fester, vielleicht klappt es ja dann. Das ist die »Ich-*bin*-Seite«.

Ich erlöse dich jetzt: Atme tief ein, und mit dem Ausatmen öffne entspannt die Hand, Handfläche nach oben, und lass den Stift (Angst) wieder über die Handfläche rollen. Sieh dir die Angst noch mal an, und vielleicht erkennst du, dass sie irgendwann einmal in deinem Leben wichtig für dich war, dich beschützt hat, vor was oder wem auch immer. Heute bist du jedoch erwachsen und hast andere Möglichkeiten gelernt, ähnliche Herausforderungen zu meistern. Es ist also okay und an der Zeit, sie jetzt loszulassen. Atme noch einmal ein und lass sie entspannt mit dem Ausatmen und einem »Danke« los. Drehe dazu einfach die Hand ein wenig. Nimm abschließend den Stift wieder auf und *segne* ihn mit *Licht und Liebe.*

Die »Ich-bin-Seite« vollziehen wir sehr oft mit unseren Gefühlen und Emotionen. Wir sagen: Ich bin wütend. Ich bin ängstlich. Ich bin zornig. Ich bin traurig usw. Damit identifizieren wir uns mit dem »negativen« Gefühl bzw. mit der »negativen« Emotion und halten es/sie damit fest. Um es/sie nun loszulassen, strengen wir uns an und verstärken damit nur den Druck. Beides ist damit destruktiv. Die Lösung liegt sozusagen auf der Hand. Doch wie ist es mit »positiven« Gefühlen und Emotionen? Ein weiteres Experiment. Dieselbe »Versuchsanordnung«, nur dass der Stift nun »Freude« repräsentiert.

- Schritt 1: Leg diese »Freude« jetzt auf deine Handfläche und lass sie »rollen«. Wie fühlt sich das an? Nicht so prickelnd?
- Schritt 2: Dann umschließe sie fest, richtig fest mit deiner Hand. Streng dich an! Wie fühlt sich das nun an? Schmerzhaft? Nicht nach Freude? Eher wie Wut?
- Schritt 3: Entspanne deine Hand, öffne sie kurz und schließe sie wieder, jedoch nun ganz leicht, gerade so, dass die »Freude« nicht wegfliegen kann. Halte sie vorsichtig fest, wie einen klitzekleinen Vogel oder einen Marienkäfer, den du von deinem Zimmer nach draußen in die Freiheit bringst. Atme dabei entspannt ein und aus. Und, wie fühlt sich das an? Super?
- Schritt 4: Öffne deine Hand, Handrücken nach unten, und lass die Freude frei, jetzt! Stell dir vor, dass sie wegfliegt wie ein kleiner Vogel. Wie fühlt sich das an? Fantastisch? Ich danke dir.

Ich analysiere mal die vier Schritte:

- zu 1: Du *hast* Freude, jedoch ist diese nicht so groß, weil du nicht freudig *bist*.
- zu 2: Du *bist* zwar freudig, doch diese Freude verwandelt

sich in etwas Negatives, weil du ihr keinen Raum, keine Luft lässt.

- zu 3: Du *bist* freudig und lässt dieser Freude auch Raum und Luft. Doch glaubst du noch, dass sie verschwindet, wenn du sie loslässt, und hältst sie deshalb, wenn auch vorsichtig, fest.

- zu 4: Du hast erkannt, dass du selbst Freude *bist* und diese noch weiterwächst, wenn du sie freilässt.

Kurz gesagt: Einen negativen Gefühlszustand *hat* man, sollte ihn daher auch so formulieren (Ich habe ...) und kann ihn deshalb auch wieder schnell loslassen. Ein positiver Gefühlszustand *ist* man (Ich bin ...), und man verliert deshalb auch nichts, wenn man ihn freilässt. Im Gegenteil, man gewinnt. Du erinnerst dich: *Annehmen = Loslassen = Empfangen.*

Gefühle und Emotionen sind überlebenswichtig, insbesondere die scheinbar negativen. Stell dir einmal vor, es gäbe keine Angst und keinen Schmerz. Du würdest wohl kaum den nächsten Tag, geschweige denn die nächste Woche unbeschadet oder überhaupt überleben. Sie werden erst dann negativ, wenn sie ihre Schutzfunktion übertreiben und damit das Leben, ohne Not, einschränken.

Auf deiner Reise wirst du vielen unterstützenden, jedoch auch einschränkenden Gefühlen und Emotionen begegnen, und das ist ganz normal. Wichtig ist es dabei, erst einmal die einen von den anderen unterscheiden zu können. Du sagst: »Das ist doch ganz einfach!« Täusch dich da mal nicht. Auch scheinbar positive Gefühle und Emotionen können dich vom Weg abkommen lassen, die Reise verzögern, blockieren oder vorzeitig beenden. Sollte es dir also einmal »zu gut« gehen, dann ist das vielleicht nur ein äußerst gerissener Oppositions-Teil, der genau dies möchte. Hast du erst mal den rechten Weg verlassen, so ist es umso schwieriger, wieder darauf zurückzukommen.

Warum fällt mir gerade jetzt die Geschichte von Odysseus und Circe (Kirke) ein? Oder die von Odysseus und den Sirenen? Lass dich also nicht becircen, bleib dran, in deiner Kraft und spar dir damit viel Zeit und Mühe. Es ist nur ein Test!

Denke oder sage einmal ganz bewusst: »Ich bin die schönste Frau/der schönste Mann der Welt.« Denk oder sage es noch einmal und fühle und höre danach in dich hinein. Lacht da nicht vielleicht einer? Möglicherweise hörst du auch eine Stimme, die sagt: »Guck dich doch mal im Spiegel an. Du bist nicht nur nicht schön, du bist scheinbar auch noch blind geworden.« Ich denke, du wirst mir zustimmen, dass du auf alle Fälle nicht das *Gefühl* hattest, die schönste Frau/der schönste Mann der Welt zu sein. Wenn doch, und du bist eine Frau, meine Telefonnummer ist ...

Worauf will ich hinaus? Erst einmal, dass bei uns allen viel mehr unbewusst abläuft, als wir vielleicht denken. Bewusst ist nur die Spitze des Eisberges und hat oft nicht viel damit zu tun, was schließlich als Gefühl bzw. Emotion herauskommt. Ohne jetzt noch mal das Teilemodell zu bemühen, liegt es auf der Hand, dass insbesondere für viele unserer negativen Gefühle und Emotionen das Unterbewusstsein verantwortlich ist. Das ist gut, wenn es uns vor Schaden für Leib und Seele bewahrt, und schlecht, wenn es unser Leben einschränkt.

Letztlich bestimmen unsere Gefühle und Emotionen auch unser Verhalten, unsere Entscheidungen und Handlungen. Selten sind diese von Logik bestimmt, auch wenn wir dies vielleicht glauben (wollen).

Um dauerhafte, positive Veränderungen zu bewirken, reicht es jedoch oft nicht aus, immer wieder und ausschließlich auf der Gefühls- bzw. Emotionsebene, also am Symptom zu arbeiten. Da musst du schon ans Eingemachte, an die Wurzel des Übels, und dies sind in erster Linie deine Negativ-Erfahrungen. Damit wirst du dich auf einer deiner Reise-Etappen noch näher beschäftigen.

Jedes Gefühl, jede Emotion ist nützlich – in irgendeinem Kontext. Wäre es ein Gefühl bzw. eine Emotion nicht, so wäre es bzw. sie im Laufe der Evolution wohl schon längst verschwunden.

Wirklich leben heißt auch, die Gefühle und Emotionen zu leben. Unterdrückst du die negativen, so zwangsläufig damit auch die positiven. Wir sind jedoch Menschen. Leben wir also emotional. Doch seien wir uns dabei immer bewusst, dass für Gefühle und Emotionen gilt: Sie sind gute Diener, aber schlechte Herren.

Damit bin ich nun am Ende von diesem Teil des Buches angelangt, in dem ich mehr die allgemeinen Aspekte, Hintergründe und Theorien, das Glück und das Glücklichsein betreffend, beleuchtet habe. Über diese Themen Bescheid zu wissen, wird dir auf deiner Reise eine wichtige Unterstützung sein.

»*Ich arbeite schon sehr viel in dieser Richtung, und ich sehe, es ist immer noch mehr möglich, und das ist sensationell. Ich fühle mich hervorragend. Ich weiß, ich bin auf dem richtigen Weg, und zwar auf meinem Weg. ... Dein Kurs begeisterte mich sehr. Er war sehr spannend und machte mich neugierig und bereitete mir viel Freude und Erfolg. Die Zusammenstellung der Aufgaben hat mich begeistert, ich war voller Eifer dabei und wartete schon immer gespannt auf die nächste Aufgabe. ... Ja, und mit dem Ergebnis bin ich absolut zufrieden, und ich bleibe einfach weiterhin dran, denn ich liebe mein Leben und das, was ich daraus machen kann und werde. Ich finde es großartig, dass du diese Möglichkeit angeboten hast und ich mitmachen durfte.*«

(Onlinekurs-TeilnehmerIn)

2. Die Reisehelfer

Loslassen – wenn das mal so leicht wäre! Fast täglich machen wir die Erfahrung, dass es das nicht ist. Dabei tun wir es tagtäglich, wir haben also diese wunderbare Fähigkeit! Oder erinnerst du dich noch an jedes Wort, das du gestern gesagt, und an alles, was du gestern getan hast? Ist dir das heute noch sofort präsent? Nein. Du hast vieles vergessen und damit auch losgelassen. Die Dinge jedoch, die für uns wichtig sind, bzw. diejenigen, denen wir Gewicht geben, haben eine höhere Haltbarkeitsdauer. Manche von ihnen für den Rest unseres Lebens. Schmerzhafte Erfahrungen sind dabei Schwerstgewichte. Sie werden in einem Ordner abgelegt, zu dem nicht nur das Bewusstsein, sondern insbesondere das Unterbewusstsein einen schnellen Zugang hat. Das ist ein Segen, aber auch ein Fluch. Ein Segen, wenn es beispielsweise darum geht, nicht zweimal die Hand auf eine heiße Herdplatte zu legen. Ein Fluch, wenn z. B. eine unglückliche Partnerschaft zum Anlass wird, sich nie wieder zu verlieben. Für das Unterbewusstsein sind die Dinge am wichtigsten, die gefährlich sind für unsere Unversehrtheit und unser Überleben. All das, was uns in der Vergangenheit emotionalen oder auch körperlichen Schmerz bereitet hat, hat damit Priorität. Die Intensität der Erfahrung entscheidet wiederum über deren Stellenwert. Ein kleiner Schnitt in den Finger hat beispielsweise keinen so hohen Stellenwert wie der Bruch eines Armes oder Beines. Vielleicht kommt deswegen Letzteres auch, Gott sei Dank, weniger oft vor.

Lebenserhaltung und Schmerzvermeidung haben immer Vorrang, nicht zuletzt weil hierbei oft augenblickliches Handeln gefragt ist. Das ist hingegen bei Spaß und Freude nicht der Fall, und diesbezügliche Erfahrungen sind in einem Ordner abgelegt, auf den unser Bewusstsein meist zu selten Zugang nimmt. Auch hier werden jedoch nur die intensivsten und damit für uns wichtigsten Glücksmomente gespeichert.

Stell dir einmal vor, dein Schmerzordner wäre nahezu leer bis auf die Dateien, die *wirklich* für deine Lebenserhaltung und Unversehrtheit heute und auch zukünftig wichtig sind. Dein Glücksordner würde im Gegenzug fast aus den Nähten brechen. Wie wäre das wohl? Letzteres erreichen kannst und wirst du auf deiner Reise, indem du den schönen Dingen mehr Gewicht gibst bzw. sie intensiver erlebst. Indem du beginnst, auch die alltäglichen Geschenke mehr zu würdigen, zu schätzen, zu lieben. Den Schmerzordner zu leeren ist da schon etwas kniffliger und komplexer. Welche Art von Dateien befinden sich noch mal in ihm? Richtig. Solche, die mit mehr oder weniger intensiven schmerzvollen Gefühlen und Emotionen verbunden sind.

Und damit haben wir auch schon die Lösung: Entlädst, klärst bzw. reinigst du eine Datei nach der anderen von ihrem Schmerz, so werden diese zwangsläufig in einen anderen Ordner verschoben, der die Dinge beinhaltet, die zwar geschehen sind, jedoch nicht (mehr) wichtig sind. Weder dein Bewusstsein, noch dein Unterbewusstsein haben nun einen Grund, auf diese Dateien automatisch Zugang zu nehmen, und lassen sie ruhen – in Frieden. Genau das verstehe ich unter Loslassen.

Entladen, Klären, Reinigen, Transformieren. Heute gibt es dafür wohl mehr einfache und auch effektive Wege, Möglichkeiten, Methoden, Techniken als jemals zuvor. Ständig gibt es hier Entwicklungen und Neuerungen, insbesondere im energetischen Bereich. Die Herausforderung besteht heute nicht mehr darin, eine effektive Methode zu finden, sondern aus dem ganzen Überfluss an Angeboten die für einen selbst erfolgversprechendste zu wählen.

Im Laufe meines beruflichen Werdegangs habe ich sicherlich Dutzende von Methoden kennengelernt, vor der Klopfakupressur und auch danach. Viele von ihnen habe ich an mir selbst und anderen getestet, geblieben bin ich jedoch primär beim Klopfen, auch wenn ich dieses gerne mit anderen Techniken mixe.

Die Klopfakupressur (= EFT, Emotional Freedom Techniques) ist jedoch nur *ein* Werkzeug, das du auf deiner Reise anwenden kannst. Hast du selbst schon eine Loslass-Methode gelernt, die für dich super funktioniert, so kannst du gerne diese verwenden oder auch mit dem Klopfen kombinieren, wenn dieses (allein) nicht das gewünschte Ergebnis bringt. Es ist nämlich nicht nur eine eigenständige Technik, es kann auch als Verstärkung jeder anderen dienen. Andere Techniken findest du beispielsweise in meinem LOA-Buch.

Neben der Klopfakupressur, so wie ich sie interpretiere und anwende, biete ich dir noch eine weitere Methode an – das Stirn-Hinterkopf-Halten. Dieses hat sich im Bezug auf das Loslassen ebenfalls bewährt, und du kannst es im Bedarfsfall alternativ zum Klopfen einsetzen. Die weitere Vorgehensweise bei den einzelnen Übungen und Aufgaben bleibt davon unangetastet. Solltest du EFT kennen, so wirst du dich vielleicht über die eine oder andere meiner Vorgehensweisen wundern. Auch wenn EFT die

Basis meiner Klopfakupressur bildet, so variiere ich diese wie gesagt gerne mit anderen Techniken, wenn es für mich Sinn macht. Auch die Klopffolge und so mancher (zusätzliche) Schritt werden möglicherweise neu für dich sein. Lass dich überraschen! Gerne kannst du jedoch auch hier »dein« EFT verwenden, so wie du es eventuell gelernt hast und bereits anwendest.

Abschließend eine kurze Auflistung der Reisehelfer, die du mit auf deine Reise nimmst und in die ich dich im Folgenden einweisen werde.

Basismethoden:
· Klopfakupressur
· *alternativ:* Stirn-Hinterkopf-Halten

Ergänzungsmethoden:
· »Schaltwörter«
· Ho'oponopono
· Ankern (aus dem NLP)
· Timeline (aus dem NLP)
· Eigene Kreationen

Wichtige Hinweise

Mit den in diesem Buch und auf der beiliegenden CD vorgestellten Techniken können erstaunliche Resultate erzielt werden, was allerdings nicht heißt, dass sie auch bei dir auf Anhieb funktionieren werden. Manche Probleme sind sehr vielschichtig und komplex. Wende dich in so einem Fall an einen erfahrenen Therapeuten bzw. Coach. Keine dieser Methoden ist ein Ersatz für eine ärztliche oder psychotherapeutische Behandlung. Du bist bei ihrer Anwendung für dein körperliches und emotionales Wohlbefinden zu 100 Prozent selbst verantwortlich. All diese Techniken repräsentieren die Sichtweisen und Interpretationen des Autors Christian Reiland, die nicht notwendigerweise mit denen der ursprünglichen Entwickler übereinstimmen müssen.

Vorab schon mal ein wichtiger Tipp: Du musst nicht glauben, dass diese Methoden auch bei dir funktionieren, du solltest jedoch dafür offen sein.

> *»Schöner, leicht zu erlernender Selbsthilfewerkzeugkoffer. Es funktioniert: Auch bei mir hat sich trotz aller Beeinträchtigungen kognitiv etwas verändert – ich nehme mein Glück im Alltag wahr (ich sehe es, es wird mir bewusst und meistens fühle ich es und erfreue mich daran). Dinge, über die ich mich ärgern oder bedrückt sein könnte, ziehen eher vorbei.«*
> (Onlinekurs-TeilnehmerIn)

Klopfakupressur (EFT)

Es war einmal eine Fabrik, darin befand sich ein Boiler. Dieser war defekt, und der Manager der Fabrik bestellte einen Mechaniker nach dem anderen, um ihn zu reparieren. Manche von ihnen schafften es, den Kessel für kurze Zeit wieder in Gang zu setzen, letztendlich waren jedoch alle erfolglos. Der Manager hörte nun von einem Meister-Techniker und rief ihn in dem Glauben an, dies sei seine letzte Chance. Als er den Meister zu Gesicht bekam, wunderte er sich zuerst, dass dieser keinen Arbeitsoverall anhatte und auch nur eine ganz kleine Werkzeugkiste dabeihatte. Immerhin ist Boilerreparatur ein nicht nur schwieriger, sondern auch ein schmutziger Job. Beide gingen nun in den Raum mit dem defekten Kessel, und der Mechaniker sah sich diesen erst einmal ganz gründlich an. Danach ging er zu seinem Werkzeugkasten, nahm daraus einen Zollstock und einen Bleistift, nahm verschiedene Messungen vor, markierte den Boiler mit einigen Kreuzen und legte Zollstock und Bleistift wieder zurück in den Werkzeugkoffer. Aus diesem nahm er dann einen kleinen Hammer und klopfte nacheinander mehrere Male auf die Markierungen. Schon nach kurzer Zeit begann der Kessel wieder perfekt zu laufen, und der Mechaniker wartete lediglich noch einige Minuten, um sicherzugehen, dass es dabei blieb. Danach legte er den Hammer wieder zurück in den Werkzeugkasten und verabschiedete sich mit dem Hinweis, dem Manager in Kürze die Rechnung zu schicken. Diese kam zwei Wochen später. 1000 Dollar für 10 Minuten, in denen der Mechaniker lediglich auf ein paar Stellen auf dem Boiler geklopft hatte? Der Manager war sehr verärgert und schrieb ihm einen Brief, in dem er seiner Entrüstung Ausdruck gab. Einige Wochen später erhielt er eine Antwort von dem Techniker. Er verstehe die Verärgerung, denn 1000 Dollar nur für ein Klopfen auf den Kessel wären wirklich unverschämt. Deshalb schicke er ihm nun eine Aufschlüsselung: 5 Dollar: Klopfen auf den Boiler, 995 Dollar: wissen, *wo* zu klopfen ist.

Auch dies eine Geschichte von Fred P. Gallo,[6] die er gerne zu Beginn eines Klopf-Seminars erzählt.

---

6 Quelle: Fred Gallo, *Einführung in die Energetische Psychologie*, Video-Cooperative-Ruhr GmbH, 2002

Ich werde mich bei meiner Betrachtung der Klopfakupressur auf die Aspekte konzentrieren, von denen ich glaube, dass sie für eine effektive Anwendung essenziell sind.
Solltest du Interesse an weiteren Informationen zu diesem
Thema haben, so empfehle ich dir mein EFT-Buch.

Klopfakupressur ist ein Oberbegriff für Methoden, die
auf dem Klopfen von ausgewählten Meridian- bzw. Aku-
punkturpunkten beruhen. Diese Techniken gründen auf
der Annahme der Traditionellen Chinesischen Medizin
(TCM), dass unsere Lebenskraft (Qi) in bestimmten
Bahnen, den so genannten Meridianen, verläuft und eine
Störung oder gar Blockierung dieses Flusses zwangsläufig
zu emotionalen oder auch körperlichen Beschwerden oder
gar Erkrankungen führt. Weitere Vertreter dieser meridian-
basierten Methoden sind beispielsweise die Elektro-Aku-
punktur, Laser-Akupunktur, Akupressur, Tuinamassage,
Shiatsu, Qigong, Tai Chi und natürlich auch die bekannte
und bewährte Akupunktur mit Nadeln. All diese Techniken verfolgen letztendlich das Ziel, Störungen im Meri-
diansystem zu beheben und damit den optimalen Fluss
der Lebenskraft wiederherzustellen. Die Klopfakupressur
bedient sich dabei des Klopfens mit den Fingerspitzen auf
ausgewählte Akupunkturpunkte, und zwar insbesondere
auf die Anfangs- oder Endpunkte der zwölf Hauptmeridia-
ne. Zehn von ihnen sind, auch namentlich, jeweils einem
Organ zugeordnet, und zwei sind übergeordnete Meridiane
bzw. Gefäße. Letztere sind für den Energieausgleich innerhalb der zwölf zuständig.

Der Psychologe Roger J. Callahan gilt gemeinhin als der
Vater der Klopfakupressur. Nicht vergessen sollten wir
jedoch auch George Goodheart und John Diamond, die
mit ihrer Arbeit (Angewandte bzw. Verhaltens-Kinesiolo-

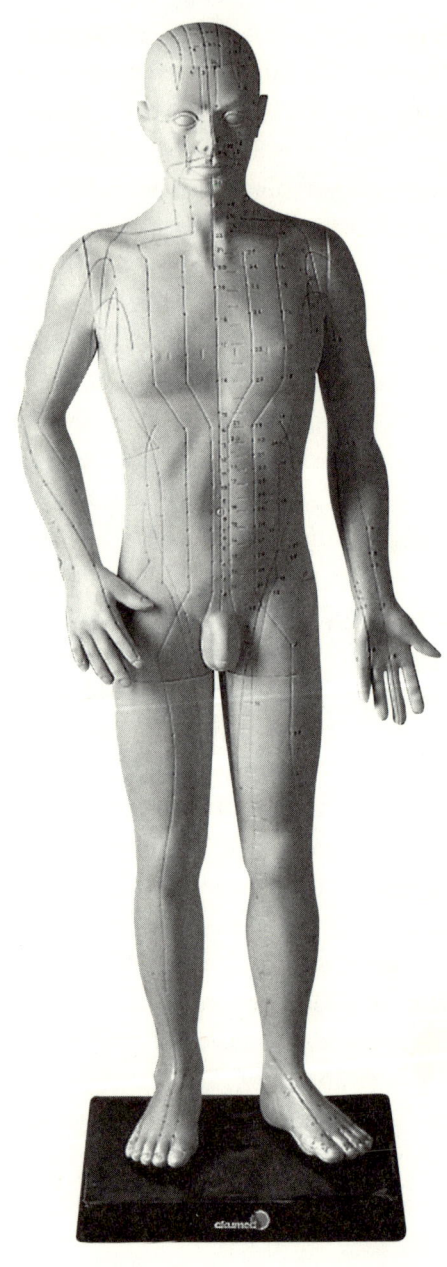

gie) Grundlagen für Callahans Entwicklungen lieferten. Erwähnen möchte ich auch noch, dass im Qigong ähnliche Klopf-Ansätze schon seit Jahrhunderten verwendet werden.

Als Entstehungsgeschichte der (westlichen) Klopfakupressur gilt die Erfahrung, die Callahan Anfang der Achtzigerjahre des letzten Jahrhunderts mit einer Patientin namens Mary machte. Mary litt unter einer heftigen Wasserphobie. Sie hatte Angst, bei Regen aus dem Haus zu gehen, baden konnte sie nur mit einem Minimum an Wasser, und allein der Anblick einer Wasserfläche bereitete ihr schon starkes Unbehagen. Auch nach vielen Monaten Therapie bei Callahan und dem Einsatz von mehreren Verfahren machte sie, wenn überhaupt, nur ganz kleine Fortschritte. Eines Tages jedoch klagte sie über ein Unwohlsein im Magen, nachdem Callahan sie angewiesen hatte, an eine Wasserfläche zu denken. Da kam dieser auf die Idee, einmal den Meridian zu stimulieren, der dem Magen zugeordnet ist. Er forderte sie auf, so lange den Punkt direkt unter dem Auge auf dem Jochbein mit den Fingerspitzen zu klopfen, bis sie eine Erleichterung spüren würde. Nach nicht einmal einer Minute registrierte er eine Veränderung in Marys Gesicht und Haltung. Auf die Frage nach ihrem Befinden antwortete Mary, dass nicht nur ihr unangenehmes Bauchgefühl verschwunden sei, sondern überhaupt die Angst vor Wasser. Callahan traute natürlich »dem Braten« nicht, und da seine Praxis in der Nähe seines Pools war, beschloss er, das Wunder gleich mal zu überprüfen. Normalerweise musste er dazu bei Mary viel Überzeugungsarbeit leisten, doch die war schon längst auf dem Weg. Er fand sie an der flachen Seite des Pools, sie hatte die Hände im Wasser und bespritzte sich damit. Ihm selbst wurde unwohl, als Mary anschließend zur tiefen Seite ging, doch die bemerkte:»Keine Angst, ich weiß, dass ich nicht schwimmen kann.« Mary war geheilt und unternimmt heute sogar Kreuzfahrten.

Welche Schlüsse können wir nun aus dieser Geschichte ziehen? Erst einmal, dass das Klopfen einfach zu schnellen Veränderungen führen kann. Es hilft auch oft dann, wenn andere Verfahren versagen, ist weitgehend schmerzlos, und es ist nicht immer notwendig, die grundlegenden Ursachen und Wurzeln zu bearbeiten, um erfolgreich zu sein. Des Weiteren wird der gesunde Menschenverstand nicht beeinträchtigt und die Ergebnisse sind meist von Dauer.

Die Erfahrung mit Mary war nun Callahans Ausgangspunkt zu weiteren Entwicklungen und schließlich eines komplexen Verfahrens, das er erst *Callahan Techniques* und später *Thought Field Therapy*® (TFT) nannte.

Anfang der Neunzigerjahre vereinfachte Gary Craig, Stanford-Ingenieur, Personal Coach und ein Schüler von Roger Callahan, dessen Methode und nannte seinen Ansatz *Emotional Freedom Techniques* (EFT). Craig gelang es, eine universelle Technik für alle Arten von emotionalen und psychosomatischen Beschwerden zu entwickeln, die effektiv, schnell, dauerhaft sowie einfach zu lernen und anzuwenden ist.

Bevor ich auf EFT und damit die Basis der in diesem Buch vorgestellten Klopfakupressur eingehe, möchte ich aus gegebenem Anlass Gary noch einige Zeilen widmen.

2002 war das Jahr, in dem mir EFT das erste Mal begegnete, und 2004 hatten einige EFT-Seminarleiter und auch ich die Ehre, eine Woche mit Gary in den USA zu verbringen. Anfang 2010 ging er in den wohlverdienten »EFT-Ruhestand« und hinterlässt uns allen ein wundervolles Erbe, das wir in hoher Wertschätzung und in seinem Sinne weitergeben sollten. Gary ist es zu verdanken, dass heute EFT Millionen von Menschen zur Verfügung steht und damit die Möglichkeit, positive Veränderungen bei sich zu erreichen. 475 000 Menschen erhielten zum Ende seinen dreimal in der Woche erscheinenden kostenlosen Newsletter. Sein kostenfreies EFT-Handbuch wurde in über 20 Sprachen übersetzt, und allein das englische Original über eine Million Mal heruntergeladen. 30 000 Stunden und über zwei Millionen Dollar hat er allein in die Anfertigung von EFT-Lehrmaterialien und -Werbung investiert. Herzlichen Dank, Gary! Gott segne dich!

EFT ist eine Version der Akupunktur ohne Nadeln. Es werden dabei, wie gesagt, ausgewählte Meridianpunkte mit den Fingerspitzen geklopft mit dem Ziel, die entsprechenden Energiebahnen zu entstören.

Die Ursache aller negativen Emotionen liegt in einer Störung des körpereigenen Energie- bzw. Meridiansystems.

Dies ist die Schlüsselerkenntnis, die EFT zugrunde liegt. Die Beseitigung der Störung ist also die Lösung.

Doch wie entstehen negative Emotionen, die meines Erachtens die Hauptursache von emotionalen und auch körperlichen Beschwerden oder Erkrankungen sind? Allgemein wird eine Emotion (Reaktion), ob nun positiv oder auch negativ, ausgelöst durch einen äußeren oder auch inneren Reiz.

Nehmen wir einmal an, du leidest an einer Spinnenphobie. Der Anblick, ja selbst nur die Vorstellung einer Spinne lösen bei dir Angst und Ekel aus. Nun ist dies nicht bei allen Menschen so. Zwischen Reiz und Reaktion muss es also logischerweise noch einen weiteren Schritt geben. Und dies ist – die Störung im Energiesystem.

| Reiz (Spinne) | Störung im Energiesystem | Reaktion (Angst, Ekel) |

Kognitive Therapien arbeiten nun mit dem Reiz, was sich sehr komplex und langwierig gestalten kann. Einfachere und schnellere positive Ergebnisse erreichst du mit der Klopfakupressur, deren Konzentration auf dem Zwischenschritt, nämlich der Störung im Energiesystem liegt.

Um jedoch eine Störung zu beseitigen, und jetzt pass auf!, musst du diese erst einmal herstellen.

Macht doch Sinn, oder?! Du musst also gedanklich oder »dinglich« den Reiz herstellen und diesen während des Klopfens so gut es geht aufrechterhalten. Es wird dir, was deine Spinnenphobie betrifft, wenig bringen, wenn du dabei an ein süßes, weißes Kaninchen denkst.

Wie kann man nun eine Störung bzw. den Bezug dazu herstellen? Oft reicht die gedankliche Vorstellung, doch kann es in dem einen oder anderen Fall auch einmal notwendig sein, »dinglich«, also direkt mit dem Auslöser zu arbeiten.

Stell dir einmal einen Baum vor. Wurzel, Stamm, Äste, Blätter. Und tue so, als ob dieser Baum ein emotionales oder auch körperliches Problem von dir repräsentiert. Die Blätter sind dabei die Emotionen, die Äste die Gefühle, der Stamm Gedanken und Glaubenssätze und die Wurzeln alle diesbezüglichen negativen Lebenserfahrungen. Alles ist mit allem verbunden. Hast du jetzt eine Vorstellung von deinem Baum, seiner Größe, Farbe, Vielzahl seiner Blätter,

Äste und Wurzeln, der Dicke des Stammes? Dann hast du auch eine ungefähre Ahnung von der Größe und auch der Menge von Aspekten deines Problems. Bleib ruhig – das ist keine unveränderbare Wirklichkeit, nur deine momentane Vorstellung von ihr. Ein Problem ist im seltensten Falle so groß, wie es scheint. Nun gibt es einige Möglichkeiten, diesen Baum, also das Problem, zu Fall zu bringen, wirklich erfolgreich und gründlich sind jedoch nur diejenigen, deren Ergebnis auch die Entfernung der Wurzeln mit einbeziehen. Rütteln am Stamm ist somit eine eher schlechte Lösung. Entfernst du die Blätter (Emotionen) und Äste (Gefühle), so kann dies, insbesondere bei jungen bzw. kleinen Bäumen, zum Absterben der Wurzeln führen. Fällst du auch noch den Stamm (Gedanken und Glaubenssätze), so ist dies sicherlich erfolgversprechender und auch schneller, doch das Leben (Wurzeln) findet in den meisten Fällen einen Weg, sich (wieder) zu entfalten. Die Entfernung der Wurzeln gleich zum Beginn scheint also der Königsweg zu sein, doch kann es auch Fälle geben, wo man erst einmal die Blätter, Äste und den Stamm beseitigen muss, um möglichst mühelos und schmerzfrei zu ihnen zu gelangen.

Wenn nun Störungen im Energiesystem die Ursache aller negativen Emotionen sind, so sind die negativen Lebenserfahrungen wiederum die Wurzeln der Störungen. Hauptwurzeln sind dabei insbesondere unsere frühkindlichen Erfahrungen. Eine kleine Verletzung im Babyalter kann sich mit den Jahren zu einer großen Wunde entwickeln. Einen Erwachsenen wird ein kleiner Schnitt erheblich weniger beeinträchtigen (ein großer natürlich schon).

Generalisierungseffekt

Es gibt logischerweise Themen mit vielen und auch Probleme mit wenigen Wurzeln. Mangelndes Selbstbewusstsein würde wohl in die erste, eine Spinnenphobie eher in die zweite Kategorie fallen. Ich weiß nicht, wie viele Wurzeln dein zuvor gewähltes Problem hat, doch vielleicht kommt dir jetzt schon deren Entfernung wie eine Sisyphusarbeit vor. Auch hier kann ich dich beruhigen. Nimm einmal an, dein Baum hätte 100 Wurzeln. Wie Äste sind auch diese weit verzweigt. Es gibt auch eine Hauptwurzel, die wie ein Stamm mit allen verbunden ist. Vielleicht kommst du ja nicht an diese heran, doch wenn du dich auf die Entfernung der dickeren Wurzeln konzentrierst, so beinhaltet diese auch die dünneren, die daran hängen. Von 100 Negativerlebnissen brauchst du im Regelfall nur die 10 bis 15 prägendsten aufzulösen, um alle anderen mit zu beseitigen, was letztlich auch die Hauptwurzel absterben lässt. Genau dies bezeichnet Gary als *Generalisierungseffekt*. Bei Phobien ist es sogar meist ausreichend, die erste, die schlimmste und die letzte erinnerte diesbezügliche Erfahrung erfolgreich und gründlich mit der Klopfakupressur zu bearbeiten.

Auch bei diesen Negativerfahrungen geht es um die Beseitigung der energetischen Störung, der negativen Ladung. Erst wenn du mit der jeweiligen Erinnerung in vollkommenem Frieden bist, erst dann hast du dieses Ziel erreicht.

Psychoenergetische Umkehrung

Roger Callahan machte bei der Entwicklung seiner TFT eine interessante Entdeckung. Wenngleich ca. 50 Prozent seiner Patienten positive Ergebnisse mit dem Klopfen erzielten, so gab es doch auch 50 Prozent, bei denen dies nicht der Fall war. Eines Tages testete er eine Patientin kinesiologisch bezüglich ihres Themas Übergewicht. Dabei testet man eine Aussage oder auch Vorstellung auf energetische Störungen, indem man Druck beispielsweise auf einen ausgestreckten Arm ausführt. Ist dieser nun herunterzudrücken (testet »schwach«) so kann man von einer Störung ausgehen. Ist dies nicht möglich (testet »stark«), so liegt wahrscheinlich keine vor. Callahans Patientin sollte sich nun vorstellen, ihr Zielgewicht erreicht zu haben, und obwohl dies objektiv ein positives Bild sein sollte, testete sie schwach. Die Verwunderung bei Callahan nahm weiter zu, als er sie anwies, sich mit ihrem derzeitigen Gewicht vorzustellen und danach auch noch mit einigen Kilogramm mehr. Beide Male erhielt er ein starkes Testergebnis. Mit anderen Worten: Auch wenn diese Frau bewusst abnehmen wollte, so gab es in ihr doch offensichtlich eine Opposition, die damit nicht einverstanden war. Callahan bezeichnete dieses Phänomen mit Psychologische Umkehrung, kurz PU (ich werde im weiteren Verlauf jedoch von Psycho-energetischer Umkehrung sprechen, da mir dies treffender erscheint). Für ihn ist diese sozusagen der Unterschied zwischen dem, was wir bewusst wollen, und dem, was wir schlussendlich doch tun. Wir wissen alle, dass die Zigarette, der Alkohol, die Chips, die Schokolade usw. nicht gut für uns sind, wollen es vielleicht sogar lassen und doch ... Doch wer ist dafür verantwortlich? Wer ist diese Opposition, wer sind die Saboteure? Richtig! Deine unbewussten Persönlichkeitsanteile, dein Unterbewusstsein.

Callahan entwickelte daraufhin ein einfaches und effektives PU-Korrekturverfahren und konnte damit seine Erfolgsquote beträchtlich steigern. Dieses nennen wir im EFT und damit auch in meiner Version der Klopfakupressur *Einstimmung*. Sie ist fester Bestandteil der Vorgehensweise, ob nun eine PU vorliegt oder nicht. Man geht davon aus, dass bei 30 bis 40 Prozent der Probleme ein PU-Zustand besteht. Bei chronischen Erkrankungen, Süchten und Depressionen sind es gar 100 Prozent.

Nach Gary Craigs Auffassung ist eine PU nicht nur eine Störung, sondern vielmehr ein Kurzschluss im Energiesystem, ähnlich falsch eingelegten Batterien z. B. in einem Radiogerät. Die Einstimmung ist nun dazu da, diesen Kurzschluss zu beheben, denn (ganz wichtig!) erst dann kann das Klopfen der Akupunkturpunkte auch erfolgreich sein. Diese Korrektur wird vielleicht nur für wenige Minuten Bestand haben, sie ist jedoch meist ausreichend für eine oder auch mehrere Klopfrunden.

> Damit eine EFT-Behandlung wirken kann, muss eine vorhandene Psychoenergetische Umkehrung (PU) erfolgreich korrigiert sein.

Aspekte

Im EFT gibt es keine leichten oder schweren, sondern nur einfache oder komplexe Themen. Welchem etwas zugeordnet wird, ist abhängig von der Anzahl der jeweiligen

Aspekte. Nehmen wir mal aus jeder Gruppe ein Beispiel und schauen nach möglichen Aspekten.

- Einfaches Thema: »Angst vor Hunden«. Mögliche Aspekte: bellen, knurren, Zähne, Schnelligkeit, Unberechenbarkeit, Größe, Farbe, Rasse, negative Erlebnisse mit Hunden, Geruch, gebissen werden, usw.
- Komplexes Thema: »Krebs«. Mögliche Aspekte: Körperliche und emotionale Symptome wie Müdigkeit, Schmerzen, Schlafprobleme usw. Beteiligte Emotionen wie Ängste, Wut, Depression, Sorge, Hilflosigkeit, Hoffnungslosigkeit, Abhängigkeit, Scham usw. Mögliche Traumata und Erlebnisse, die mit der Erkrankung verbunden sind wie z. B. die Untersuchung, die Diagnose, die Chemotherapie/Bestrahlung, Tod von Angehörigen mit ähnlicher Erkrankung. Nebenwirkungen von Therapie und Medikamenten. Systemische Aspekte wie die Sorgen um Familie, Freunde, Bekannte, Arbeitsplatz usw. Finanzielle Aspekte. Globale Glaubenssätze wie »Die Welt ist schlecht« und spezifische Glaubenssätze wie »Krebs ist unheilbar«, »Nichts kann mir helfen«. Frustrationen über scheinbar erfolglose Behandlung und Selbstbehandlung. Aversionen gegenüber gesunden, heilungsfördernden Substanzen, wie z. B. Tee, Wasser, Obst, Gemüse usw., Angst vor dem Tod, Verlust des Glaubens an eine höhere Macht (Gott), eventuelle »Krankheitsgewinne« usw.

Wie du siehst, hat ein komplexes Thema wesentlich mehr mögliche Aspekte. Außerdem sind bei einer Hundephobie meist nur wenige der Gesichtspunkte für den speziellen Fall zutreffend, bei einer ernsthaften Erkrankung wie Krebs hingegen sehr, sehr viele. Doch auch hier gilt, wie auch bei den »Wurzeln«, der Generalisierungseffekt. Mache eine Liste mit allen Aspekten, die dir gerade einfallen, und bearbeite erst diejenigen, die du als die wichtigsten und intensivsten erachtest. Oft ist es auch so, dass Kernaspekte erst während des Klopfens in dein Bewusstsein kommen. Sollte sich ein solcher in den Vordergrund schieben, dann klopfe weiter, jedoch nun mit dem Fokus auf diesem Punkt.

Spezifisch sein

Je spezifischer du mit deinem Fokus bist, desto besser kann das Klopfen wirken. Zur Verdeutlichung gehen wir mal zurück zum Beispiel mit der Angst vor Hunden. Zu allgemein wäre hierbei die Konzentration auf: Angst vor Hunden. Was genau bzw. welche Art von Hunden macht dir am meisten Angst?, wären Fragen, die dich spezifischer werden lassen. Antworten könnten sein: »Ich habe Angst, gebissen zu werden.« »Bullterrier sind zum Fürchten.« »Vor allem ekelt mich ihr Geruch.«

Spezifisch sein bedeutet auch, die wirkliche Emotion zu fokussieren. Ich hatte einmal eine Klientin mit Spinnenangst, bei der sich erst nach einigen erfolglosen Runden die wahre Emotion zeigte – Ekel. Dieser richtete sich vor allem auf Spinnen mit kleinem Körper und langen Beinen. Mit diesem Fokus (Ekel vor Spinnen mit kleinem Körper und langen Beinen) war es nun leicht, ein positives Resultat zu erzielen.

Problemspezifische Wurzeln (Negativerfahrungen) kannst du aufdecken durch eine einfache Frage: An was erinnert mich … (z. B. meine Angst vor Hunden)? Sicherlich wird dir als Antwort die eine oder andere schmerzhafte Erinnerung in den Sinn kommen, die du dann bearbeiten kannst. Das Wie erfährst du später unter der Etappe: Negativ-Erfahrungen.

Generalüberholungsprinzip

Nicht immer liegt eine PU vor, doch gehen wir generell davon aus und korrigieren diese provisorisch mit Hilfe der Einstimmung. Nicht immer liegt bezüglich eines Problems eine Störung in *allen* Hauptmeridianen vor. Meist sind nur wenige betroffen. Da es jedoch ungewiss ist, um welchen es sich handelt, werden einfach *alle* direkt oder auch indirekt stimuliert. Dies nennt Gary das Generalüberholungsprinzip. Im Regelfall tust du damit mehr als notwendig, gehst aber auf Nummer sicher.

EFT ist die Grundlage der Klopfakupressur, die ich dir jetzt gleich vorstelle. Meine Herausforderung besteht nun darin, dir eine Vorgehensweise an die Hand zu geben, die einfach, leicht, schnell und höchst effektiv ist. Auch wenn ich das »Rezept« etwas modifiziert habe, so ändert dies nichts an den Grundprinzipien.

Wir leben in einer Zeit von hoher Energie. Veränderungen sind möglich in kürzester Zeit, nicht zuletzt, wie schon erwähnt, durch den Beginn des Wassermannzeitalters. Die Klopfakupressur ist eine Vertreterin dieser neuen Ära. Verbinde dich also vor dem Klopfen mit den Werten des Wassermannzeitalters, mit Leichtigkeit, Freude und schnellen positiven Resultaten. Es gibt bei der Klopfakupressur nur gut, besser, am besten! »Schlecht« ist nur, wenn du es gar nicht erst tust.

> »*Der innere Frieden hat sich erhöht, der Schlaf sehr verbessert, die Ausgeglichenheit ebenfalls und auch das Selbstbewusstsein. Bin auf dem Weg, immer mehr zu mir selbst zu finden.*«
> (Onlinekurs-TeilnehmerIn)

Mein Klopfakupressur-Rezept

Schritt 1 – Wähle ein *Problem*, das du gerne loslassen würdest.

Dies kann emotionaler und/oder körperlicher Natur sein. Entscheide dich erst einmal für einfache (= wenige Aspekte) Probleme von geringer oder mittlerer Intensität und Tragweite, bis du mit der Vorgehensweise vertraut bist und deine ersten positiven Erfahrungen gemacht hast. »Ärgerthemen« sind gut für den Beginn geeignet:

Ärger mit dem Chef, weil ...

Ärger mit dem Partner, weil ...

Ärger mit der Mutter, dem Vater, dem Sohn, der Tochter, weil ...

Ärger mit sich selbst, weil ...

Auch körperliche Verspannungen sind gute erste Wahlmöglichkeiten. Gehe dazu mit der Aufmerksamkeit durch deinen ganzen Körper. Welcher Bereich, welche Stelle bedarf wohl am meisten einer Entspannung? Vielleicht hast du ja auch heute oder in den letzten Tagen etwas Negatives erlebt, das dich nicht so recht loslässt. Nichts richtig Schlimmes, jedoch etwas Unangenehmes. Hast du dich für ein Problem entschieden, dann notiere es mit wenigen Wörtern oder auch einem Satz (*Problemaussage*), damit du auch später noch weißt, was du losgelassen hast. Kein Witz. Probleme, die nicht mehr da sind, werden schnell vergessen, nicht selten innerhalb von wenigen Minuten.

Auf den jeweiligen Etappen werde ich noch intensiver auf die Bearbeitung von Negativ-Erfahrungen, körperlichen Beschwerden und auch einschränkenden Glaubenssätzen eingehen. Bei deiner Wahl solltest du erst einmal auf Letztere verzichten. Es geht jetzt zunächst darum, das Vertrauen in die Methode aufzubauen. Dazu braucht man einige Aha-Erfahrungen, und die erreicht man am ehesten mit einfachen Problemen.

Schritt 2 – Frage dich: Bin ich jetzt *bereit* dieses Problem loszulassen?

Wenn du innerlich ein klares Ja als Antwort erhältst, dann gehe zum nächsten Schritt. Es kann jedoch sein, dass irgendetwas in dir dagegen spricht. Vielleicht bemerkst du ein flaues Gefühl im Magen, eine Anspannung im Nacken, einen Druck auf der Brust, eine Emotion von Angst, Schuld, Wut, Traurigkeit usw. Egal wie sich dieser Einspruch äußert, *dies* ist nun das Problem, mit dem du zuerst arbeiten wirst. Im Regelfall verminderst du damit auch die Intensität des eigentlichen Problems. Insbesondere bei heftigen Themen kommt es oft zu heftigen Widerständen. Um die Tür wenigstens einen Spalt zu öffnen, stelle dir die Frage: Wie viel Prozent dieses Problems bin ich jetzt bereit loszulassen? Selbst wenige sind schon einmal ein Anfang, und du kannst zum nächsten Schritt gehen.

Vielleicht will dich dieser Widerstand auch nur darauf aufmerksam machen, dass jetzt eine Bearbeitung zu gefährlich wäre (Trauma im Schlepptau!), du das Problem noch für einige Zeit brauchst oder erst ein anderes vorab geklärt werden muss. Ziehe auch diese Möglichkeiten in Betracht. Einsprüche sind nicht zuletzt das Resultat von Erwartungen und Wünschen.

Selbstverständlich verbindest du das Klopfen mit einem Ziel, und dies zu kennen, ist auch wichtig. Während des Prozesses, und jetzt pass auf, solltest du jedoch dieses loslassen. Gehe in die Energie eines neugierigen Beobachters, der weder bewertet noch irgendein spezifisches Ergebnis erwartet. Gary hat diese Haltung in zwei einfachen genialen Sätzen auf den Punkt gebracht: »Take yourself out of the way! –Nimm dich selbst aus dem Weg bzw. aus dem Spiel!« und: »Heal through you, not by you! – Heilung geschieht *durch* dich hindurch, nicht *von* dir.« Sinngemäß ist die Botschaft hinter beiden Aussagen: »Stehe dir selbst nicht im Weg, sondern halt dich raus!« Halte die Heilungskanäle offen und blockiere sie nicht mit Bewertungen, Erwartungen und Wünschen. Lass es einfach geschehen.

Schritt 3 – *Verbinde* dich mit dem Problem und versuche die Intensität noch zu steigern. Notiere gegebenenfalls den momentanen *Stresswert*.

Verbinden bedeutet: Denke an das Problem. Nimm, so gut du kannst, Kontakt auf mit dem inneren Bild, Film, Gedanken, der Stimme, dem Körpergefühl, der Emotion, das bzw. die eng damit verbunden sind. Sei dabei so spezifisch wie möglich: Bei Nackenverspannung z.B. konzentriere dich genau auf die angespannte Stelle und nicht auf den ganzen Rücken. Ärgerst du dich über deinen Freund, so richte den Fokus auf das, was dich am meisten an ihm ärgert. Fühlst du dich nicht wertgeschätzt, so richte deine Aufmerksamkeit auf eine Erfahrung, in der du dieses Gefühl intensiv erlebt hast und die wie kaum eine andere für das Problem steht. Verbinde dich so intensiv wie nur möglich mit deinem Problem und versuche diese Intensivität noch zu steigern, indem du z.B. das innere Bild bzw. den Film noch größer machst, dich auf den entscheidenden Aspekt in ihm konzentrierst, die Lautstärke erhöhst oder dich noch enger auf das Zentrum der Anspannung, des Schmerzes, der Emotion fokussierst, ähnlich einem Laserstrahl im Vergleich zum Streulicht einer Taschenlampe.

An diesem Punkt empfehle ich dir den *momentanen* Intensitäts- bzw. Stresswert des Problems hinter oder unter deiner *Problemaussage* zu notieren. Verwende dazu eine Skala, die von 0 bis 10 reicht. 0 bedeutet, es ist kein Problem vorhanden, und 10 ist die höchste Intensität des Schmerzes, der Trauer, der Angst usw., die du dir vorstellen kannst. Die Bewertung bezieht sich dabei immer auf das Ausmaß des gefühlten Stresses im Hier und Jetzt. Welche Zahl kommt dir jetzt in den Sinn?

Es ist kein Muss, den Stresswert zu bestimmen, insbesondere, wenn du mit dir selbst arbeitest. Er gibt dir jedoch jeweils Aufschluss über den Stand des Fortschritts.

Verwendung von Hilfsmitteln: Neben den bereits genannten gibt es noch weitere Möglichkeiten, die dir helfen können, mit dem jeweiligen Thema in Verbindung zu treten. Beispiele dafür sind: Berührungen, bestimmte Orte, Bücher, Filme, Fotos, Gerüche, Geschenke, Musik, Speisen,

Getränke, Spiegel, Spielzeug (z. B. eine Plastikspinne). Ein Blatt Papier, auf das du deinen Problemsatz oder dein Problemwort schreibst und das du beim Klopfen fokussierst, ist eine weitere Möglichkeit, der du auch auf deiner Reise nicht selten begegnen wirst.

Verwende nicht zu viel Zeit für die ersten drei Schritte. Wichtig ist nicht *wie*, ob nun gut, besser, am besten, sondern *dass* du sie gehst. Bist du erst im Fluss, wird sich alles Weitere finden.

Schritt 4 – *Anweisung an das Unterbewusstsein*[7]: Bleibe bei deinem Problem und stelle dir einen Baum vor, der dieses repräsentiert. Visualisiere, wie diesem alle Wurzeln entfernt werden, woraufhin was geschieht? Richtig – er fällt.

Auch wenn das Fällen von Bäumen eine etwas martialische Metapher ist, so ist es doch ein Bild, das dein Unterbewusstsein versteht. Es soll wissen, was es bezüglich deines Problems zu tun hat, nämlich dessen Wurzeln vollständig entfernen, um es letztlich zu Fall zu bringen. Visualisiere den Baum, das gründliche Entfernen (z. B. Herausreißen) aller Wurzeln, den Baum ohne Wurzeln und seinen Fall, so gut du kannst. Selbst wenn du keine klaren Bilder davon bekommst, sondern allenfalls eine Ahnung davon, so ist dies gut genug.

Positive Resultate sind nur dann gründlich bzw. dauer-

7 Quelle:
http://www.youtube.com/watch?v=cAhNSHNyGd4&feature=channel

haft, wenn es auch im Unterbewusstsein zu Änderungen kommt. Dieses ist schließlich hauptverantwortlich für die Gefühle und Emotionen, die wir in Bezug auf ein Thema, eine Sache oder eine Person haben.

Schritt 5 – *Einstimmung*: Gehe erneut intensiv mit deinem Problem in Verbindung, nimm es an und klopfe für zwei Atemzüge den Handkantenpunkt.

Nimm es an. Du bzw. ein Teil in dir hat es erschaffen. Übernimmst du die vollständige Verantwortung, so kannst du es auch vollständig loslassen. Annehmen ist dazu der erste Schritt.

Durch die Visualisierung ist vielleicht die Verbindung zu deinem Problem geschwächt worden. Nimm diese also wieder so intensiv auf, wie dies schon am Ende von Schritt 3 der Fall war. Ist dies geschehen, so verbleibe in dieser Energie und klopfe den Handkantenpunkt (HP) für die Dauer von zwei tiefen Atemzügen (ein Atemzug = einmal ein- und ausatmen). Nimm dazu Zeige-, Mittel- und Ringfinger der einen Hand und klopfe einige Male wie in der Abbildung gezeigt an die Außenkante der anderen Hand. Du musst hierfür nicht einer bestimmten Hand den Vorzug geben. Zur Orientierung: Es sind etwa vier Schläge pro Sekunde.

Punkt 0: Handkantenpunkt (HP)

Am Ende der obersten Querfalte der Hand auf der Handkante

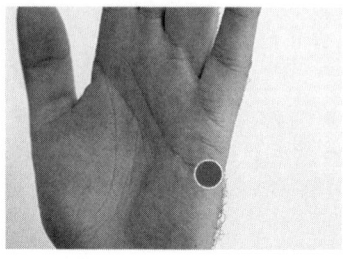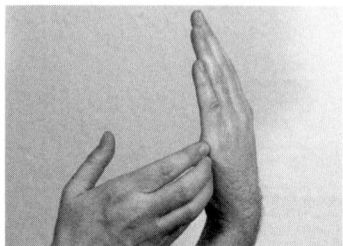

Wie du weißt, ist die Einstimmung da, um eine möglicherweise vorhandene Psychoenergetische Umkehrung (PU) zu korrigieren. Die Konzentration auf das Problem, verbunden mit dem Klopfen des Handkantenpunktes, ist eine Möglichkeit, mit der man dies in den meisten Fällen erreicht. Mit den zwei Atemzügen bringst du zusätzlich die festsitzende Energie in Bewegung und zum Fließen.

Dazu ist eine gewisse Klopfstärke notwendig. Klopfe so, dass es für dich gut hörbar ist. Dies gilt, wie auch das Folgende, ebenfalls für alle weiteren Klopfpunkte. Lege auch die Finger nicht aneinander, sondern lasse zwischen ihnen etwas Raum. Sind nicht nur diese, sondern auch deine Hände und Arme entspannt, so wirkt sich dies positiv auf den Energiefluss zu und in den Fingerspitzen aus. Und letztlich sind es ja diese, mit denen du klopfst. Mach dir auch keine Gedanken darüber, ob du genau das Zentrum des Punktes erwischst. Im Regelfall klopfst du mit mehreren Fingerspitzen, und schon die Auftrefffläche einer einzigen ist so groß, dass du den Punkt nicht verfehlen kannst.

Schritt 6 – *Sequenz:* Halte die Verbindung und klopfe währenddessen nacheinander die neun Meridianpunkte. Atme an jedem Punkt einmal ein und aus.

Wenn du auf das Problem bzw. einen spezifischen Aspekt desselben fokussiert bist, stellst du die Störung im Energiesystem her, und das ist die Voraussetzung für deren Beseitigung.

Letzteres geschieht durch das Klopfen der Meridianpunkte und wird noch verstärkt durch den jeweiligen Atemzug. Du brauchst also die »Klopfer« nicht zu zählen, nach dem Ausatmen gehst du einfach zum nächsten Punkt. Solltest du mal einen vergessen, so ist das vollkommen okay. Alle Meridiane sind miteinander verbunden, und du stimulierst somit immer mehr als nur einen. In der nächsten Klopfrunde kannst du ihn ja wieder mit einbeziehen.

Es gibt Punkte, die sich auf der Mittellinie, und solche, die sich auf beiden Seiten des Körpers befinden. Letztere kannst du einseitig oder auch gleichzeitig beidseitig klopfen, was ich persönlich wegen seiner balancierenden Wirkung bevorzuge. Verwende auch immer zwei oder mehr Fingerspitzen. Drei sind dabei mein Favorit, insbesondere bei den Punkten im Gesicht. Die mittlere (Mittelfingerspitze) zielt dabei direkt auf den jeweiligen Punkt.

Im Folgenden findest du eine Beschreibung der Klopfpunkte in Wort und Bild.

Punkt 1: Höchster Kopfpunkt (KP)
Verbindungspunkt aller Yang-Meridiane. Höchster Punkt des Kopfes. Mittelpunkt einer gedachten Linie von Ohrspitze zu Ohrspitze.

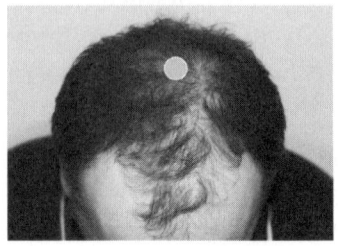

Punkt 2: Augenbraue (AB)
Am inneren Ende der Augenbraue.

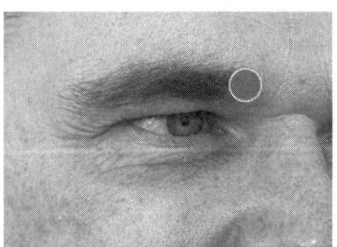
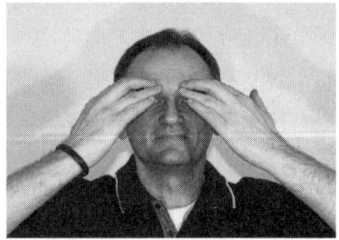

Punkt 3: Seitlich des Auges (SA)
Auf dem knöchernen Rand der Augenhöhle, an der Schläfe.

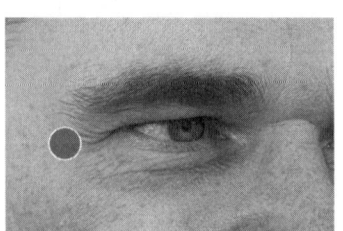
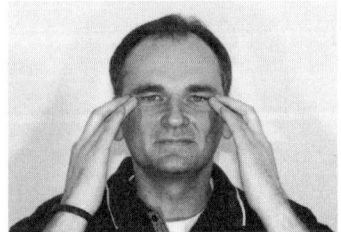

Punkt 4: Jochbein (JB)

Unterhalb des Auges, auf dem Jochbein, direkt unter der Pupillenmitte.

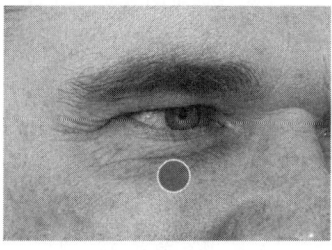 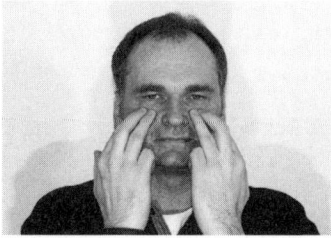

Punkt 5: Unter der Nase (UN)

Zwischen Nase und Oberlippe, im oberen Drittel der Nasenfurche.

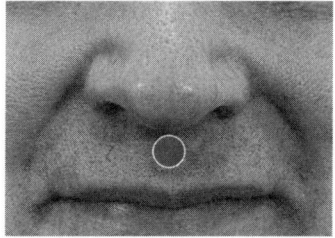 

Punkt 6: Unter der Lippe (UL)

In der Vertiefung zwischen Unterlippe und Kinn.

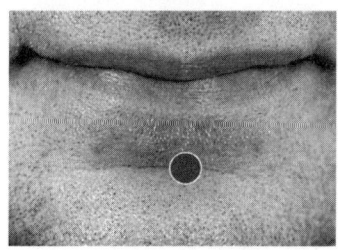 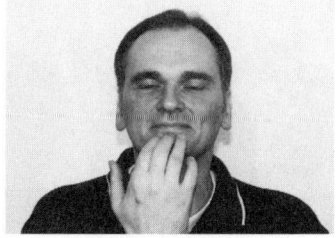

Punkt 7: Schlüsselbein (SB)

In einer Vertiefung im Winkel zwischen Schlüssel- und Brustbein. Gehe mit einem Finger von der Drosselgrube aus zwei bis drei Zentimeter auf dem Brustbein nach unten und dann zwei bis drei Zentimeter nach links und/oder rechts.

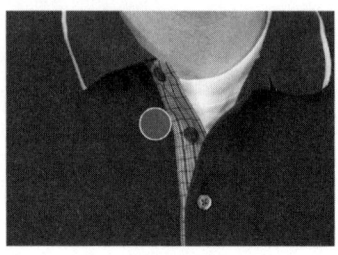

Du kannst die Punkte aber auch ganz einfach mit der flachen Hand klopfen. So stimulierst du gleichzeitig noch deine Thymusdrüse.

Punkt 8: Unter dem Arm (UA)

Etwa 15 Zentimeter unterhalb der Mitte der Achselhöhle. Bei Männern in Höhe der Brustwarze, bei Frauen auf der Höhe des BH-Trägers.

Du kannst auch diesen Punkt beidseitig klopfen.

Punkt 9: Rippenpunkt (RP)
Am unteren Brustansatz senkrecht unter der Brustwarze. Dieser Punkt kann bei größerer Oberweite auch tiefer (im Bereich des unteren Rippenbogens) und mehr seitlich stimuliert werden.

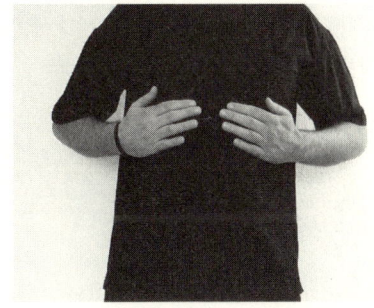

Mache dich schon einmal mit den Punkten und deren Beklopfen vertraut. Egal um was für ein Problem es sich handelt, stimuliert werden immer dieselben Punkte. Auch wenn die Reihenfolge nicht von Belang ist, so empfehle ich dir die vorgestellte, da sich diese leicht merken lässt. Du beginnst ganz oben und endest unten. Bleibe dabei stets in Verbindung mit deinem Problem und halte damit die Störung aufrecht.

Wichtiger Hinweis: Sollte der Stresspegel während des Klopfens noch ansteigen, und das kommt nicht selten vor, so wiederhole die *Sequenz* so lange, bis du eine Erleichterung verspürst, bevor du zum nächsten Schritt gehst.

Tipp: Das Loslassen kannst du während des Klopfens noch weiter unterstützen, indem du dich zusätzlich noch mit dem Kristall »EL'GOTSHA« (Loslassen) verbindest. Du findest es im Anhang auf Seite 314. Ziehe dies jedoch erst in Erwägung, wenn du gut vertraut bist mit dem Klopf-akupressur-Rezept.

Schritt 7 – *Abschluss*[8]. Schließe die Augen, umfasse mit der rechten Hand das Handgelenk der linken, mache einen tiefen Atemzug und sage danach laut oder leise: »Frieden«.

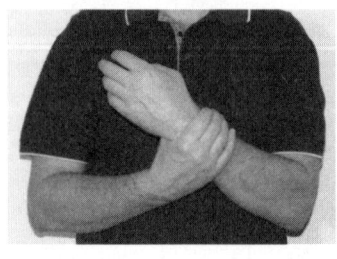

Das Ziel des Prozesses ist es, mit dem Thema im Reinen bzw. in Frieden zu sein. Der siebte Schritt trägt dem Rechnung, und gleichzeitig stimulierst du mit dem Umfassen deines linken Handgelenkes (Daumen der rechten Hand liegt auf oder nahe der inneren Handgelenksfalte der linken) und einem Atemzug auch noch sechs Meridiane, die ihren Anfangs- bzw. Endpunkt nahe der Spitze von Daumen und Fingern haben.

»Frieden« ist ein machtvolles Wort, das natürlich auch

8 Quelle:
http://www.youtube.com/watch?v=cAhNSHNyGd4&feature=channel

energetisch auf dich wirkt. Verbinden kannst du dessen friedvolles Aussprechen mit der inneren Vorstellung eines Bildes oder auch Symbols, das für dich Frieden repräsentiert.

Friedens-Anker: Lass uns noch weiter gehen und einen Anker für Frieden setzen. Beim »Ankern« verbindet man einen Reiz mit einem Gefühlszustand. Konditionieren ist ein anderes Wort dafür, und sicherlich ist dir der Pawlow'sche Hund ein Begriff.

In deinem Fall jedoch setzt du den Anker bei dir selbst, und es geht um einen gewünschten Gefühlszustand (Frieden). Dazu musst du diesen natürlich erst einmal herstellen. Dies geschieht, indem du dich an eine Situation erinnerst, in der du mit dir selbst in tiefstem Frieden warst, verbunden mit deiner inneren Kraft und deiner Quelle. Welcher Moment deiner Vergangenheit fällt dir da ein? Und gibt es vielleicht noch andere Momente, die noch intensiver waren? Nimm dir Zeit dafür und notiere jeweils einen Titel für die Situationen, die dir bewusst werden. Entscheide dich nun für den magischsten dieser Momente. Diesen wirst du nun gleich verwenden für deinen Friedens-Anker. Auch wenn ich dir nun gleich die Vorgehensweise erläutere, so empfehle ich dir, die Installation des Ankers mit Hilfe der beiliegenden CD durchzuführen.

📀 Titel 3: Friedens-Anker

Mache es dir bequem, schließe die Augen und atme tief ein und aus, ein und aus, ein und aus. Gehe nun zurück, durch Zeit und Raum, zu dem Moment, den du gewählt hast. Dem Augenblick, in dem du mit dir selbst, der Welt und Gott im Reinen warst, in tiefstem Frieden. Einem Moment, in dem du eng verbunden warst mit deiner inneren Kraft und deiner Quelle, dir alle Ressourcen zur Verfügung standen.

Bist du nun angelangt in diesem wundervollen Augenblick, dann schaue dich einmal um. Was siehst du? Was hörst du? Was nimmt dein Körper wahr? Was fühlst du? Und vielleicht riechst oder schmeckst du jetzt auch etwas? Erlebe diesen Moment mit allen Sinnen. Welche Gefühle, welche Emotionen löst dies nun bei dir aus? Wo spürst du diese am intensivsten? Und welche Farbe hat diese wundervolle Energie?

Lass nun zu, dass diese Energie sich ausbreitet, ihr Licht jede Zelle deines Körpers erleuchtet, bis es schließlich deinen ganzen Körper durchdringt und einhüllt und du letztlich diese herrliche Energie bist.

Umfasse nun, am Höhepunkt dieser magischen Erfahrung, mit der rechten Hand dein linkes Handgelenk, atme einmal tief ein und aus und sage laut: »Frieden«. Öffne gleich darauf die Augen, strecke dich und atme einmal tief ein und aus.

Wiederhole jetzt das gesamte Vorgehen (ab »Mache es dir bequem ...«) noch viermal. Du wirst feststellen, dass du immer schneller und tiefer in die Energie kommst, in der du den Anker setzt.

Danach kannst du gleich einmal den Anker testen. Denke an etwas oder eine Person, das bzw. die ein Gefühl des Ärgers bei dir auslöst. Sobald dieses hochkommt, umfasse mit der rechten Hand dein linkes Handgelenk, genauso wie du es beim Ankern getan hast, atme einmal tief ein und aus und sage laut: »Frieden«. Sollte sich das Ärgergefühl in

Richtung Frieden verwandeln, so funktioniert der Anker. Wenn nicht, dann wiederhole den Friedens-Anker-Prozess, eventuell mit einer anderen Friedenssituation. Hast du letztlich einen wirksamen Anker installiert, so kannst du diesen immer wieder einsetzen, wenn ein friedvolles Gefühl von Nutzen wäre, auch unabhängig vom Klopfen.

Es gibt sicherlich noch weitere positive Gefühlszustände, die du gerne auf Knopfdruck parat hättest. Die Vorgehensweise ist dabei immer die gleiche, und für den jeweiligen Reiz gibt es viele Möglichkeiten. War dies im Friedensfall das Umfassen deines Handgelenks, ein Atemzug und das laute Aussprechen des Wortes »Frieden«, so können jede Bewegung, jedes innere Bild, jedes Symbol und Wort und auch Kombinationen davon als Anker dienen. Der Reiz sollte jedoch unverwechselbar bzw. eindeutig sein. Viel Spaß dabei!

Schritt 8 – *Test:* Überprüfe das Ergebnis, indem du Schritt 3 wiederholst.

Gehe also wieder in Verbindung mit dem Problem, wie du es in Schritt 3 getan hast, und überprüfe, ob eine Veränderung des Stress- bzw. Intensitätsniveaus eingetreten ist. Kontrolliere in jedem Fall auch nach jeder Runde, ob sich etwas an deinem inneren Problemerleben verändert hat, unabhängig vom Stressniveau. Bist du noch inhaltlich beim gleichen Aspekt wie zu Beginn? Ist es noch die gleiche Emotion wie zu Beginn? Gibt es vielleicht Veränderungen bezüglich des körperlichen Empfindens an Intensität, Qualität oder auch Lokalität? Egal welcher negative Aspekt sich nun im Vordergrund befindet, er ist Teil deines Problems, und der Fokus der nächsten Klopfrunde sollte auf ihm liegen. Denn die Störung, die jetzt gerade vorliegt, geht von ihm aus. Folgende Ergebnisse sind bezüglich des Intensivitätsniveaus möglich: Der Wert ist gesunken, der Wert ist gleich geblieben, oder der Wert ist gestiegen.

Der Wert ist gesunken: Ist der Wert gesunken, dann mache weitere Klopfrunden, bis die Intensität auf 0 ist. Die Konzentration ruht nun auf dem *Rest* des Problems. Eine Klopfrunde besteht aus Einstimmung – Sequenz – Abschluss – Test. Es ist dabei nicht wichtig, wie schnell du auf 0 bist, sondern dass du letztendlich auf 0 kommst. Dann ist die Chance für eine dauerhafte Lösung des Problems am größten. Vielleicht sind dazu sogar mehrere Sitzungen notwendig. Sollte sich die Intensität erst verringern, sagen wir einmal von 8 auf 5, von 5 auf 3, dann aber, trotz weiterer Klopfrunden, stagnieren, so kannst du dieses Problem klopfen. Richte deinen Fokus auf deine Frustration, dass es nicht weitergeht.

Du solltest jedoch auch mal in Betracht ziehen, dass du eventuell diesen Problemrest noch brauchst, um damit ein anderes Problem zu lösen. Dieses andere solltest du dann bearbeiten, bevor du mit dem eigentlichen Problem weitermachst, falls dies dann überhaupt noch notwendig ist. Möglicherweise ist das andere ja das eigentliche Problem.

Der Wert ist gleich geblieben: Sollte sich die Intensität, die das Problem für dich hat, nach einer EFT-Runde *nicht* ändern, so liegt dies meist daran, dass die Verbindung zum Problem nicht stark genug oder zu »großflächig« war. Vielleicht gibt es ja einen Aspekt des Themas, der spezifischer wäre und damit eine bessere Verbindung ermöglicht. Oder du hast dich nur zu viel angestrengt und damit quasi die Energie eingefroren. Entspanne dich, mache ein paar tiefe Atemzüge oder stehe auf, bewege dich, mach ein kurzes Tänzchen. Bring die Energie wieder in Bewegung, trinke ein Glas Wasser und fahre dann fort mit der Bearbeitung.

Sollte sich auch nach diesen Interventionen nichts tun, so mache einfach drei bis vier weitere Klopfrunden. Eventuell sinkt die Intensität erst nach Runde drei oder vier. Nicht selten ist es auch so, dass es einige Zeit (Minuten, Stunden, Tage) dauert, bis eine Veränderung eintritt. Gib dem Klopfen eine Chance und vertraue darauf, dass sich etwas zum Positiven ändern wird.

Der Wert ist gestiegen: Sollte dies der Fall sein, so nimm dies als ein gutes Zeichen. Das Klopfen hat etwas bewirkt! Eine Erstverschlimmerung ist immer ein Hinweis darauf, dass ein Prozess in Gang gesetzt wurde bzw. dass vielleicht erst jetzt eine starke Verbindung hergestellt wurde. In diesem Fall: Mache weitere *Sequenzen*, bis du eine Erleichterung verspürst. Vertraue darauf, dass die Intensität genauso schnell wieder sinken wird, wie sie angestiegen ist. Oft ist auch ein Aspektwechsel die Ursache für einen Intensitätsanstieg: Plötzlich steht ein anderes Bild, ein anderer Gedanke, ein anderes Gefühl oder eine andere Emotion im Vordergrund.

Ein Beispiel: Nehmen wir einmal an, dein Ausgangsproblem war die Angst vor Schlangen. Während der Klopfrunde kommt eine Erinnerung an die Oberfläche, wie dein Bruder, als du fünf Jahre alt warst, eine Plastikschlange in deinem Bett versteckt und dich damit zu Tode erschreckt hat. Damit hast du einen neuen Aspekt deiner Schlangenphobie, nämlich diese Kindheitserinnerung. Die Intensität dafür ist höher als die des Ausgangsaspektes. Vielleicht ist jetzt auch die Wut auf deinen Bruder die Hauptemotion, und du spürst diese ganz deutlich als Druck auf deiner Brust? Bingo. Ein neuer Fokus. Hast du erst einmal begonnen, dann lass dich vom Prozess führen. Deine Aufgabe ist es lediglich, zu klopfen und den Fokus zu verändern, wenn sich ein neuer Aspekt in den Vordergrund schiebt.

Teste gründlich, und erst wenn du in der Vorstellung mit dem Thema in Frieden bist, überprüfe dieses Ergebnis, so möglich, im wirklichen Leben. Sollte »dort« irgendein Reiz (Aspekt) doch noch mal negative Gefühle und Emotionen bei dir auslösen, so bearbeite ihn gleich oder später, wenn du dazu die Gelegenheit hast.

Schritt 9 – *Weitere Runden:* Wiederhole die Schritte 5 bis 8, bis der Intensitätswert auf 0 ist bzw. du mit dem gesamten Thema in Frieden bist.

Viel gibt es zu diesem Schritt nicht zu sagen. Vielleicht noch eine Sache: Mit dem Fallen des Stressniveaus verändert sich auch die gedankliche Bewertung des Problems. Gary nennt dies »kognitive Umstrukturierung« ... und keine Angst, das ist was Gutes. Bist du letztlich mit dem Thema in Frieden, so hat es zwangsläufig auch eine andere Bedeutung für dich. Du siehst es nun aus einem anderen Blickwinkel. Macht doch Sinn, oder? Sinnvoll und interessant ist es also, zum Abschluss eine Neubewertung des Themas durchzuführen. Wie sehe ich das Thema jetzt? Welche Bedeutung, welchen Stellenwert hat das Thema für mich? Dies sind Fragen, die du dir diesbezüglich stellen kannst.

Schritt 10 – *Stabilisierung.* Klopfen und/oder Friedens-Anker.

Bist du nun mit dem Thema in Frieden, so ist es sinnvoll, dieses Ergebnis zu stabilisieren. Dies kannst du erreichen, indem du abschließend und in den nächsten Tagen immer mal wieder für einige Sekunden an das Thema denkst, währenddessen den Handkantenpunkt klopfst und einige Male laut oder leise »Frieden« sagst. Alternativ kannst du natürlich auch deinen Friedens-Anker verwenden.

Ein Beispiel: Nehmen wir einmal an, du ärgerst dich immer wieder über deinen Freund, weil er nie die leere Toilettenpapierrolle auswechselt. Dieses Thema hast du bearbeitet und glaubst, damit in Frieden zu sein. Die Welt und in diesem Falle dein Freund wird dieses Resultat natürlich testen, mit – einer leeren Toilettenpapierrolle. Jetzt kann es sein, dass trotz allen Klopfens doch noch ein Hauch von Ärger in dir aufsteigt. Ist dies der Fall, so umfasse mit der rechten Hand dein linkes Handgelenk, atme einmal tief durch, sage: »Frieden«, und du wirst spüren, wie der Ärger zur Ruhe kommt. Tue dies auch dann, wenn du nur an das Thema denkst, ohne damit konkret konfrontiert zu sein.

Solange du mit einem Thema nicht hundertprozentig im Reinen bist, wird die Welt dich testen, wenngleich vielleicht auch nur in abgeschwächter Form. Diese Tests werden dann ganz aufhören, wenn du dein Thema *vollständig* losgelassen hast.

Ich bin bewusst sehr ausführlich auf meine Klopfakupressur-Vorgehensweise eingegangen, damit deine Erfolgsaussichten so hoch wie nur möglich sind. Im Anhang findest du den Prozess und auch die wesentlichen Faktoren noch einmal in komprimierter Form (Seite 312 f.).

Teste die Klopfakupressur

Noch heute und auch in den nächsten Tagen solltest du diese Form der Klopfakupressur ausgiebig testen. Konzentriere dich dabei wie gesagt erst einmal auf einfache emotionale oder auch körperliche Probleme bzw. Beschwerden, bevor du komplexere in Angriff nimmst. Vertrauen in die Methode und auch Erfahrung damit sind Grundvoraussetzung für positive Ergebnisse bei diesen, wie ich sie nenne, Lebensthemen. Vielleicht schleppst auch du das eine oder andere mit dir herum, und nichts scheint bisher zu fruchten. Die Verlockung ist nun groß, gerade so ein hartnäckiges Thema zu wählen, um eine neue Methode zu testen. *Lass es!*

Sammle erst einmal kleine oder auch größere Erfolge bei den einfachen Problemchen des Alltags. Chronische, hartnäckige Probleme sind meist sehr komplex und bedürfen neben positiver und ausgiebiger Erfahrung in Bezug auf die Technik darüber hinaus Hartnäckigkeit beim Dranbleiben. Du wirst es wissen, wenn du so weit bist.

Mit Hilfe der beiliegenden CD kannst du dir unter dem Titel »Klopfakupressur« den Einstieg erheblich erleichtern.

Wähle einfach ein kleines Problem, notiere es in einem Satz, und lass dich durch den Prozess führen. Dies ersetzt zwar nicht einen erfahrenen EFT-Therapeuten, doch es wird es dir erleichtern, dich auf das Problem (und weniger auf die Technik) zu konzentrieren, das A und O beim Klopfen. Vier Runden sollten reichen, damit du eine fühlbare Erleichterung wahrnimmst. Solltest du danach noch nicht mit dem Problem in Frieden sein, so mache für dich weitere Runden, bis dies der Fall ist.

Klopfen in Akutsituationen

Sollte es sich um einen wirklichen Notfall handeln, so verständige zuerst den Notarzt. Erst danach ziehe es in Betracht zu klopfen. Erspare dir in einer Akutsituation alle Schritte bis auf die Sequenz (= Schritt 6 in der Abfolge). Klopfe die Meridianpunkte so lange, von oben nach unten und von unten nach oben (1, 2, 3, 4, 5, 6, 7, 8, 9, 8, 7, 6, 5, 4, 3, 2, 1, 2, 3, ...), bis eine spürbare Erleichterung eintritt. Ist dies geschehen, kannst du entscheiden, ob und wann du das zugrunde liegende Problem bearbeiten wirst.

Touch and Breathe (Berühre und Atme): Nicht immer wird es unauffällig sein, in einer Akutsituation zu klopfen. Du befindest dich beispielsweise nicht alleine im Wartezimmer deines Zahnarztes, und Angst und Panik kommen hoch. Warte nicht, bis dich diese übermannt, sondern berühre schon beim leisesten Anflug mit den Fingerspitzen einer Hand nacheinander die Meridianpunkte (Reihenfolge wie oben, nur verzichte auf Punkt 1) und atme an jedem von ihnen einmal ein und aus. Dies wird kaum auffallen, da Selbstberührungen, noch im Gegensatz zum Selbstbeklopfen, etwas ganz Normales sind, um Stress abzubauen.

Mentales Klopfen: Bist du mit den Punkten vertraut und weißt auch, wie sich deren Beklopfen anfühlt, so kannst du dir auch innerlich *vorstellen*, diese zu klopfen. Unauffälliger geht es nun wirklich nicht. Dieses mentale Klopfen ist nicht auf öffentliche Akutsituationen beschränkt. Es gibt viele Einsatzmöglichkeiten, z. B. wenn du mal mit dem Einschlafen Probleme hast oder das manuelle Klopfen einfach nicht möglich ist (ich wünsche dir nur das Beste, doch wie könntest du manuell klopfen mit zwei Händen oder Armen in Gips?!).

> **Tipp** Ganz allgemein solltest du Probleme klopfen, solange sie noch Problemchen sind.

Notfallpunkt: Sicherlich wird sich mit der Zeit beim Klopfen der eine oder andere Punkt herauskristallisieren, der bzw. die besonders wirkungsvoll bei dir sind. Dies kann beispielsweise ein Punkt sein, dessen Stimulation immer mal wieder ein unwillkürliches Durchatmen bzw. Seufzen zur Folge hat. Diesen kannst du dann auch alleine in einem Akutfall verwenden. Solltest du keinen finden, so versuche es erstmal mit dem Schlüsselbeinpunkt.

Was kann während oder nach einer Klopfakupressur-Sitzung passieren?

Erstverschlimmerung: Sollte dies während der Sitzung der Fall sein, so klopfe weiter, bis du eine Erleichterung verspürst. Geschieht es danach, so ist dies ebenfalls ein Klopfthema. Bewerte es in beiden Fällen positiv. Die Intervention zeigt Wirkung.

Müdigkeit: Empfindest du diese als angenehm, so weist das auf einen inneren Verarbeitungsprozess hin. Gönne dir etwas Ruhe und trinke viel Wasser.

Ist die Müdigkeit jedoch bleiern und lähmend, so kann ein unbewusster Widerstand die Ursache sein. Ein paar Runden Klopfakupressur mit dem Fokus auf der Müdigkeit sollten dieses Problem beseitigen. Kehre danach zum Ausgangsproblem zurück.

Gähnen: Vermehrtes Gähnen während des Klopfens ist keine Seltenheit. Lass es geschehen, es ist deine Art loszulassen. Harndrang, Schwitzen, Naselaufen fallen auch in diese Kategorie. Im ersten Fall suche lieber eine Toilette auf.

Kognitive Umstrukturierung: Du bewertest das Problem anders (positiver) als zuvor. Ganz normal.

Apex-Problem: Nachdem du das Problem losgelassen hast, glaubst du in der Rückerinnerung, dass es ja gar nicht so schlimm war, oder du hast es gar ganz vergessen. Du suchst vielleicht nur nach einer Erklärung für die schnelle positive Veränderung. Dies ist mehr ein Problem, wenn du professionell mit anderen arbeitest. Notiere also das Thema und auch die Stressbewertungen, damit der Klient nachher weiß, wofür er zahlt.

Das Problem kehrt zurück: Kann vorkommen, insbesondere bei komplexen Themen. Irgendwelche Aspekte, z.B. diesbezügliche Negativ-Erfahrungen, sind noch unbehandelt. Mache eine Liste mit Erlebnissen, mit denen dein Problem verknüpft sein könnte, und bearbeite diese. Beginne mit den heftigsten und fahre damit fort, bis das Generalisierungsprinzip greift. Bei einfachen Themen spezifischer Natur konzentriere dich auf die erste, die schlimmste und die letzte Erfahrung, an die du dich erinnerst.

Während des Prozesses kommt eine traumatische Erinnerung an die Oberfläche: Keine Panik – bleib ruhig. Klopfe weiter und konzentriere dich mit geöffneten Augen auf das Hier und Jetzt. Schildere laut an jedem Klopfpunkt eine Sache in deinem Raum, die du siehst, hörst, fühlst, riechst oder schmeckst, bis du wieder ganz da bist. Gib die Erinnerung abschließend noch in einen imaginären Safe, den du fest verschließt. Nimm diesen mit zu einem erfahrenen, professionellen Klopfakupressur-Anwender und behandle das schmerzvolle Erlebnis und das Thema mit ihm zusammen.

Zwei Aussagen von Gary Craig sollten dir im Gedächtnis bleiben: »Try it on everything. – Versuch es mit allem.« Und: »Don't go where you not belong. – Gehe nicht dahin, wo du nicht hingehörst.« Wenn du schon vor der Bearbeitung ein echt mieses Gefühl in dir spürst oder eine Stimme in dir fleht: »Lass es!« – dann: Lass es! Wende dich lieber an einen Profi. Mit der Zeit wirst du nicht nur Vertrauen in die Methode, sondern auch in deine Klopffähigkeiten aufbauen und zu der Erkenntnis kommen: Egal, was auch beim Klopfen hochkommt, ich kann damit umgehen, bzw. es wird nur das hochkommen, womit ich auch umgehen kann.

Tipps und Tricks, wenn es mal nicht so funktioniert

Solltest du dich an die bisherigen Anweisungen halten, so wirst du sicherlich bei den meisten deiner Probleme positive Veränderungen erreichen. Du wirst möglicherweise nie oder nur selten auf den einen oder anderen folgenden allgemeinen oder schrittbezogenen Tipp zurückgreifen müssen, doch können diese unter Umständen hilfreich sein.

Allgemeine Tipps

- Egal welche Probleme oder Widerstände beim Prozess auftauchen, ob du vielleicht nicht weiterweißt oder nicht so recht weiterkommst, jedes Mal wenn dir also scheinbar ein Stein im Weg liegt, hast du die Möglichkeit diesen – zu klopfen.
- Trinke vor und nach einer Klopfakupressur-Sitzung ein Glas Wasser.
- Energetisiere vor dem Klopfen deine Hände. Reibe dazu deine Handinnenflächen aneinander und massiere die Fingerspitzen beider Hände.
- Schüttle die Hände nach jeder Runde aus. Befreie sie damit von negativen Energien.
- Überkreuze nicht die Beine und stelle beide Füße fest auf den Boden (Erdung).
- Wiederholung: Klopfe immer den Problemaspekt, der sich gerade im Vordergrund befindet. Bemerkst du schon früh in der Sequenz eine Aspektveränderung, so beende die Runde mit dem Fokus darauf. Solange der Stresswert sinkt, kannst du auf die Einstimmung verzichten. Du erinnerst dich: Die Einstimmung korrigiert eine even-

tuell vorhandene Psychoenergetische Umkehrung (PU).
Würde eine vorliegen, würde der Wert nicht sinken.

- Denke nicht so viel und lass dich vom Prozess und deinen Gefühlen leiten.
- In manchen Fällen können Energietoxine (Waschmittel, Weichspüler, Farbstoffe in der Kleidung, Deo, Parfüm, Duschgel, Haarspray, Elektrosmog usw.) den Erfolg beeinträchtigen. Dusche dich mit klarem Wasser und klopfe wenn möglich im Freien oder in einem Raum ohne große Elektrobelastung, eventuell auch nackt.
- Bring deine Energie durch Bewegung ins Fließen und klopfe z.B. während eines Spazierganges. Auch Überkreuzbewegungen können hilfreich sein (wie abwechselnd linkes Bein und rechten Arm und dann rechtes Bein und linken Arm heben).
- Verzichte für ein, zwei Tage auf Kristallzucker, Milch- und Weizenprodukte, Nikotin, Koffein und Alkohol. Auch dabei kann dir das Klopfen helfen.

Schrittbezogene Tipps

Zu Schritt 3: Solltest du mit der Verbindung ein Problem haben oder nicht wissen, mit welchem Aspekt du anfangen sollst, so kannst du dieses klopfen oder dir vorstellen, jemand stellt dir die folgende Frage: »Woher weißt du, dass du dieses Problem (z.B. Ärger auf den Partner, weil ...) hast?« Deine Antwort könnte sein: »Ja, allein schon, wenn ich daran denke, werde ich ärgerlich, und es zieht mir den Magen zusammen.« Und schon hast du einen Fokus. In diesem Fall wäre es der Ärger im Magen, und dieser liegt vielleicht auf der Skala bei 8.

Eine weitere gute Frage, die du dir stellen kannst, lautet: »Was macht es (das Problem) mit mir?« Die Antwort könnte sein: »Es macht mich wütend!« Bingo. Jetzt hast du eine Verbindung, einen Anfang.

Zu Schritt 4: Wenn du grundsätzlich ein Problem mit dem Visualisieren hast, so kannst du auch dieses – klopfen.

Eine andere Möglichkeit ist es, eine Hand an den Hinterkopf zu legen und laut zu beschreiben, was du sehen möchtest: »Ich sehe einen Baum, der mein Problem repräsentiert. Diesem Baum werden jetzt die Wurzeln entfernt, alle werden auf einmal herausgerissen. Er ist nun von ihnen gänzlich befreit und fällt.« Die inneren Bilder werden von ganz alleine kommen.

Zu Schritt 5: Im EFT verwenden wir etwas, das nennt sich *Einstimmungssatz.* Dieser wird bei der Einstimmung dreimal laut ausgesprochen, während der Handkantenpunkt geklopft wird. Ein Beispiel für einen solchen Satz: »Auch wenn ich diesen stechenden Schmerz hinter meiner linken Augenbraue habe, liebe und akzeptiere ich mich voll und ganz.« Und wenn der Schmerz- bzw. Stresspegel gesunken ist: »Auch wenn ich *immer noch etwas von* diesem stechenden Schmerz hinter meiner linken Augenbraue habe, liebe und akzeptiere ich mich voll und ganz.« Bei »meiner« Klopfakupressur verzichte ich auf eine solche Aussage, und zwar aus zwei Gründen. Erstens haben viele Anfänger mit der spezifischen Formulierung so ihre Schwierigkeiten (ich weiß, könnte man ja klopfen!) und benutzen dies nicht selten als Vorwand, gar nicht erst zu klopfen. Jede Aspektveränderung würde zudem auch noch eine Neuformulierung notwendig machen, und das ist nun wirklich zu viel. Zweitens habe ich die Erfahrung gemacht, dass das Annehmen des Problems (vollständige Verantwortung übernehmen) und die innere spezifische Ausrichtung auf den im Vordergrund stehenden Aspekt entscheidend sind. Zu viel denken und sprechen können da eher hinderlich sein. Roger Callahan verzichtet übrigens schon lange auf einen Einstimmungssatz – und macht es da nicht Sinn, sich an ihm zu orientieren?!

Trotzdem will ich dir diese Möglichkeit auch nicht vorenthalten. Sollte es einmal nicht so funktionieren, dann versuche es doch einmal mit folgender Einstimmung: Klopfe fortwährend den Handkantenpunkt und sage dreimal laut: »Auch wenn ich diese(n) ... (hier setzt du dein Problem ein, spezifisch formuliert) habe und eventuell auch niemals überwinden werde, aus welchem Grund auch immer, weil ich es vielleicht nicht verdiene oder weil es sicher für mich ist, liebe und akzeptiere ich mich voll und ganz, übernehme die vollständige Verantwortung und wähle Frieden.« Ein zugegeben langer Satz, doch er beinhaltet alles, was vielleicht notwendig ist, um die möglicherweise geschlossene Tür zu öffnen.

Alternativ dazu kannst du dir beim Klopfen des Handkantenpunktes genau das vorstellen: eine Tür, die sich öffnet, nicht nur damit du an dein Problem herankommst, sondern auch damit dieses entlassen werden kann. Diese Metapher versteht dein Unterbewusstsein vielleicht sogar besser.

Zu Schritt 6: Um nicht von dem Problem abzuschweifen und somit die Verbindung zu verlieren, gibt es mehrere Möglichkeiten. Zunächst zwei Tipps: Um die Verbindung mit dem Problem(aspekt) zu verstärken, insbesondere bei physischen Beschwerden, kannst du mit einer Hand klopfen und die andere auf den Bereich des Körpers legen, wo du das Thema am intensivsten spürst. Ist diese Stelle sehr klein, so verwende lediglich ein oder zwei Fingerspitzen. Bist du erst mit der Technik und den Punkten vertraut, so kannst du auch bewusst den Atem beim Einatmen an diese Stelle lenken und dir beim Ausatmen vorstellen, dass die dort »eingefrorene« Energie deinen Körper verlässt.

Drei weitere Möglichkeiten möchte ich dir im Folgenden gerne etwas ausführlicher vorstellen.

Erinnerungssatz

Im EFT wird bei der Sequenz an jedem Punkt ein *Erinnerungssatz* gesprochen. Ein Beispiel: »Dieser stechende Schmerz hinter meiner linken Augenbraue.« Und sollte der Schmerz- bzw. Stresspegel gesunken sein: »Dieser *restliche* stechende Schmerz hinter meiner linken Augenbraue.« Solltest du Probleme haben, bei der Sequenz beim Thema zu bleiben, so kann dies eine hilfreiche Möglichkeit sein. Meine Erfahrungen zeigen jedoch auch hier, dass das Aussprechen eines Satzes die emotionale Verbindung stören kann. Viele meiner Klienten beginnen zwar oft damit, ziehen sich jedoch im Laufe der Sequenz automatisch in ihr inneres Erleben zurück. Warum also nicht gleich mit Letzterem beginnen, insbesondere in der Selbstanwendung? Aspektveränderungen werden damit auch eher und leichter registriert.

Free flowing language – Frei fließende Sprache

Eine weitere Möglichkeit besteht darin, während des Klopfens (Sequenz) das innere Erleben (Bilder, Gedanken,

Gefühle, Emotionen), das sich gerade abspielt, laut zu verbalisieren. An jedem Punkt sprichst du einen diesbezüglichen Satz aus und gehst dann weiter zum nächsten Klopfpunkt. Diese Vorgehensweise hat den Vorteil, dass du mit dem Fokus immer aktuell bist. Die Gefahr besteht jedoch auch hier, in die Denkfalle zu geraten. Vielleicht, und ich bediene mich mal (wieder) eines Klischees, ist die frei fließende Sprache auch eher etwas für Frauen als für Männer. Probiere es aus.

Switchwords – Schaltwörter

In den Sechzigerjahren des letzten Jahrhunderts erschien ein Buch von James T. Mangan mit dem Titel: »The Secret of Perfect Living«[9] (Das Geheimnis der vollkommenen Lebensführung). Die englische Version wurde 2006 neu aufgelegt. In diesem empfehlenswerten Buch, das meiner Meinung nach seiner Zeit voraus war, beschreibt Mangan sein Konzept von universellen Schaltwörtern.

Meine Interpretation davon ist nun die folgende: Stell dir einmal vor, es gäbe in dir eine riesige Untergrundfabrik mit unzähligen Maschinen, deren Aufgabe es ist, deine Sorgen zu vertreiben und deine Wünsche zu erfüllen. Jedem Aspekt des Lebens ist eine solche Maschine zugeordnet. Manche von ihnen laufen tadellos, manche stehen auf Standby und es gibt auch solche, die schon seit langem abgeschaltet sind, nicht gewartet werden und langsam verrotten. Nach Mangan haben all diese Maschinen einen jeweiligen »Wort-Schalter«, mit dem sie angeschaltet werden können. Es gibt

---

9 Infinity Pub. Com 2006, auf Deutsch nur noch antiquarisch erhältlich.

auch einen Hauptschalter (»*Together – Zusammen*«), der alle auf einmal in Gang bringt, jedoch erst dann optimal funktioniert, wenn auch die einzelnen überholt bzw. in Stand gesetzt wurden.

In Mangans Buch und auch im Internet (»Switchwords« eingeben) findest du viele Schaltwörter für die unterschiedlichsten Lebensbereiche. Manche verlieren meiner Meinung nach jedoch in der deutschen Übersetzung an Kraft, und es kann deshalb sinnvoll sein, die englische Version zu verwenden.

Ich werde dir im Laufe deiner Reise einige wenige Schaltwörter vorstellen, abhängig von dem jeweiligen Etappenziel. Hier schon mal vorab drei Beispiele, in Englisch und Deutsch, mit denen du experimentieren kannst: *Change – Ändern* (um Schmerzen in einem Körperteil verschwinden zu lassen). *Be – Sein* (um gute Gesundheit zu erhalten). *Move – Bewegen* (um Kraft und plötzlich Energie zu zeigen). Setzt du *Together – Zusammen* davor, kannst du die Wirkung jedes Einzelnen noch verstärken. Es gibt keine Vorgabe, wie oft du ein spezifisches Schaltwort laut oder leise (innerlich) aussprechen oder auch singen sollst und auch wie lange. Letzteres sollte jedoch klar sein: so lange, bis der Job getan ist. Das »Wie oft?« ist meines Erachtens eine intuitive Geschichte. Mangans einzige Empfehlung hierzu bezieht sich auf *Zusammen*, nämlich 28-Mal. Das gewählte Schaltwort sollte auch schnell hintereinander ausgesprochen werden, um etwaige Denkvorgänge zu vermeiden.

In welcher Art und Weise werden nun Schaltwörter angewendet? Ich habe die Vorgehensweise von Mangan ein wenig modifiziert und für mich passend gemacht:

1. Akzeptiere, dass es ein größeres Ich gibt (Mangan spricht diesbezüglich von Unterwerfung unter das größere Ich), und erlaube die Selbstvereinigung.

2. Definiere deine Absicht, deine Intention: Was ist dein wirklicher Wunsch, dein Ziel?

3. Glaube, dass es dir möglich ist und dass du es verdienst.

4. Das Schaltwort: Wähle den richtigen Schalter und vergeude während des Aussprechens keine Zeit damit, über seine Bedeutung nachzudenken.

5. Sag »Danke«. Diesen Schritt habe ich hinzugefügt.

6. Handle inspiriert: Kreative Ideen, Möglichkeiten und Chancen werden sich dir eröffnen, und sollten sich diese gut anfühlen, dann handle.

Die Klopfakupressur wirkt nach meiner Erfahrung als Verstärker für Schaltwörter. Klopfe also bei Schritt 1 bis 3 den Handkantenpunkt und während des Aussprechens des Schaltwortes in schnellem Rhythmus die Punkte 1 bis 9. Sprich an jedem einzelnen ein- bis dreimal dein gewähltes Schaltwort schnell aus und gehe dann zum nächsten Klopfpunkt.

Es hat natürlich noch einen weiteren Grund, warum ich bezüglich der Sequenz so ausführlich auf das Thema Schaltwörter eingegangen bin. Neben denen von Mangan gibt es noch weitere Kraftwörter, die die Klopfwirkung verstärken können. Gute Erfahrungen habe ich gemacht mit: *Loslassen. Korrigieren. Neutralisieren. Klären. Transformieren. Optimieren.* Auch hier kann das Wort *Zusammen* die Wirkungsweise noch verstärken. *Zusammen* bedeutet in diesem Kontext, dass alle Ebenen, alle Aspekte deines Seins (Bewusstsein, Unterbewusstsein, höheres Selbst, innere Kraft usw.) zusammenarbeiten. Einsetzen würde ich diese Wörter jedoch erst, wenn der Stresswert schon spürbar gefallen ist. Ein hoher Intensitätswert könnte hinderlich sein.

Ein Anwendungsbeispiel: Du hast ein Problem, das du gerne loslassen möchtest. Du hast auch bereits ein oder zwei normale Klopfrunden absolviert, und der Intensitätswert ist dabei auf ein erträgliches Maß gefallen, sagen wir mal von 8 auf 5. Für die nächsten Sequenzen wählst du nun *Zusammen Loslassen* als Verstärker. Du bleibst dabei in Verbindung mit dem Problem und sagst an jedem Punkt ein- bis dreimal laut: *»Zusammen Loslassen!«* Sollte der Prozess, kurz bevor du mit dem Problem in Frieden bist, stagnieren, so sage: *»Zusammen vollständig Loslassen!«* Wähle ein Kraftwort, das für dich passend ist. Je besser es sich für dich anfühlt, desto stärker wird es sein.

Noch eine letzte Anmerkung: Wenn Einstein mit E=mc² wirklich Recht hat, so heißt das nichts anderes als: Alles ist Energie, auch deine Probleme, Beschwerden und Erkrankungen. Und Energie will fließen! Sei dir dessen stets (insbesondere beim Klopfen) bewusst und – lass es zu. Ich wünsche dir viel Spaß und Erfolg beim Klopfen!

Klopfakupressur-Anwendungsgebiete

Es gibt wahrscheinlich nur wenige emotionale und körperliche Beschwerden und Erkrankungen, bei denen die Klopfakupressur noch nicht eingesetzt wurde. Gäbe es eine diesbezügliche Liste, so wären die folgenden Einsatzmöglichkeiten nur ein verschwindend kleiner Auszug! Es gelten Gary Craigs Maximen: »Versuch es mit allem.« Und: »Gehe nicht dahin, wo du nicht hingehörst.« Letzteres gilt vor allem für psychotische Erkrankungen – lass es!

Emotionale Beschwerden:

- Depressive Verstimmungen
- Leistungsblockaden in Schule, Beruf und Sport
- Müdigkeit, Schlafstörungen
- Spezifische Ängste (Phobien) wie Flug-, Platz-, Höhenangst usw.
- Stress, innere Unruhe, Nervosität
- Süchte (Zigaretten, Schokolade, Kaffee ...)
- Themen wie Gewichtsreduktion, Selbstvertrauen, Selbstbild, Selbstwert
- Traumata, Panikattacken, Zwänge
- Wut, Ärger, Trauer, Aggression, Schuld, Scham usw.

Körperliche Beschwerden:

- Allergien und Unverträglichkeiten, Asthma
- Weit- oder Kurzsichtigkeit
- Nebenwirkungen von Medikamenten
- Schmerzen (akut und chronisch): Kopf-, Rücken-, Nacken-, Schulter-, Gelenkschmerzen, Verspannungen, Migräne, Regelschmerzen, Fibromyalgie usw.
- Schnupfen, Heiserkeit, Husten, Fieber, Schluckauf, Sodbrennen, Herpes
- Tinnitus, Diabetes
- Verdauungsprobleme, Übelkeit, Seekrankheit
- Verletzungen (Schnitte, Brüche, Verbrennungen) usw.

Stirn-Hinterkopf-Halten (eine Alternative)

Wie der Name schon sagt, wird bei dieser Technik eine Handfläche auf die Stirn gelegt, die zweite ruht am Hinterkopf. Die Handfläche auf der Stirn bedeckt und berührt dabei leicht (ohne Druck) die beiden so genannten Stirnhöcker, die du rechts und links auf der Stirn, wenige Zentimeter über der Mitte der Augenbrauen fühlen kannst. Hier befinden sich zwei so genannte neurovaskuläre Punkte, die bei gleichzeitiger Berührung für eine meist spürbare Stressminderung sorgen. Die andere Handfläche wird leicht so auf den Hinterkopf gelegt, dass der Daumen direkt unterhalb des Schädelbeins bzw. der Schädelbasis liegt. Dies aktiviert nicht nur den visuellen Bereich des Gehirns, es werden dabei auch noch angstneutralisierende, neurovaskuläre Punkte stimuliert.

Für das Stirn-Hinterkopf-Halten (SHH) empfehle ich dir folgende Vorgehensweise, mit der du jetzt gleich einmal experimentieren kannst. Diese ist auch für Akutsituationen sehr geeignet. Auf Schritt 1 kannst du dann natürlich verzichten.

1. Wähle eine Situation oder auch eine Person, die, wenn du an sie denkst, negative Gefühle und/oder Emotionen bei dir auslöst. Ein mittlerer Stresswert wäre für den Anfang perfekt.
2. Lege nun, wie oben beschrieben, eine Handfläche auf die Stirn und die andere an den Hinterkopf. Verbinde

dich so gut wie du kannst mit der Situation bzw. Person. Denke einfach daran. Atme für ein bis zwei Minuten ganz entspannt, während du dich auf das Gefühl und die Emotion konzentrierst, die diese Situation/Person bei dir auslöst. Lass es zu, diese jetzt loszulassen, mit jedem Atemzug etwas mehr.

3. Teste das Ergebnis und wiederhole Schritt 2, bis sich ein friedvolles Gefühl angesichts der Situation bzw. Person eingestellt hat.

Weitaus wirkungsvoller ist das Stirn-Hinterkopf-Halten, wenn du es in den Klopfakupressur-Prozess einbaust. Hierbei ersetzt du einfach das Klopfen der 9 Meridianpunkte (Sequenz) durch das Halten von Stirn und Hinterkopf.

1. Wähle ein *Problem*, das du gerne loslassen würdest.
2. Frage dich, ob du jetzt dazu *bereit* bist.
3. *Verbinde* dich mit dem Problem und versuche die Intensität noch zu steigern. Notiere gegebenenfalls den momentanen *Stresswert*.
4. *Anweisung an das Unterbewusstsein:* Bleibe bei deinem Problem und stelle dir einen Baum vor, der dieses repräsentiert. Visualisiere, wie diesem alle Wurzeln entfernt werden, woraufhin er fällt.
5. *Einstimmung:* Gehe erneut intensiv mit deinem Problem in Verbindung, nimm es an und klopfe für zwei Atemzüge den Handkantenpunkt.
6. *Sequenz:* Halte die Verbindung und lege nun eine Handfläche auf die Stirn und die andere an den Hinterkopf. Atme für ein bis zwei Minuten ganz entspannt, während du dich auf das Problem und das damit verbundene Hauptgefühl und/oder die Hauptemotion konzentrierst.

Lass es zu, diese(s) jetzt loszulassen, mit jedem Atemzug etwas mehr.

7. *Abschluss:* Umfasse mit der rechten Hand das Handgelenk der linken, mache einen tiefen Atemzug und sage danach laut oder leise: »Frieden«.

8. *Test:* Überprüfe das Ergebnis, indem du Schritt 3 wiederholst.

9. *Weitere Runden:* Wiederhole die Schritte 5 bis 8, bis der Intensitätswert auf 0 ist, bzw. du mit dem Problem in Frieden bist.

10. *Stabilisierung:* Klopfen und/oder Friedens-Anker (Seite 177 ff.).

Experimentiere in den nächsten Tagen mit dieser wie auch mit der Klopf-Variante. Die für dich effektivste wird sich mit der Zeit herauskristallisieren. Im Bedarfsfall kannst du auch immer von der einen zur anderen wechseln.

Ergänzungsmethoden

Ergänzungsmethoden sind Techniken, mit denen ich die Klopfakupressur gerne kombiniere. Dies ist oft abhängig von dem jeweiligen Anwendungsgebiet und bringt auch noch etwas Abwechslung in den Prozess. Einige dieser sehr wirkungsvollen Verfahren, die natürlich auch allein für sich stehen können, hast du bereits kennengelernt, und ich werde mich deshalb so kurz wie möglich fassen.

Schaltwörter: Darauf bin ich schon ausführlich eingegangen (Seite 134 ff.). Übrigens, das Schaltwort, um Ungeduld zu widerstehen, ist: *Slow – Langsam.*

Ho'oponopono: Zu dieser Methode werde ich mich noch ausführlicher äußern (Seite 204). In Verbindung mit der Klopfakupressur reichen folgende Informationen: Bei der *Einstimmung* übernimmst du die hundertprozentige Verantwortung für dein Problem, und bei der *Sequenz* richtest du dein Gebet an die Quelle (den Ursprung, Gott, eine höhere Macht ...).

Du klopfst Punkt 1 und sagst laut: »Es tut mir leid.«
    An Punkt 2: »Bitte verzeih mir.«
    Punkt 3: »Ich danke dir.«
    Punkt 4: »Ich liebe dich.«
    Punkt 5: »Es tut mir leid.«
    Punkt 6: »Bitte verzeih mir.«
    Punkt 7: »Ich danke dir.«
    Punkt 8: »Ich liebe dich.«

Auf Punkt 9 kannst du verzichten, damit es aufgeht. Das kannst du allerdings auch mit Punkt 9 erreichen, wenn du vier Sequenzen am Stück klopfst – das dauert auch nicht viel mehr als eine Minute. Alle anderen Klopfakupressur-Schritte bleiben dabei wie gehabt.

Ankern: Kurz zur Erinnerung (siehe Seite 117 ff.), beim Ankern verbindet man einen kinästhetischen, visuellen oder auch auditiven Reiz wiederholt mit einem erwünschten Gefühlszustand. Ist ein Anker wirkungsvoll installiert, so kannst du diesen jederzeit verwenden, um diesen Zustand schnell herzustellen oder auch ein negatives in ein positives Gefühl zu verändern.

Dabei gibt es auch ganz natürliche Anker. Dies können beispielsweise ein Geruch (z. B. ein bestimmtes Parfüm) oder auch Geschmack (z. B. Schokolade) sein. In der Regel sind es Reize (Wörter, Berührungen, Dinge, Symbole, Laute usw.), die mit positiven Assoziationen verbunden sind. Ball doch mal eine Faust und sag dreimal laut: »Ja!« Oder sag laut: »Mmmmmmmmmh« und danach: »Aaaaaaaaah«.

Ich habe bisher nur von positiven Ankern gesprochen, aber es gibt auch negative und davon mehr, als du denkst. Blicke dich einmal in deinem Zimmer um. Schaue von Gegenstand zu Gegenstand und registriere, wie sich jeder einzelne von ihnen anfühlt. Gut, neutral oder schlecht? Letztere solltest du entfernen und dich, soweit möglich, nur mit positiven umgeben. Auch wenn du die negativen nicht bewusst registrierst, so haben sie doch unbewusst Einfluss auf dein Befinden. Natürlich kannst du diese auch klopfen, vor allem diejenigen, die du nicht gerade mal so entsorgen kannst, wie beispielsweise deinen Chef.

Während deiner Reise wirst du auch mit so genannten Bodenankern arbeiten. Dies sind Zettel mit Aufschriften, mit denen ebenfalls ein Gefühlszustand verankert wird. Außerdem dienen sie zusätzlich noch der Orientierung. Ich bevorzuge dazu kreisförmige bunte Zettel aus einem etwas stärkeren Papier mit einem Durchmesser von 10 bis 20 Zentimetern. Sollten dir solche in den nächsten Tagen und Wochen »über den Weg laufen«: 20 von ihnen wären mehr als ausreichend. Ein paar DIN-A4- und/oder DIN-A5-Blätter tun es selbstverständlich auch.

Time-Line: Time-Line, Zeitlinie, ist ein Begriff aus dem NLP. Dabei wird mit Hilfe von Bodenankern eine Zeitlinie ausgelegt, auf der dann direkt Veränderungsarbeit stattfindet. Dies fördert nicht zuletzt die zeitliche Verbindung mit z. B. einer zurückliegenden Negativ-Erfahrung. Auch indem du mit einem jetzigen Problem deine Zeitlinie rückwärts abschreitest, ist es möglich, wie in einer Rückführung Ursprungserlebnisse aufzudecken und gleich »an Ort und Stelle« aufzulösen. Zeitreisen ist wohl doch nicht so ganz unmöglich.

Eigene Kreationen: Auch wenn ich mich an vielen gelernten Verfahren orientiere, so sind doch die vorgestellten Vorgehensweisen zumeist eigene Kreationen. Ich schöpfe dabei aus einem riesigen Topf voller Möglichkeiten, die ich kombiniere, integriere und mixe, bis schließlich etwas entsteht, das sich auch in der Praxis bewährt. Sicherlich hast auch du einen solchen Topf und Spaß am Experimentieren und Kreieren. Tu dir keinen Zwang an. Erschaffe *deine* Klopfakupressur und habe Spaß dabei, meine Vorgaben so zu verändern, dass sie für *dich* passend sind. Nicht viele, sondern alle Wege führen nach Rom. Um jedoch dort anzukommen, musst du dich nicht nur auf den Weg machen, sondern ihn auch von Anfang bis Ende beschreiten. Welchen du letztlich wählst und auch die Dauer, Art und Weise bestimmst letztendlich du. Doch nicht nur dies: Du allein entscheidest – und heute ist ein guter Tag dafür –, wann deine Reise beginnt. Nimm einen Kalender und markiere

>*»Wieder ein neues Stück in meinem Mosaik. Ich habe – das wurde mir von außen bestätigt – eine positivere Ausstrahlung. Ich schaffe es immer besser, meine negativen Gedanken zu stoppen ... Vielen Dank, dass ich dabei sein durfte! Auch das Feedback von anderen Teilnehmern zu lesen, die genau dieselben Übungen machen wie ich, war sehr hilfreich.«*
>
>(Onlinekurs-TeilnehmerIn)

darauf das Startdatum. Welches fühlt sich für dich gut an? Lege dich jetzt fest und schließe auch einen Vertrag mit dir selbst, dich für vier Wochen auf das vor dir liegende Abenteuer einzulassen. Diesen kannst du danach immer wieder erneuern, sollte dir die Reise gefallen.

3. Letzte Reise-Vorabempfehlungen und Check-up

Anregungen und Tipps

Wohlbefinden ist ein wesentlicher Aspekt von Glücklichsein, auch wenn du das eine so wenig wie möglich von dem anderen abhängig machen solltest. Je wohler du dich jedoch fühlst, umso mehr Spaß wird dir die Reise machen. Im Folgenden findest du einige Empfehlungen dazu, die mit wenig oder auch keinem Zeitaufwand verbunden und leicht umsetzbar sind.

Atmen: Sorge für genügend Sauerstoff an deinem Arbeitsplatz und in deiner Wohnung. Öffne lieber einmal zu viel die Fenster als zu wenig. Den Sauerstoffgehalt in deinem Körper kannst du durch eine einfache Atemübung erhöhen, indem du mehrmals (drei- bis fünfmal) täglich, zehn- bis fünfzehnmal durch die Nase in deinen Bauch hineinatmest, den Atem 5 Sekunden anhältst und dann langsam wieder durch deinen Mund ausatmest, bis alle Luft aus Bauch und Lunge gewichen ist.

Trinken: Empfohlen werden im Allgemeinen 2,5 bis 3 Liter Flüssigkeit pro Tag. Leitungswasser, Quellwasser, Mineralwasser sowie Kräutertees sind dabei vorzuziehen.

Diese Tees und insbesondere auch reines, heißes Wasser sind ein prima Ersatz für Kaffee. Sinnvoll wäre es auch, auf hochprozentigen Alkohol zu verzichten und ein Gläschen guten Rotwein einem Bier vorzuziehen. Auf zuckerhaltige Limonaden solltest du verzichten, auch Getränke mit Süßstoff sind *keine* gesunde Alternative. Verwende zum Süßen deiner Speisen, wenn überhaupt, braunen Rohrzucker, Honig, Ahornsirup, Fruchtzucker oder, wenn du abnehmen möchtest, Stevia. Auch Lebensmittel (Obst, Gemüse) mit hohem Wassergehalt sind empfehlenswert.

Essen: Achte beim Einkauf mehr auf Qualität als auf Quantität. Verzichte weitgehend auf Junk-Food und auch auf Süßigkeiten. Ziehe Schokolade mit hohem Kakaogehalt vor. Aber auch hiervon solltest du nicht mehr als 25 Gramm pro Tag zu dir nehmen. Verwende gute und hochwertige Öle wie Oliven- oder auch Rapsöl. Reduziere Weizenprodukte oder verzichte ganz darauf und ersetze sie durch Vollkornprodukte. Verzichte auf rotes Fleisch (Schwein, Rind ...) und ersetze es durch Geflügel oder Fisch. Wähle, ganz allgemein, gesunde Lebensmittel, *die dir schmecken*.

Überspringe keine Mahlzeit. Trinke 15 bis 20 Minuten vor jedem Essen ein großes Glas Wasser oder iss eine Portion wasserreiches Obst. Iss langsam und mit Genuss. Verzichte beim Essen aufs Fernsehen. Ziehe das Essen in Gesellschaft vor. Auch wenn du alleine isst, mache mehrere Essen pro Woche zu einem Event: Lege dir eine schöne Musik auf. Stecke eine Kerze an. Nimm dein bestes Porzellan, ein schönes Glas, auch wenn du »nur« Wasser trinkst.

Wenn du abnehmen möchtest, so reduziere deinen Konsum von Kohlenhydraten und iss dafür mehr gesunde Proteine, insbesondere abends. Denk daran, dass der

Sättigungseffekt erst nach ca. 20 Minuten eintritt. Beende das Essen schon kurz, bevor du satt bist. Iss Obst und auch Salat immer *vor* der »eigentlichen« Mahlzeit.

Bewegung: Bewege dich viel, insbesondere an der frischen Luft. Genieße es, bei schönem Wetter in der Sonne Fahrrad zu fahren, spazieren zu gehen, zu walken oder zu laufen. Lade Freunde oder Bekannte dazu ein. Nimm, wenn möglich, die Treppe anstatt den Fahrstuhl. Erledige Einkäufe und Ähnliches in kurzer Entfernung zu Fuß oder mit dem Fahrrad.

Freundeskreis: Schaffe dir ein unterstützendes soziales Umfeld. Pflege deine Freundschaften und triff dich mindestens ein- bis zweimal pro Woche mit Bekannten und Freunden.

Fernsehen: Reduziere deinen Fernsehkonsum und beschränke dich auf Sendungen, die dich in eine gute Stimmung versetzen und die dich bei deinem persönlichen Wachstum unterstützen. Verzichte auf Nachrichtensendungen, denn alles, was du wirklich wissen musst, wird dich zum richtigen Zeitpunkt finden.

Lesen: Auch auf das Lesen von Tageszeitungen kannst du verzichten. Wähle auch hier lieber Zeitschriften und Bücher, die dich unterhalten und weiterbringen.

Entrümpeln: Trenne dich von Dingen, die du nicht mehr brauchst oder die dir negative Gefühle bereiten. Beginne am besten mit dem Kleiderschrank und arbeite dich Schritt für Schritt durch jedes Zimmer. Umgib dich mit Dingen, die dir ein gutes Gefühl geben.

Kleidung: Wähle Kleidung, in der du dich wohl fühlst. Das Gleiche gilt natürlich auch für Schuhe. Verzichte weitgehend auf schwarze Kleidungstücke, insbesondere oberhalb der Gürtellinie. Neue schwarze Kleidung solltest du vor dem ersten Tragen einige Male waschen. Bevorzuge allgemein helle Kleidungsstücke, insbesondere direkt auf der Haut, da diese toxisch weniger belastet sind.

Hygiene: Tägliches Duschen ist sehr unterstützend für dein Wohlbefinden. Verwende dabei Pflegemittel, die für Haut und Haar gut verträglich sind. Solltest du dich nach dem Duschen nicht besser fühlen als zuvor, dann ziehe doch mal ein neues Shampoo oder Duschbad in Betracht. Um das Duschen noch sinnvoller zu machen, kannst du dir dabei vorstellen, wie alle Befürchtungen und Sorgen, den Tag betreffend, weggespült werden.

Auch im Schlafzimmer ist Hygiene sehr wichtig. Sorge für genügend Sauerstoff und auch ein regelmäßiges Wechseln der Bettwäsche. Auf Elektrogeräte, die am Stromnetz angeschlossen und die ganze Nacht in Betrieb sind, solltest du, insbesondere auf deinem Nachttisch, verzichten. Das gilt auch für ein eingeschaltetes Handy.

Farben: Umgib dich mit Farben (auch bei deiner Kleidung), die deinem Wohlbefinden zuträglich sind. Farben stehen in engem Kontakt zum limbischen System und damit auch zu unseren Emotionen. Hier die wichtigsten Farben und für was sie stehen[10]:

---

10 Quelle: Uri Geller, *Die Macht des Geistes*, Buchverlag nymphenburger, München 2006.

- Orange: Vitalität, Glück, Energie.
- Grün: innere Ruhe, Ausgeglichenheit.
- Gelb: positives Denken.
- Blau: Selbstheilung, lindert Schmerzen, stärkt Immunsystem.
- Violett: fördert den Kontakt zum Unterbewusstsein.
- Rot: Mut, Energie, weckt die Geisteskraft.

Du kannst diese Farben damit auch ganz bewusst für deine Belange einsetzen. Du möchtest mehr Vitalität und Energie? Dann formuliere innerlich diese Absicht und konzentriere dich auf die Farbe Orange. Dazu kannst du ein Papier dieser Farbe verwenden oder auch diese Farbe (z. B. in Form eines Smileys) an deinem PC ausdrucken. Du kannst natürlich auch »Orange« vor deinem inneren Auge erscheinen lassen.

Gerüche und Düfte: Auch Gerüche und Düfte haben nachweislich Einfluss auf unsere Emotionen. Umgib dich deshalb mit Düften, die einen positiven Einfluss auf dein Wohlbefinden haben.

Musik: Auch Musik kann dein Wohlbefinden steigern. Erstelle dir am besten CDs mit deiner Lieblingsmusik in Bezug auf »Entspannung« und »gute Laune« und höre sie so oft wie möglich.

Sinnesfreuden: Dein Wohlbefinden steigern kannst du beispielsweise auch mit einem erholsamen Bad. Eine schöne Massage ist dafür ebenfalls sehr gut geeignet, beispielsweise mit deinem Partner. Wenn du keinen hast, dann gönne dir wenigstens einmal die Woche eine Wellness-Massage z. B. bei einem Physiotherapeuten. Du bist es wert! Auch guter Sex verbessert das Wohlbefinden, und wenn nicht, dann war er nicht gut. In diesem Fall nutze die Gelegenheit und sprich mit deinem Partner offen über eure Vorstellungen von gutem Sex. Sex sollte immer verbunden sein mit positiven Gedanken und Gefühlen. Ein offenes Gespräch kann dieses bewirken.

So, das wäre es nun mit meinen Empfehlungen. Nun kannst du dich entscheiden, welche von ihnen du in den nächsten Wochen umsetzen wirst. Notiere diese auf einem separaten Blatt Papier und denke daran: Es ist immer besser, wenige gute Dinge regelmäßig zu tun als viele gar nicht.

Check-up

Morgen beginnt nun deine Reise. Schon aufgeregt, schon Reisefieber? Bevor es losgeht, machen wir heute noch einen kurzen Check-up, um sicherzugehen, dass auch dein Handgepäck vollständig ist und du alle notwendigen Vorbereitungen getroffen hast. Im Folgenden findest du eine Liste zum Abhaken.

· *Du hast ausreichend Schreibmaterial und auch einen Ordner zum Abheften?* Optimal wäre ein Reise-Tagebuch.
· *Du besitzt ein CD-Abspielgerät* (hilfreich, aber nicht zwingend notwendig)?
· *Etwas, das du während deiner Reise am Finger (Ring) oder am Handgelenk (Armband, Uhr) tragen wirst.* Es sollte neutral oder mit positiven Assoziationen verbunden sein. Ein Silikon-Armband wäre eine gute Wahl.

- *Du hast Lust auf die Reise?*
- *Die Planung sieht eine Reisedauer von zwölf Wochen vor. Du bist bereit, dich für erst einmal vier Wochen auf das Abenteuer einzulassen? Du bist bereit, dafür mindestens drei Stunden pro Woche zu investieren? Du bist dir das wert? Du hast die Zeit dazu?* Sollte es hier zu Widerständen kommen – du sagst zwar ja zur Reise, schüttelst jedoch (innerlich) den Kopf –, so ist auch dies ein Einsatzgebiet der Klopfakupressur. Vielleicht gibt dir auch eine kleine Planänderung ein besseres Gefühl. Ist dir die Reisedauer zu lang oder zu kurz, dann reduziere oder verlängere sie und überlege auch, ob du gegebenenfalls etwas mehr oder auch weniger Zeit pro Woche investieren möchtest.
- *Du bist einigermaßen vertraut mit der Theorie und offen für ihre Gültigkeit?*
- *Du hast erste Erfahrungen mit der Klopfakupressur und dem Stirn-Hinterkopf-Halten gesammelt und kennst die jeweiligen Vorgehensweisen?* Mach dir auch hier keinen Kopf. Nach wenigen Tagen werden dir die Abläufe so vertraut sein wie das tägliche Zähneputzen. Solltest du dennoch Bedenken haben bezüglich deiner Klopffähigkeiten, so kannst du auch diese – klopfen.
- *Du bist bereit, deine Komfortzone zu verlassen, bereit für Veränderungen?*
- *Du weißt, dass dies auch negative Konsequenzen zur Folge haben kann, und bist bereit dieses Risiko einzugehen?* Stell dir einmal vor, deine innere Kraft wäre befreit und du wärst glücklich(er). Hätte dies vielleicht auch negative Konsequenzen für dich? Wie würde dein soziales Umfeld darauf reagieren? Gibt es einen Preis, den du dafür zahlen müsstest? Hat der gegenwärtige Zustand nicht auch seine Vorteile? Im NLP nennt man dies einen Öko-

logie- bzw. Öko-Check. Man begibt sich dabei in die Rolle des »advocatus diaboli«. Du wirst auf deiner Reise viele dieser Konsequenzen, dein Ziel betreffend, erkennen und auch bearbeiten. Solltest du schon jetzt die eine oder andere entdeckt haben, so notiere sie, vielleicht auch schon mit einer Lösungsmöglichkeit. Solltest du ganz allgemein ein mulmiges Gefühl bezüglich eventueller Risiken haben, so klopfe dies, bis du bereit bist, sie einzugehen.

· *Du bist dir klar über dein Ziel?* Zum letzten Punkt folgt jetzt gleich mal eine erste Übung, denn wie willst du etwas erreichen, das sich für dich vielleicht noch im Nebel befindet?! Um Missverständnissen vorzubeugen: Wenn ich während deiner Reise von Glücklichsein spreche, so ist das für mich gleichbedeutend mit »die innere Kraft leben« und auch umgekehrt. Für jeden von uns bedeutet Glücklichsein etwas anderes. Wenn Glücklichsein ein Diamant wäre, welche Facetten hätte er für dich ganz persönlich? Für mich geht es dabei nicht um die äußeren, sondern um die inneren Schätze, wie innere Zufriedenheit, inneren Frieden, innere Freiheit, innere Ausgeglichenheit, inneren Reichtum, Lebensfreude, Optimismus, Selbstliebe, Selbstsicherheit, Selbstwert, Selbstvertrauen, Vergebung, Dankbarkeit, Mitgefühl, Spaß, Leichtigkeit usw.

Übung: Was bedeutet Glück für dich (ca. 10 Minuten)? Nimm dir jetzt 10 Minuten Zeit und notiere in Stichworten, was *du* unter Glücklichsein verstehst. Lass dich nicht von mir beeinflussen. Schreibe deine Glücklichsein-Facetten in dein Reise-Tagebuch oder auf ein Blatt Papier, das du bitte aufhebst.

Feedbackbogen (ca. 5–10 Minuten): Auf Seite 156 ff. findest du einen Feedbackbogen für deine Reise, mit dessen Hilfe du jetzt, ungefähr nach dem ersten Drittel, dann nach dem zweiten Drittel und abschließend eine Woche nach der Reise eine Bewertung für deren Verlauf vornehmen kannst. Dies gibt dir wertvolle Aufschlüsse über die Fortschritte dein Ziel betreffend. Trage also nun deine Werte in der Spalte »Reisebeginn« ein.

Feedbackbogen

	Reisebeginn	nach ca. 4 Wochen
Glücklichsein-Niveau		
Emotionales Befinden		
Körperliches Befinden		
Vitalität		
Fitness		
Innere Zufriedenheit		
Innerer Frieden		
Innere Freiheit		
Innere Ausgeglichenheit		
Innerer Reichtum		
Lebensfreude		
Optimismus		
Selbstliebe		
Selbstakzeptanz		
Selbstsicherheit		
Selbstvertrauen		
Selbstwert		

Bewerte die jeweiligen Aspekte mit Hilfe einer Skala von -10 (absolut schlecht) bis +10 (supergut). 0 bedeutet okay. Die Einschätzung umfasst den subjektiven, durchschnittlichen Eindruck der letzten 7 Tage bis zum jeweiligen Bewertungstermin. Die freien Zeilen sind für eigene

nach ca. 8 Wochen	7 Tage nach Reiseende

Facetten des Glücklichseins, die du in der Übung »Was bedeutet Glück für dich« (Seite 154) notiert hast, und auch für etwaige chronische oder auch aktuelle Beschwerden bzw. Erkrankungen. Solltest du ab- oder zunehmen wollen, so notiere auch noch dein jeweiliges Gewicht.

4. Die Reise

Heute geht es nun endlich los! Du bist exzellent auf die Reise vorbereitet. Dein internes Navigationsgerät kennt nun Start- und Zielpunkt, weitere Parameter erhältst du am Beginn jeder Etappe. Genieße nun deinen Weg! Hier eine Übersicht:

1.	Wohlbefinden	7 Tage
2.	Selbstliebe und Selbstakzeptanz	7 Tage
3.	Negativ-Erfahrungen	9 Tage
4.	Schuldgefühle	3 Tage
5.	Offene Rechnungen	3 Tage
6.	Einschränkende Kern-Glaubenssätze	5 Tage
7.	Systemisches Gepäck	4 Tage
8.	Zukunftsbefürchtungen	3 Tage
9.	Erwartungen	2 Tage
10.	Wünsche	2 Tage
11.	Glücklichsein-Abhängigkeiten	2 Tage
12.	Tailender	4 Tage
13.	Ressourcen und Kraftquellen	4 Tage
14.	Finale	5 Tage

Die Etappen sind, wie du siehst, von unterschiedlicher Länge, die ganze Reise ist bei zwei Ruhetagen pro Woche (wann genau, das entscheidest du) entspannt in zwölf Wochen zu bewältigen. Konkret beläuft sich die Aufwendung insgesamt auf 60 Tage, wöchentlich solltest du gut drei Stunden und pro Tag durchschnittlich ca. 35 Minuten aufbringen. Das Vertrautmachen mit den Übungen und die Bewegungsübungen fließen *nicht* in diese Vorgaben mit ein.

Resteliste Aspekte: Es wird dir unter Umständen zeitlich nicht möglich sein, alle aufgedeckten hinderlichen Aspekte bezüglich deines Ziels vollständig loszulassen oder gar anzugehen. Nimm jetzt bitte ein Blatt Papier und schreibe groß darüber »*Resteliste Aspekte*«. Auf diese Liste schreibst du nun im Laufe der ersten 12 Etappen alle nicht und nicht vollständig erledigten Punkte. Auch Aspekte, die nicht etappenbezogen sind und während deiner Reise auftauchen, gehören auf diese Liste. Verwahre sie gut, denn sie bildet das Fundament für Etappe 12.

Resteliste Tage: Solltest du einmal mit einer Etappe früher fertig sein als geplant, so notiere diese Tage ebenfalls auf einer Resteliste oder verwende die Etappenplan-Streichliste im Anhang. Diese überschüssige Zeit kannst du für Etappen verwenden, bei denen du sie zusätzlich benötigst. Empfehlen möchte ich dir diesbezüglich insbesondere Etappe 3 (Negativ-Erfahrungen), 12 (Tailender) und 14 (Finale).

Ein wichtiger Hinweis noch zur Klopfakupressur: Wenn ich »bearbeite oder behandle mit der Klopfakupressur« oder »klopfe diesen Aspekt oder Punkt« schreibe, dann meine ich damit in erster Linie die Schritte 2 (Bereitschaft) bis 9 (weitere Runden) meines Klopfakupressur-Rezepts (Seite 104 u. 312). Das Problem (Schritt 1) steht ja in der Regel schon fest. Die Schritte 2 bis 4 musst du nur einmal für das jeweilige Problem bzw. Thema anwenden. Für die dazugehörigen Aspekte genügen die Schritte 5 bis 9. Schritt 10 (Stabilisierung) kannst du situationsabhängig bei Bedarf durchführen.

Zeitangaben: Halte dich bitte, so gut es geht, an die jeweiligen Zeitangaben für die einzelnen Aufgaben. Mehr ist nicht immer besser, sondern kann sich auch negativ auf deine Motivation auswirken. Es ist besser, du machst nur 50 Prozent zwölf Wochen lang als 150 Prozent für nur wenige Tage.

Und last but not least: Es wird Kurz-, Lang-, Berg-, Flach- und Königsetappen geben. Vorgesehen ist eine Reisedauer von zwölf Wochen. Solltest du schneller oder langsamer reisen wollen, so liegt es an dir, dies in die Planung mit einzubeziehen. Auch wenn es eine Individualreise ist, so spricht nichts dagegen, ein paar unterstützende Freunde oder Bekannte dazu einzuladen. Sollten Fragen während der Reise auftauchen, Anlaufstellen findest du unter »Inklusivleistungen und Haftungsausschluss« (Seite 18 f.). Gibt es jetzt noch Fragen deinerseits? Nicht? Okay, dann stelle ich dir jetzt mal die Etappen vor.

»Ich habe Glücksmomente in Situationen erlebt, in denen ich niemals damit gerechnet hätte, z. B. bei einer anstrengenden Radfahrt bergauf. Die Gefühle der Geborgenheit und Sicherheit haben sich verstärkt. Während des Bearbeitens der einzelnen Lektionen hatte ich oftmals das Gefühl, mit den anderen Teilnehmern verbunden zu sein, und das hat mir Freude und zusätzliche Motivation gegeben.«

(Onlinekurs-TeilnehmerIn)

Etappe 1: Wohlbefinden

Was bedeutet es für dich, gesund zu sein? Ist es die Abwesenheit von Krankheit oder von Schmerz? Hängt für dich Gesundheit eng mit Vitalität, emotionalem Gleichgewicht oder gar sportlicher Fitness zusammen? Wie viele und welche Voraussetzungen müssen letzten Endes erfüllt sein, damit du dich gesund fühlst? Wo würdest du dich auf einer Skala von -10 (total mies) bis +10 (fantastisch), was deine Gesundheit betrifft, momentan einordnen, wenn du die letzten sieben Tage zum Maßstab nimmst?

Gesundheit ist ein Riesenthema, und für mich stellt es schon eine Herausforderung dar, dieses auf wenigen Seiten zufriedenstellend zu beleuchten. Ich mache es mir mal einfacher und konzentriere mich auf die Aspekte, die für deine Reise wichtig sind. Dazu werde ich jetzt erst einmal den Begriff Gesundheit durch Wohlbefinden ersetzen. Mit Ersterem würde ich die Latte zu hoch hängen, das überlasse ich dann doch lieber den Ärzten und Heilpraktikern. Wohlbefinden ist für mich als Thema auch greifbarer. Emotionales und physisches Wohlbefinden sind untrennbar miteinander verbunden. Das eine bedingt das andere und umgekehrt. Das ist auf der einen Seite gut und auf der anderen wieder schlecht. Gut, weil du durch Verbesserung der einen diese meist auch bei der anderen bewirkst. Schlecht, weil dein Wohlbefinden damit zumeist abhängig ist von beiden Seiten der Medaille. Im schlechtesten Falle landest du dadurch in einer Abwärtsspirale, aus der du nur schwer entrinnen kannst.

Du hast diesen Körper erhalten, und das ist ein Segen, wenn es ihm gutgeht, und ein Fluch, wenn dem nicht so ist. Du kannst noch so glücklich sein, ein Pickel an der falschen Stelle, ein Herpesbläschen, und die ganze Stimmung ist dahin. Und das sind ja eigentlich nur Peanuts im Vergleich zu anderen physischen Beschwerden oder Erkrankungen. Das Trennen von körperlichem und emotionalem Wohlbefinden, und das wäre eine Lösung, ist wohl die größte Herausforderung, der du dich stellen kannst. Es bedeutet gleichsam das Aufgeben deiner Identifikation mit deinem Körper, auf der höchsten Stufe eine geistige Trennung dessen, was du wirklich bist, von dem, worin du wohnst.

Du bist *nicht* dein Körper! Doch auch wenn du dies vielleicht weißt und erkannt hast – es zu verinnerlichen und zu leben, ist noch mal eine andere Geschichte. Willkommen im Club.

Einer meiner Mentoren, Roy Martina, gibt in seinen Seminaren dazu folgende Hilfestellung. Und jetzt pass auf! »Dein Körper ist dein Pferd!« Ganz richtig: Pferd. Man kann drauf reiten, sie ernähren sich vegetarisch, lieben Zuckerstückchen und wiehern tun sie auch noch. Also, wenn zukünftig mal eine Trennung sinnvoll ist, nehmen wir einfach den verfluchten Pickel, dann denke oder sage mal: »Mein Pferd hat einen Pickel, und ich liebe mein Pferd.« Die diesbezüglichen Einsatzmöglichkeiten sind dabei unbegrenzt:

»Mein Pferd hat Schnupfen, und ich liebe mein Pferd.«
»Mein Pferd ist müde, und ich liebe mein Pferd.«
»Mein Pferd hat Angst vorm Fliegen, und ich liebe mein Pferd.«
»Mein Pferd ist wütend, und ich liebe mein Pferd.«
Mein Pferd hat Rückenschmerzen, und ich liebe mein Pferd.«

»Mein Pferd hat keinen Bock, und ich liebe mein Pferd.«
»Mein Pferd will Sex, und ich liebe mein Pferd.« Usw.

Probiere es aus, jetzt gleich, mit irgendetwas, das dein emotionales oder physisches Wohlfühlen gerade einschränkt.

Ich warte so lange.

Veränderung bemerkt? Hast du jetzt vielleicht etwas mehr Abstand dazu? Teste diese Idee doch einfach mal in den nächsten Tagen, bei jeder sich bietenden Möglichkeit. Beginne jedoch erst einmal mit kleinen Einschränkungen, bevor du später die größeren und danach die ganz großen angehst. Schreibe »Mein Körper ist mein Pferd, und ich liebe es« auf ein paar kleine Zettel und platziere sie strategisch geschickt in deinem Umfeld. Vergiss dabei den Badspiegel nicht. Irgendwann wirst du diese Erinnerungsstützen nicht mehr brauchen.

Auf deiner Reise wirst du zwar primär an deinem emotionalen Wohlbefinden arbeiten, jedoch sollte das körperliche nicht zu kurz kommen. Du bist zwar nicht dein Körper, doch wenn es deinem Pferd physisch gutgeht, dann macht ihm doch vieles viel mehr Spaß. Was braucht nun, ganz allgemein, ein Pferd, damit es sich körperlich wohl fühlen kann? Frische Luft und Bewegung. Weiter. Ausreichend Wasser zum Trinken und gesunde Nahrung. Was noch? Ausreichend Schlaf und Ruhephasen. Und? Pflege. War es das schon? Okay, mir fällt auch nichts mehr ein. Wenn wir also davon ausgehen, dass emotional bei deinem Pferd alles okay ist, dann braucht es eigentlich nicht viel, um sich auch physisch wohl zu fühlen. Mehr, und du weißt, was ich damit meine, wäre vielleicht sogar kontraproduktiv, kann aber umso leichter und besser verkraftet werden, wenn die

Voraussetzungen eingehalten werden. Diese Grundvoraussetzungen zu schaffen, ich wiederhole:

· frische Luft und Bewegung,
· ausreichend Wasser zum Trinken und gesunde Nahrung,
· ausreichend Schlaf und Ruhephasen,
· Pflege

ist nun die erste Hauptaufgabe auf deiner ersten Etappe. Sie wird dich (dein Pferd) jedoch auf deiner gesamten Reise, und hoffentlich auch darüber hinaus, begleiten.

Stress ... mag dein Pferd überhaupt nicht. Stress stört nicht nur sein Wohlfühlen, sondern kann es auf die Dauer sogar krank machen. Doch was ist Stress? Körperlich gesehen sicherlich eine erhöhte Adrenalinausschüttung mit vielen mehr oder weniger heftigen Symptomen, insbesondere Anspannung. Emotional gesehen, und damit sind wir auf der Bearbeitungsebene, ist es: *Angst*. Die Angst, es nicht zu schaffen. Die Angst, es nicht gut bzw. perfekt zu schaffen. Die Angst, es nicht gut bzw. perfekt in der zur Verfügung stehenden Zeit zu schaffen. Meiner Meinung nach sind dies die drei Urängste, was Stress betrifft. Alle anderen wie ...

· dann verliere ich meinen Job,
· dann werde ich nicht mehr gemocht oder geliebt,
· dann falle ich aus meiner Rolle,
· dann bin ich wertlos usw.

sind lediglich deren Folgeängste, die zugegebenermaßen das Stresslevel noch erheblich steigern können. Du entziehst diesen jedoch die Grundlage, wenn du die Urängste loslässt. Macht das Sinn für dich? Gut. Dann kennst du damit auch die zweite Hauptaufgabe auf der ersten Etappe.

Mit der Klopfakupressur hast du zudem ein Verfahren, um direkt positiv auf eventuelle körperliche Beschwerden einzuwirken. Um eine oder auch mehrere von ihnen zu verringern oder auch ganz loszulassen, wird ebenfalls noch Zeit sein.

Ein letzter Punkt noch. Ich bin, wie du dich erinnerst, gleich am Anfang dieses Abschnittes von Gesundheit auf Wohlbefinden umgeswitcht. Beantworte doch bitte noch mal die Eingangsfragen entsprechend diesem Wechsel. Am interessantesten sind dabei deine Antworten auf die Frage: Wie viele und welche Voraussetzungen müssen letzten Endes erfüllt sein, damit du dich *wohl fühlst*? Das Folgende solltest du nämlich noch wissen, und dies gilt gleichermaßen für dein Glücklichsein: Je mehr Voraussetzungen gegeben sein müssen, damit du dich wohl fühlst, desto mühsamer ist es für dich, dies zu sein, und desto wackliger ist auch das Gerüst, auf dem dein Wohlbefinden letztlich steht.

> »Insgesamt fühle ich mich deutlich besser als zu Beginn des Kurses, werde diesen aber mit Abstand von einigen Wochen für mich noch mal durchführen … Unterm Strich bleibt für mich: eine tolle Erfahrung, eine Betreuung, die für mich keine Wünsche offen ließ, und einige neue Werkzeuge für ein glückliches Leben, die ich bislang noch nicht kannte, die ich aber schon jetzt sehr zu schätzen weiß. Dankeschön, lieber Christian, dass ich an diesem Kurs teilnehmen konnte!!«
>
> (Onlinekurs-TeilnehmerIn)

Praxisteil: Wohlbefinden steigern

Die ersten Etappen sind erklärungsbedingt umfangreicher als die folgenden. Lass dich davon nicht ins Bockhorn jagen, du hast genügend Zeit dafür.

Reise-Anker

Für den ersten Tag deiner Reise steht erst einmal die Installation eines Ankers auf der Tagesordnung, die du auch mit Hilfe der CD durchführen kannst. Hierzu benötigst du etwas, das du während deiner Reise stets an einem Finger (Ring) oder auch am Handgelenk (Armband, Uhr) zu tragen gedenkst. Darauf habe ich beim letzten Check-up bereits hingewiesen. Ich werde im Folgenden den Begriff »Armband« verwenden. Dasselbe Vorgehen gilt natürlich auch, wenn du dich für etwas anderes entschieden hast. Solltest du das Armband noch nicht tragen, dann ziehe es jetzt an.

Teil 1: Hier und Jetzt

Atme einige Male tief ein und aus und beobachte, wie sich dein Körper und auch dein Geist mit jedem Atemzug mehr und mehr entspannen.

1. Schließe deine Augen und stell dir vor, dass deine Füße Wurzeln haben, die bis tief in die Erde hineinreichen. Atme jetzt dreimal tief ein, mit dem Fokus auf dem höchsten Kopfpunkt, und dann aus, mit dem Fokus auf den Fuß-

sohlen. Lass mit deinem Atem alles, was dich gerade beschäftigt, los und durch deinen Körper und die Wurzeln in
die Erde fließen.

2. Öffne nun deine Augen und nimm wahr, was du siehst ...
nimm wahr, was du hörst ... was du spürst ... riechst und
schmeckst ...

3. Erlebe diesen Augenblick jetzt mit allen Sinnen, und
wenn du das Gefühl hast, »Ich bin im Hier und Jetzt!«,
dann blicke auf dein Armband und atme einmal tief ein
und aus.

4. Wiederhole die Schritte 1–3 noch viermal.

Teil 2: Glücklichsein

Atme einige Male tief ein und aus und beobachte, wie sich
dein Körper und auch dein Geist mit jedem Atemzug mehr
und mehr entspannen. Erinnere dich jetzt an einen Augenblick, in dem du glücklich warst, wunschlos glücklich.
Vielleicht fand dieser in deiner Kindheit statt, vielleicht
in einem Urlaub, vielleicht als du etwas Großes vollbracht
hast oder als du zum ersten Mal dein Kind in den Armen
hieltst. Wähle einen Augenblick des perfekten Glücks.

1. Schließe deine Augen und kehre nun in Gedanken und
Gefühlen durch Zeit und Raum wieder zu diesem wundervollen Moment zurück. Erlebe ihn erneut mit allen
Sinnen. Was siehst du jetzt, was hörst, fühlst, riechst und
schmeckst du?

2. Vielleicht spürst du jetzt schon, irgendwo in deinem
Körper, etwas von diesem tollen Gefühl. Lass es sich aus-
dehnen, intensivieren und erlaube dieser Energie auch,

in dein Armband einzufließen, mit jedem Atemzug etwas mehr.

3. Und wenn du ganz erfüllt bist mit dieser Energie, öffne die Augen, blicke auf dein Armband und atme einmal tief ein und aus.

4. Wiederhole die Schritte 1–3 noch viermal.

Test: Denke an etwas Unerfreuliches, etwas, das dich, wenn auch nur wenig, doch unangenehm berührt. Sobald du auch nur den leisesten Hauch eines negativen Gefühls spürst, schaue auf dein Armband und atme einmal tief ein und aus. Wie fühlst du dich jetzt, wenn du an das unerfreuliche Thema denkst? Sollte das Auslösen des Ankers keine Gefühlsverbesserung bewirken, so solltest du ihn noch einmal installieren. Wenn er funktioniert, dann kannst du ihn jederzeit bei Bedarf verwenden. Mit der Zeit wirst du immer mehr Glücklichsein im Hier und Jetzt erleben, da der Anker sich in deinem Blickfeld befindet und auch dann wirkt, wenn du ihn nicht bewusst auslöst.

Schlaf

Unser Wohlbefinden ist nicht unwesentlich auch von ausreichend Schlaf abhängig. Hier ein paar Tipps:

· Sorge dafür, dass deine Schlafzeit sieben bis acht Stunden beträgt. Weniger und auch mehr kann zu Ermüdungen während des Tages führen.

· Sorge dafür, dass du noch vor 24 Uhr einschläfst. Selbst wenn es sich dabei nur um Minuten handelt (je mehr, desto besser), du wirst die Erfahrung machen, dass du

erfrischter, vitaler und positiver gestimmt aufwachen
wirst.

· Stelle deinen Wecker für morgens eine Viertelstunde früher, damit du ausreichend Zeit für die Morgenbewegung
hast.

Bewegung

10 Minuten Bewegung, vorzugsweise an der frischen Luft,
fünfmal pro Woche – das sollte dir dein körperliches Wohlbefinden wert sein. Es ist auch ganz nützlich, wenn du dabei deinen Ruhepuls überschreitest. Außer Atem kommen
ist jedoch nicht das Ziel. Was du nun speziell dafür tust,
ist dir überlassen, solange es dir Spaß macht. Für alle Fälle
möchte ich dir jedoch eine zweiteilige Energieübung empfehlen – NeiGong mit Bouncing –, die du am besten gleich
morgens nach dem Aufstehen durchführst. Jede andere
Tageszeit ist aber auch okay.

NeiGong mit Bouncing

NeiGong ist eine Technik aus dem Qigong und wird schon
seit Jahrhunderten von Millionen von Chinesen täglich
angewendet. Bouncing ist eine Übung zur Anregung des
Stoffwechsels und zur allgemeinen Verbesserung der Fitness und Vitalität. Bouncing imitiert das Springen auf einem Mini-Trampolin. Solltest du eines besitzen, so kannst
du dieses natürlich alternativ verwenden. Die Vorgehensweise:

· Sicherlich hast du einen Wasserkocher. Stelle diesen direkt nach dem Aufstehen an, damit du nach den Übungen heißes Wasser für eine Tasse hast. Bis dahin ist das Wasser wieder so weit abgekühlt, dass du es gut trinken kannst. Es sollte dann in etwa Kaffee- bzw. Teetemperatur haben. Übrigens: Je länger du das Wasser kochst, desto besser schmeckt es, das ist jedenfalls meine Erfahrung.

· Klopfe anschließend mit den Handinnenflächen den ganzen Körper, beginnend an den Füßen und endend am Kopf. Jeder Zentimeter deines Körpers, den du mit den Händen erreichst, sollte beklopft werden. Beim Rücken kann dir eventuell der Partner helfen. Gelenke, die schmerzen oder in der Bewegung eingeschränkt sind, solltest du etwas länger klopfen. Du kannst das Ganze selbstverständlich mit dem Aussprechen von Affirmationen verbinden wie: »Ich liebe es, gesund (vital, fit, glücklich usw.) zu sein.« 2 bis 3 Minuten sind, zu Beginn, für das gesamte Klopfen ausreichend.

· Bouncing: Stelle dich danach entspannt hin, Füße parallel, in Hüftbreite auseinander. In dieser Stellung wippst du nun in schnellem Rhythmus fünf bis zehn Zentimeter auf und ab. Die Füße verbleiben dabei auf dem Boden, der Körper ist aufrecht und entspannt, nur die Knie werden leicht gebeugt, und das etwa drei- bis viermal pro Sekunde. Nimm dir für diesen Teil der Übung etwa 4 bis 5 Minuten Zeit. Auch das Bouncing kannst du mit dem lauten Aussprechen von Affirmationen verbinden.

· Nach dem Bouncing folgt nun das schluckweise Trinken einer Tasse heißen Wassers. Sprich vor jedem Schluck leise oder laut Dankbarkeitsbezeugungen für deinen Körper aus: »Ich bin dankbar für meine Haut (Augen, Ohren, Mund, Nase, Organe, Beine, Arme usw.).« (Insgesamt ca. 3 Minuten)

· Abschließend atme tief durch die Nase ein, halte den Atem für etwa fünf Sekunden an und atme dann wieder entspannt durch den Mund aus. Lächle dabei, konzentriere dich auf etwas Positives (z. B. Glücklichsein) und wiederhole diesen Atemrhythmus noch weitere zweimal (ca. 1 Minute).

Das klassische NeiGong beinhaltet übrigens das Klopfen des ganzen Körpers, das Trinken des heißen Wassers und die Atemübung.

Hier noch ein paar Tipps: Sollte es dir physisch nicht möglich sein, diese Übung auszuführen, so kannst du dies auch mental tun. Solltest du auch mal am Tag einen Energieschub brauchen, so klopfe für eine Minute deinen unteren Rücken mit den Handflächen beider Hände. Lächle dabei und vergiss das Atmen nicht. Wenn dich jemand fragt, was das soll, dann antworte ihm wahrheitsgemäß: »Ich mache Qigong.« Alternativ zum heißen Wasser kannst du auch eine 50:50-Mischung aus heißem und kaltem Wasser verwenden. Dieses Yin-Yang-Wasser ist balancierend und heilsam. Ein Teelöffel Honig (gut für die Lunge) gibt ihm nicht nur einen angenehm süßen Geschmack, sondern es verbrennt auch noch viele Kalorien während der Nacht, wenn du ein Glas davon ½ bis 1 Stunde vor dem Zubettgehen trinkst.[11]

Um Osteoporose vorzubeugen bzw. sie positiv zu beein-

---

11 http://www.facebook.com/SpringForestQigong

flussen, soll das Klopfen insbesondere der Arme und Beine mit den Fingerknöcheln empfehlenswert sein. Dadurch bringst du die jeweiligen Knochen in Schwingung, was sich positiv auf die Erhaltung bzw. Verbesserung ihrer Stabilität auswirken kann.

Das NeiGong mit Bouncing ist, solltest du keine andere bevorzugen, eine der Übungen, die du bis zum Ende deiner Reise durchführen wirst. Die damit verbrachte Zeit fließt, wie schon gesagt, nicht in die wöchentliche Investition von ca. drei Stunden ein.

Stressfaktoren

Notiere jeweils in wenigen Worten oder einem Satz die Top 3 der Faktoren, die dich zurzeit am meisten stressen. Und was davon ist am schlimmsten? Notiere diesen Punkt auf einem separaten Blatt wie auch die zugrunde liegende Angst, beispielsweise: Angst, es nicht zu schaffen. Angst, es nicht gut (perfekt) zu schaffen. Angst, es nicht gut (perfekt) in der zur Verfügung stehenden Zeit zu schaffen.

Damit (Stressfaktor und dazugehörige Angst) hast du nun den (ersten) Fokus für die Klopfakupressur. Klopfe so viele Runden, bis du mit dem Stress-Problem in Frieden bist. Es ist deine Entscheidung, wie viele von den insgesamt sechs dir zur Verfügung stehenden Tagen du für das Loslassen deiner Stressfaktoren und anschließend deiner körperlichen Beschwerden verwendest. Letztere sind jedoch nicht selten die Folge von Stress, und deshalb kann es Sinn machen, mehr Zeit für die Ursachen zu investieren.

Körperliche Beschwerden

Der erste Weg führt natürlich erst einmal zum Arzt oder Heilpraktiker. Danach kannst du dann (ergänzend) mit der Klopfakupressur arbeiten. Unter körperlichen Beschwerden verstehe ich in erster Linie akute und chronische schmerzhafte Zustände, die insbesondere durch Verspannungen bedingt sind. Rücken-, Gelenk-, Muskel-, Kopf-, Bauch-, Regelschmerzen sind nur ein paar Beispiele. Es ist nun deine Aufgabe, einige deiner körperlichen Beschwerden zu verringern oder gar ganz loszulassen.

Hierzu empfehle ich dir das EFT-Format »Chase the pain – Verfolge den Schmerz«. Notiere dafür die Top 3 deiner körperliche Beschweren, die sich negativ auf dein Wohlbefinden auswirken. Entscheide, mit welcher du beginnen möchtest. Diese bearbeitest du nun mit der Klopfakupressur. Dein Fokus liegt beim Klopfen auf dem Zentrum der Beschwerde, z. B. des Schmerzes. Hierzu kann es notwendig sein, den betreffenden Körperteil kurz in den Schmerz zu bewegen. Bei der *Sequenz* kannst du auch das Schaltwort *Change – Ändern* verwenden oder den Satz: »Auch das geht vorbei.« Bei jedem Test achtest du auf Veränderung in Intensität und auch Lokalität und Qualität. Sollte sich der Ort und/oder die Empfindung geändert haben, so ist dies nun der Fokus für deine nächste Runde (Schritte 5–8: Einstimmung > Sequenz > Abschluss > Test).

Wenn sich, mal abgesehen von der Intensität, Symptome verändern oder gar »wandern«, so ist dies ein Hinweis auf emotionale Ursachen. Bleib dran, »verfolge den Schmerz«, bis sich die Beschwerde komplett aufgelöst hat. Sollte dir dies nicht gelingen, so ist im Regelfall noch ein anderer bzw. weiterer Fokus notwendig. Dabei kann es sich um eine Geschichte, eine Person oder auch eine Emotion handeln.

· An was erinnert dich diese Beschwerde?
· Was ist in deinem Leben passiert, bevor sie auftrat?
· Wenn sie eine Person wäre, wer wäre sie dann?
· Wenn sie eine Emotion (Angst, Wut, Schuld, Trauer usw.) wäre, was wäre sie dann?

Die beiden ersten Fragen können eine Geschichte, eine Erfahrung (z. B. einen Unfall) als Antwort haben, die dann der neue Fokus ist. Sollte dir bei der dritten eine Person bewusst werden, so richte beim Klopfen deine Konzentration gleichzeitig auf sie und das Symptom. Das Gleiche gilt für die Frage nach der Emotion. Ein Fokus wäre z. B. Angst in einer schmerzhaften Schulter.

Es kann sein, dass du in den sechs Tagen »nur« einen Stressfaktor und/oder eine körperliche Beschwerde auflöst oder linderst. Das ist okay, denn selbst die geringsten Verbesserungen wirken sich positiv auf dein Wohlbefinden aus. Und denke daran, Veränderungen können auch erst später eintreten. Dies gilt insbesondere auf der physischen Ebene.

Glücks-PUs

(zweimal täglich, jeweils ca. 2 Minuten)
Die folgende Aufgabe wirst du zweimal täglich, am besten morgens nach dem Aufstehen und abends vor dem Zubettgehen durchführen, und zwar für diese und die nächste Etappe. Zur Erinnerung: Eine PU ist eine Psychoenergeti-

sche Umkehrung. Wenn eine solche vorliegt, verhindert sie das Erreichen eines bestimmten Ziels. Die Einstimmung bei der Klopfakupressur korrigiert in der Regel eine generelle *problembezogene* PU für einen kurzen Zeitraum.

Es gibt jedoch noch weitere Formen von PUs, die eventuell deinem Reiseziel im Wege stehen. Eine *massive* PU ist dabei eine Umkehrung, die sich auf viele Bereiche deines Lebens negativ auswirkt. *Kriterienbezogene* PUs dagegen beziehen sich auf verschiedene hinderliche Aspekte beim Auflösen eines bestimmten Problems bzw. beim Erreichen eines Zieles. Die Vorgehensweise:

Teil 1: Massive PU

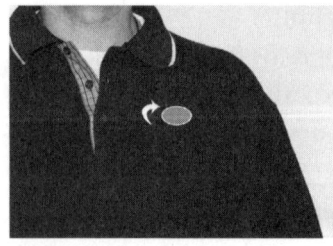

Etwa 7 bis 8 cm unter der Mitte des Schlüsselbeins (zwischen der zweiten und dritten Rippe) auf der linken Körperseite findest du einen so genannten neurolymphatischen Punkt, der empfindlicher auf Druck reagiert als das ihn umgebende Gewebe. Es ist in etwa der Ort, wo man auch einen Orden befestigen würde. Suche jetzt einmal bei dir diese unter Umständen leicht schmerzende Stelle. Man nennt sie deshalb auch »empfindlicher Punkt«. Dieser wird im Uhrzeigersinn massiert, während du dreimal laut die folgende Affirmation aussprichst: »Ich liebe und akzeptiere mich voll und ganz, mit all meinen Problemen und Unzulänglichkeiten.«

Teil 2: Kriterienbezogene Glücks-PUs

Direkt nach Teil 1 klopfst du drei Sequenzen mit folgenden Aussagen:

Punkt 1 (KP): »Ich will meine innere Kraft leben und glücklich sein.«

Punkt 2 (AB): »Ich kann meine innere Kraft leben und glücklich sein.«

Punkt 3 (SA): »Ich gebe mir die Erlaubnis, meine innere Kraft zu leben und glücklich zu sein.«

Punkt 4 (JB): »Ich bin es wert, meine innere Kraft zu leben und glücklich zu sein.«

Punkt 5 (UN): »Ich werde meine innere Kraft leben und glücklich sein.«

Punkt 6 (UL): »Ich verdiene es, meine innere Kraft zu leben und glücklich zu sein.«

Punkt 7 (SB): »Es ist sicher für mich und mein soziales Umfeld, meine innere Kraft zu leben und glücklich zu sein.«

Punkt 8 (UA): »Es ist gut für mich und mein soziales Umfeld, meine innere Kraft zu leben und glücklich zu sein.«

Punkt 9 (RP): »Gott (alternativ: die Quelle, der Ursprung, das Universum usw.) will, dass ich meine innere Kraft lebe und glücklich bin.«

Teil 3: Abschluss mit Friedens-Anker

Das Ziel dieser Aufgabe ist es, durch das Klopfen eventuelle Widerstände gegen diese Aussagen zu beseitigen und sie damit zu stärken.

Titel 2 der beiliegenden CD kann diesen Prozess noch beschleunigen, indem er die Aussagen im Unterbewusstsein verankert. Lies diesbezüglich aber erst die Hinweise zur CD im Anhang am Ende des Buches. Du musst nicht hundertprozentig mit diesen Sätzen übereinstimmen. Sage sie laut in einem selbstbewussten Ton wertschätzender Haltung und lächle dabei. Solltest du dich bei der einen oder anderen Aussage unwohl fühlen (innere Widerstände), so klopfe einige Sequenzen mit dem Fokus auf die betreffende Aussage und dem Gefühl, bis dieses sich aufgelöst hat. Intensivieren kannst du die Übung noch, indem du sie vor dem Spiegel durchführst. Dabei kannst du auch die Ich-Form durch die Du-Form ersetzen. Probier es aus.

Den empfindlichen Punkt kannst du ebenfalls bei der Klopfakupressur-Einstimmung alternativ zum Handkantenpunkt verwenden. Solltest du Probleme haben, Ersteren bei dieser Aufgabe zu finden, so kannst du ihn durch Letzteren ersetzen.

Solltest du Probleme in vielen Bereichen deines Lebens haben, ein Pechvogel sein, unter einer Depression leiden, eine chronische Erkrankung haben oder Suchtverhalten zeigen, so empfehle ich dir Teil 1 der Aufgabe 5- bis 7-mal täglich für die Dauer von drei Wochen durchzuführen. Beschließe ihn jeweils mit deinem Friedens-Anker.

»Zusammen«-Klopfen

(einmal täglich, ca. 2 Minuten)
Damit dein Bewusstsein und dein Unterbewusstsein (überhaupt alle Persönlichkeitsanteile) zusammen dein Reiseziel unterstützen, führe täglich bis zum Ende der Rei-

se die folgende Übung einmal aus. Du verwendest dabei das Schaltwort: *Zusammen*. James T. Mangan empfiehlt, dieses 28-mal schnell hintereinander auszusprechen.

1. Akzeptiere, dass es ein größeres Ich gibt, und erlaube die Vereinigung mit ihm.
2. Stell dir nun dein Ziel vor. Deine innere Kraft ist frei, du bist mit ihr und über sie mit deiner Quelle verbunden und wirklich glücklich. Wie wäre das?
3. Bleibe bei dieser Vorstellung bzw. in dieser Energie, klopfe den Handkantenpunkt und sage dreimal am besten laut: »Ich glaube, dass ich es verdiene und es mir möglich ist!« Atme danach einmal tief ein und aus.
4. Klopfe nun in schnellem Rhythmus einmal die Meridianpunkte 1 bis 9, sage an jedem Punkt dreimal, am letzten Punkt viermal (somit kommst du auf 28-mal) und am besten laut das Schaltwort: »*Zusammen*«.
5. Lege danach die Handfläche deiner linken Hand auf die Herzgegend, die rechte darüber und sage, am besten laut: »Danke.«
6. Beachte in den folgenden Tagen und Wochen die Zeichen, die du in Sachen Glücklichsein erhältst, und handle.

»*Ich habe bei der Aufstehübung Zellenklopfen* [gemeint ist NeiGong] *lieber heißes Wasser mit frischem Ingwer getrunken – das reinigt auch noch zusätzlich und schmeckt besser.*«
(Onlinekurs-TeilnehmerIn)

Übersicht Etappe 1

· Etappendauer: 7 Tage
· Aufgaben: Schlaf, Bewegung
· Reise-Anker, 1 Tag, ca. 30 Minuten
· Stressfaktoren und körperliche Beschwerden,
  insgesamt 6 Tage, ca. 30 Minuten täglich
· *Restelisten!*
· Glücks-PUs, 2-mal täglich, jeweils ca. 2 Minuten
· »*Zusammen*«-Klopfen, 1-mal täglich, ca. 2 Minuten
· Tipps von Seite 147-152 umsetzen: Entscheide dich
  für einen aus der folgenden Liste, den du als Erstes
  umsetzen willst, und unterstreiche diesen:

Atmen	Essen + Trinken	Freundeskreis
Fernsehen	Lesen	Entrümpeln
Kleidung	Hygiene	Farben
Gerüche und Düfte	Musik	Fühlen

Etappe 2: Selbstliebe und Selbstakzeptanz

Selbstakzeptanz, Selbstliebe – gibt es überhaupt einen Unterschied, und wenn ja, worin besteht er? Akzeptanz ist für mich eher ein Ego- bzw. Verstandesjob, Liebe hingegen ein Herzensjob. Beide Seiten sind gleich wichtig, denn zusammen sind sie grundlegend für Selbstvertrauen, Selbstbewusstsein, Selbstbild und Selbstwert.

Sei bei folgendem Test bitte ehrlich. Gehe mal auf die Verstandesebene und schätze: Wie hoch ist deine momentane Selbstakzeptanz auf einer Skala von 0 bis 10? 10 bedeutet vollkommene, bedingungslose Selbstakzeptanz. Jetzt die Herzensebene: Wie hoch ist deine derzeitige Selbstliebe auf einer Skala von 0 bis 10? 10 bedeutet vollkommene, bedingungslose Selbstliebe.

Nun stell dir einmal vor, diese beiden Werte würden mehr miteinander übereinstimmen und auch höher sein. Wärst du dann mehr in deiner Kraft? Wärst du dann glücklicher? Vermutlich ja. Und genau darum geht es bei dieser zweiten Etappe.

Dies könnte für dich die erste Berg- oder gar Königsetappe sein. Das war sie nämlich für einige meiner Onlinekurs-TeilnehmerInnen. Einige sprangen aus dem Fenster, andere gingen ins Wasser, und nicht wenige leben jetzt ganz allein auf einer einsamen Insel ... Um diesem vorzubeugen, habe ich die Etappe etwas entschärft und verlängert. Die Steigung hält sich somit in Grenzen, aber eine Flachetappe wird es damit noch lange nicht.

Schwächen in Stärken verwandeln

Als ich im Gymnasium war, gingen meine Eltern ab und zu zum Elternsprechtag. Dies waren für mich immer sehr unangenehme Stunden, insbesondere wenn sie davon zurückkehrten. Fast jedes Mal erfuhren sie das Gleiche: »Christian ist ganz bestimmt nicht dumm, er ist nur faul.« Das ist auch heute noch der Fall.

Seit einigen Jahren gehe ich jedoch anders mit meiner Faulheit um, habe sie, insbesondere im beruflichen Sektor, in eine Stärke verwandelt. Das bedeutet, ich tue viel, um faul sein zu können. Ich halte z. B. Seminare, in denen ich mein konzentriertes Wissen an Interessierte weiterreiche, und dann gönne ich mir ein oder auch mehr Wochen Pause bzw. Zeit zum Faulenzen. Das ist mir auf alle Fälle lieber als dauernd unter Hochdruck weiterzumachen.

Das aus meinen Büchern resultierende Einkommen nenne ich »passives Einkommen« – dieser Begriff ist für mich zu einem Mantra geworden. Natürlich muss ich für ein Buch aktiv ein paar Monate investieren, doch dann kann ich Jahre oder auch Jahrzehnte passiv davon profitieren. Und jetzt das Wichtigste: Ich tue zwar viel, arbeite jedoch kaum noch. Für mich, und dafür bin ich unendlich dankbar, ist nämlich das folgende Zitat von Konfuzius zutreffend: »Wähle einen Beruf, den du liebst, und du brauchst keinen Tag in deinem Leben mehr zu arbeiten.«

Sicherlich gibt es auch an dir die eine oder andere Eigenschaft oder Verhaltensweise, die du subjektiv noch als Schwäche siehst. Möglicherweise hast du auch das Gefühl, dass dich deine Umwelt deswegen ausnützt. Doch was ist die Wahrheit? Erst einmal, und dies ist wiederum eine Grundannahme des NLP, ist *jedes* Verhalten in irgendeinem

Kontext bzw. Zusammenhang sinnvoll. Zudem machen Schwächen liebenswert. Oder magst du Menschen, die keine haben oder auch nur so tun, als hätten sie keine? Sollte deine Umwelt deine Schwächen scheinbar gegen dich verwenden, so deshalb, weil du sie als Schwächen empfindest und Entsprechendes ausstrahlst. Doch dies wird sich dann ändern, wenn du mit ihnen im Reinen, im Frieden bist oder die Stärken in ihnen erkennst und diese lebst. Auch darum geht es in dieser Etappe. Voraussetzung dazu ist natürlich, dass du erst einmal aufdeckst, was du persönlich an dir als Schwächen definierst. Mit der Klopfakupressur hast du dann die Möglichkeiten, alle negativen Gefühle und Emotionen sie betreffend loszulassen, was es dir erleichtern wird, die Stärken in ihnen zu sehen und sie dahingehend zu verwandeln.

»Du bist vollkommen, genauso wie du bist, mit all deinen Schwächen und Stärken.« Dies ist eine weitere Wahrheit, die es sich lohnt zu erkennen. Hättest du *nur* das eine oder *nur* das andere, so wärst du es nicht. Du bist also nur vollkommen, weil du *beides* hast – Stärken und Schwächen. Macht das für dich Sinn?

»Ich freue mich heute schon, wenn ich morgen früh wieder diese wunderbaren Übungen an der frischen Luft machen kann. Der Tag beginnt tatsächlich aufgeweckter. Das Wasser koche ich bereits abends auf dem Herd für ca. 20 Minuten und gebe es in eine Thermoskanne. Am Morgen ist es dann immer noch ziemlich heiß und trinkbereit.«

(Onlinekurs-TeilnehmerIn)

Praxisteil: Selbstliebe und Selbstakzeptanz erhöhen

»Ich liebe und akzeptiere mich voll und ganz, mit all meinen Problemen und Unzulänglichkeiten.« Diesem Ziel etwas näher zu kommen, darum geht es in dieser Etappe. Deine Hauptaufgabe ist es in den nächsten sechs Tagen, Aspekte loszulassen, die du an dir weder akzeptierst noch liebst.

Worin bist du schlecht?
Was kannst du nicht gut?
Für was schämst du dich?
Was magst du überhaupt nicht an dir?
Welche Dinge an dir bewertest du als unzulänglich?

Notiere die Top 5 deiner Fehler, Schwächen und Unzulänglichkeiten (sei dabei spezifisch) und bewerte jeden einzelnen Punkt auf einer Skala von 0 bis 10. 0 bedeutet: Mit diesem Punkt bin ich in Frieden; 10: das hasse ich zutiefst an mir.

Unzulänglichkeits-Aspekte loslassen

Nimm für heute den Aspekt mit dem höchsten Wert und schreibe ihn auf ein separates Blatt Papier oder Kärtchen in Du-Form. Wähle dabei die Worte, die du auch sonst dafür verwendest. Drei Beispiele:

»Du hast einen fetten Hintern.« Wert: 10
»Du hast jedes Mal die Hosen voll, wenn du eine attraktive Frau ansprechen willst.« Wert: 9
»Du bist eine ganz miese Köchin!« Wert: 9

Dieses Blatt legst du nun vor dich und bearbeitest den darauf notierten Aspekt mit der Klopfakupressur. Der Fokus liegt beim Klopfen auf den im Vordergrund stehenden Emotionen und Gefühlen, die dieser Satz bei dir auslöst. Um diese Verbindung aufrechtzuerhalten, schaue immer mal wieder auf das Blatt, nicht nur beim *Test*.

Insgesamt drei Tage hast du Zeit für diese erste Aufgabe, und vielleicht gelingt es dir ja in dieser Zeit, sogar zwei oder drei Aspekte auf diese Art und Weise loszulassen.

Den Körper annehmen

Der heutige und die beiden nächsten Tage sind dem Annehmen deines Körpers gewidmet. Hierbei ersetzen wir das Blatt mit dem Unzulänglichkeits-Aspekt durch dein Spiegelbild.

Teil 1

Stelle dich nackt (Alternative siehe unten) vor einen Spiegel, in dem du dich in deiner Gänze betrachten kannst. Tue dies, ohne dich auf irgendeinen bestimmten Körperteil zu konzentrieren. Welche negativen Gefühle und Emotionen löst nun diese *Gesamtansicht* bei dir aus? Löse diese nun mit der Klopfakupressur auf. Der Fokus liegt beim Klopfen auf den im Vordergrund stehenden Emotionen und Gefühlen, die sich bei dir angesichts deines Anblicks einstellen. Um die Verbindung aufrechtzuerhalten, schaue immer mal wieder darauf, nicht nur beim *Test*. Mache nun so viele Klopfrunden, bis du deinem Gesamtbild neutral gegenüber stehst. Ziel ist ein Okay-Gefühl, eine Akzeptanz.

Teil 2

Gehe nun auf die Details ein:

1. Wandere mit deinem Blick von den Füßen nach oben bis zum Kopf. Welcher Körperteil löst die heftigsten negativen Gefühle und Emotionen bei dir aus?
2. Klopfe (die Schritte 5 bis 9 der Klopfakupressur sind hier ausreichend) diese, halte dabei Blickverbindung mit dem Körperteil, bis sich diesbezüglich ein Okay-Gefühl einstellt.
3. Wiederhole Schritt 1 und 2, bis du jeden Teil deines Körpers okay findest.

Drehe dich anschließend auf die Seite, also um 90 Grad, und wiederhole diese Vorgehensweise.

Teil 3

Drehe dich abschließend noch mal frontal zum Spiegel und betrachte dich von oben nach unten. Gibt es irgendeinen Körperteil an dir, den du magst, liebst, schön oder geil findest?

1. Gehe einen Schritt auf dein Spiegelbild zu und fokussiere mit deinem Blick genau diesen Teil deines Körpers und lass Liebe für ihn in dir entstehen und sich ausbreiten.
2. Bist du ganz erfüllt von der Liebe zu diesem Körperteil, gehe einen Schritt zurück, bleibe dabei in dieser Energie und erweitere deinen Blickfokus auf deinen ganzen Körper. Sage sogleich laut: »Ich liebe dich« und atme einmal tief ein und aus.

3. Wiederhole diese beiden Schritte noch viermal in immer schnellerem Tempo.

Drei Tipps: Solltest du unzufrieden sein mit deinem Gewicht, so empfehle ich dir zusätzlich noch einen Gang auf die Waage. Behandle alle negativen Emotionen und Gefühle, die die Anzeige bei dir auslöst. Vielleicht sind »nackte Tatsachen« erst mal zu heftig für dich. Dann beginne in Kleidern und steigere Schritt für Schritt den Schwierigkeitsgrad. Sorge aber dafür, dass dich keiner bei deinem »Striptease« beobachtet. Als Alternative könntest du aktuelle Fotos zum Einstieg nehmen, bevor du dich nackt dem Spiegel stellst.

Schwächen in Stärken verwandeln

Gehe noch einmal deine Liste mit deinen Unzulänglichkeiten, Fehlern und Schwächen durch. Gibt es nicht vielleicht wenigstens eine darunter, die das Potenzial hat, zukünftig eine deiner Stärken zu sein? Solltest du sie noch nicht in Aufgabe 1 und 2 geklopft haben, so hast du jetzt dazu die Möglichkeit. Vielleicht siehst du danach den Schatz in ihr noch klarer. Überlege dir danach eine Strategie, wie du diese Schwäche in eine Stärke verwandeln kannst. Notiere deine Gedanken dazu und setze diese in den nächsten Tagen und Wochen um, bis die Schwäche von gestern zu einer stabilen Kraftquelle von heute geworden ist.

Übersicht Etappe 2

· Etappendauer: 7 Tage
· Aufgaben: Schlaf, Bewegung
· Unzulänglichkeits-Aspekte, 3 Tage,
  jeweils ca. 30 Minuten
· Den Körper annehmen, 3 Tage,
  jeweils ca. 30 Minuten
· Schwächen in Stärken verwandeln, 1 Tag,
  ca. 30 Minuten
· *Restelisten!*
· Glücks-PUs, 2-mal täglich, jeweils ca. 2 Minuten
· *»Zusammen«*-Klopfen, 1-mal täglich, ca. 2 Minuten
· Tipps von Seite 147-152 umsetzen: Unterstreiche
  noch mal denjenigen der letzten Etappe und
  denjenigen, den du während dieser Etappe *zusätzlich*
  durchführen willst.

Atmen	Essen + Trinken	Freundeskreis
Fernsehen	Lesen	Entrümpeln
Kleidung	Hygiene	Farben
Gerüche und Düfte	Musik	Fühlen

Etappe 3: Negativ-Erfahrungen

Was Gefühle und Emotionen betrifft, so reicht es auf Dauer oft nicht aus, auf der Gefühls- bzw. Emotionsebene, also am Symptom zu arbeiten. Man muss stattdessen ans »Eingemachte«, an die Wurzel des Übels, und dies sind in erster Linie die Negativ-Erfahrungen.

Hierzu gleich mal ein Beispiel: Nehmen wir einmal an, du hast Angst, richtiggehend Panik, vor Publikum zu sprechen. Das ist natürlich ein Problem, wenn du beruflich vor Menschen sprechen musst oder auch Seminare und Vorträge halten willst. Übrigens ist dies, wie ich gehört habe, statistisch gesehen die größte Angst der Amerikaner, noch vor der Angst vorm Tod.

Wo kann nun die Wurzel dieser Angst liegen? Höchstwahrscheinlich in einer oder auch mehreren früheren negativen Erfahrungen in ähnlichen Situationen. Dabei ging es vielleicht nicht mal primär um dich selbst. Es kann auch sein, dass du dabei warst, mitgelitten bzw. sie erlebt hast, als ob es deine eigene wäre. Dein Unterbewusstsein hat nun diese Erfahrung(en) mit allen Details abgespeichert, und weil du dabei seelischen oder auch körperlichen Schmerz empfunden hast, diese als gefährlich eingestuft bzw. bewertet. »Vor Menschen zu sprechen, ist gefährlich.« Das war und ist nun dein neuer Glaubenssatz.

Solltest du heute in eine ähnliche Situation kommen oder sich eine solche auch nur anbahnen, so passiert Folgendes. Hören wir doch mal rein: »Hm, das kommt mir bekannt vor. Könnte Gefahr im Verzug sein. Ich check das aber erstmal gegen, bevor ich hier einen Aufstand mache. Wozu hab ich denn sonst das Intranet. Okay, Suchmaske. Geben wir mal ein: Gefahr, Menschen, Publikum, allein sprechen. Das müsste fürs Erste reichen. Wow, fünf Sucher-gebnisse. Höchste Zeit, Alarm zu schlagen.« Dieses Alarm-schlagen führt zu allerlei Prozessen in deinem Körper, die ihn für den bevorstehenden Kampf vorbereiten. Das fühlst du natürlich und interpretierst dieses Gefühl als Angst, die sich letztlich aufschaukelt bis hin zur Panik. In diesem Stadium hast du drei Optionen: weglaufen – totstellen – oder angreifen. Dies alles begann, du erinnerst dich, mit einer ersten intensiven Erfahrung und hat sich zunehmend eingeprägt durch weitere, ähnliche. Nun stell dir einmal vor, du würdest die fünf »Suchergebnisse« bearbeiten und sie emotional entladen (geladen sind Erfahrungen, die im-mer noch negative Emotionen und Gefühle bei dir wecken, dein Energiesystem stören und dein Unterbewusstsein in Alarmbereitschaft versetzen). Dies würde auch unbewusst zu einer Neubewertung und damit einem neuen Glaubens-satz führen. Die Folge wäre, dass dein Unterbewusstsein zwar weiter Zugang zu diesen Erfahrungen haben würde, sie jedoch nicht mehr als Gefahr einstuft. Unter diesem »Suchbegriff« würde es sie nicht mehr finden. Keine Ge-fahr – kein Alarm – keine Angst!

Stell dir ebenfalls vor, alle deine noch geladenen negati-ven Erlebnisse wären wie faule Kartoffeln, die du in einem Sack auf den Schultern durch dein Leben trägst. Mit der Klopfakupressur hast du, insbesondere auf der dritten Etappe, die Möglichkeit, einige dieser Erlebnisse zu ent-laden, also die faulen Kartoffeln Schritt für Schritt aus dem Sack zu entfernen und damit leichter durchs Leben zu gehen. Wie wäre dies wohl?!

Gary Craig, der Entwickler von EFT (Klopfakupressur), nennt dieses Vorgehen den »persönlichen Friedenspro-zess«. Dazu eine Frage an dich: Was glaubst du, wie viele faule Kartoffeln hast du wohl in deinem Sack? 20, 30, 50, 100 oder mehr? Gary schlägt nun vor, all diese Negativ-Erfahrungen eine nach der anderen zu bearbeiten. Auf deiner Reise wird dies zeitbedingt nicht möglich sein, da wirst du dich auf die Top 10 konzentrieren. Aber ich kann dir wärmstens empfehlen, nach Beendigung deiner Reise diesen Friedensprozess fortzuführen. Negativ-Erfahrungen verhalten sich wie Viren in deinem emotionalen und auch physischen »Betriebssystem«. Löschst du diese nach und nach, so kann sich das System wieder mehr und mehr der Aufgabe widmen, wofür es da ist: Gesundheit und Heilung.

Das Auflösen von Negativ-Erlebnissen, verbunden mit mehr und mehr Selbstliebe und Selbstakzeptanz, sind ein mächtiges, unterstützendes Werkzeug, selbst bei der Heilung von ernsthaften Erkrankungen. Insbesondere bezüglich Letzteren gibt es jedoch zwei Bedingungen: *Beharrlichkeit und Dranbleiben.*

> *»Der Kurs hat mir sehr über die erste Zeit der persönlichen Verluste (Todesfälle) hinweggeholfen. Es hat sich wirklich gelohnt ...«*
>
> (Onlinekurs-TeilnehmerIn)

Praxisteil: Negativ-Erfahrungen loslassen

Dies ist die zeitlich längste Etappe (neun Tage), die du auf deiner Reise absolvieren wirst. Der erste Tag dient dabei dem Vertrautmachen und der Vorbereitung auf drei Aufgaben, die du ab morgen durchführen wirst. Die ersten beiden – Dankbarkeitsliste und Freundlichkeitskette – wirst du bis zum Ende des Kurses durchführen. Sie nehmen wenig Zeit in Anspruch.

Dankbarkeitsliste

Der Klassiker, wenn es darum geht, die eigene Schwingung zu erhöhen. Notiere jetzt mindestens zehn Dinge, für die du in deinem Leben wirklich, wirklich dankbar bist. Beginne jeden Satz mit:

»Ich bin so dankbar und glücklich, dass ...«

An siebter oder achter Stelle deiner Liste notiere Folgendes:

»Ich bin so dankbar und glücklich, *dass ich jeden Tag ein wenig glücklicher bin.*«

Lies abschließend noch einmal alle notierten Punkte laut und klopfe dabei jeweils einen der Klopfpunkte (1 bis 9) zur energetischen Verstärkung. Ergänze deine Liste ab morgen täglich um einen Punkt und klopfe danach wieder einmal die ganze Liste. Du solltest täglich mehrmals in die Schwingung von Dankbarkeit gehen, insbesondere zu Reisebeginn und wenn du das Gefühl hast, dass deine Grundschwingung sehr niedrig ist. Hervorragend dazu geeignet sind die täglichen Wartezeiten oder auch während des NeiGongs oder Bouncings. Oder wie wäre es mit einem täglichen kurzen Dankbarkeitsspaziergang?

Freundlichkeitskette

Dieser Begriff wurde im Deutschen von Vera Birkenbihl geprägt, die damit eine Idee von Oprah Winfrey aufgriff. Der Mensch hat das soziale Bedürfnis, Freundlichkeiten, die ihm erwiesen werden, entweder zurück- oder weiterzugeben. Ein Beispiel: Stell dir einmal vor, du erhältst in einem Café ein wunderschönes Kompliment von einem unbekannten Menschen am Nachbartisch. Deine Laune wird sich innerhalb von Sekunden verbessern. Dies wird eventuell dafür sorgen, dass dein Trinkgeld heute sehr großzügig ausfällt. Das wiederum verbessert die Laune der Bedienung. Diese wird die Gäste dann mit einem wunderschönen Lächeln beglücken, die dann in besserer Laune den Tag verleben und auch ihrerseits diese Freundlichkeit weitergeben, in welcher Form auch immer, und so weiter und so fort. Mit diesem einen Kompliment hat der unbekannte Nachbar nun eine ganze Kette von Freundlichkeiten in Gang gesetzt, und du warst Teil dieser Kette. Prinzip verstanden? Dein Wahlspruch während des Rests deines Lebens sollte nun getreu dem Pfadfindermotto »Jeden Tag eine gute Tat« lauten: »Jeden Tag mindestens eine *bedingungslose* Freundlichkeit.«

Ja, diese Freundlichkeiten sollten bedingungslos sein, ohne die geringste Erwartung an denjenigen, dem du sie schenkst. Nicht einmal ein Dankeschön solltest du erwarten oder dass der andere die Freundlichkeitskette weiterknüpft. Gib, weil es dir Freude macht, gib von Herzen. Den besten Effekt haben diese Dinge übrigens bei Fremden. Im Kollegen- oder auch Freundeskreis erwartet man schon mal die eine oder andere Freundlichkeit. Diese können vielfältiger Natur sein:

- eine Glückwunschkarte zum Geburtstag,
- ein Getränk, das du ausgibst,
- ein Lob,
- ein guter Rat,
- jemandem beim Tragen helfen,
- eine kostenlose Dienstleistung,
- ein Lächeln usw.

Nimm dir jetzt 10 Minuten Zeit und ein Blatt Papier, auf dem du Möglichkeiten notierst, eine Freundlichkeitskette in Gang zu setzen. Gehe zukünftig mit offeneren Sinnen durch die Welt. Sei ein guter Beobachter, und dir werden diesbezüglich auch spontane Freundlichkeiten einfallen, die du dann sofort umsetzen solltest.

Negativ-Erfahrungen

Das Loslassen von Negativ-Erfahrungen ist deine Hauptaufgabe für diese Etappe. Nimm dir heute 15 bis 20 Minuten Zeit und notiere in wenigen Schlagwörtern (wie bei einem Filmtitel) 10 Ereignisse deines Lebens, die für dich negativ verlaufen sind und auch heute noch, wenn du daran denkst, negative Gefühle und Emotionen bei dir wecken. Konzentriere dich dabei auf die Top 10, also auf die 10 heftigsten Ereignisse, und notiere dahinter auch noch den jeweiligen momentanen Intensitätswert. Geschichten, die Emotionen wie Scham, Wut, Zorn, Ärger bei dir auslösen, sind ein guter Anfang. Für die weiteren Etappen ist es ebenfalls hilfreich, Erinnerungen zu wählen, die jetzt noch mit Schuldgefühlen, Schuldzuweisungen und Trauer (Verlustgefühlen) verbunden sind. Sollten dir heute keine 10 bewusst werden, so kannst du diese Liste später ergänzen, da zwangsläufig bei der Bearbeitung von Negativ-Erfahrungen weitere an die Oberfläche kommen.

Das waren nun deine Aufgaben für heute. Neben Dankbarkeitsliste und Freundlichkeitskette wird ab morgen und bis zum Ende dieser Etappe das Loslassen dieser Negativ-Erfahrungen deine Hauptaufgabe sein.

Loslassen von Negativ-Erfahrungen
(8 Tage, jeweils ca. 30 Minuten)

Nimm immer jeweils die Geschichte mit dem höchsten momentanen Intensitätswert, dann kann das Generalisierungsprinzip am besten greifen. Die folgende Vorgehensweise ist ähnlich der so genannten Filmtechnik aus dem EFT. Diese Bezeichnung werde ich auch hier verwenden.

Wichtig: *Traumata nur zusammen mit einem Spezialisten bearbeiten!*

Filmtechnik Teil 1

Nimm ein separates Blatt Papier, schreibe den »Filmtitel« der Geschichte mit dem momentan höchsten Stresswert darauf und bearbeite ihn mit der Klopfakupressur. Verbinden solltest du dich dabei mit dem Aspekt der Geschichte, der noch heute für dich der schlimmste ist, der dich am meisten mitnimmt. Dies muss nicht mal das Ereignis an sich sein, vielleicht ist es ja eine direkte Folge davon. Was ist das Schlimmste daran? Was quält dich daran am meisten?

Was an der Geschichte nimmt dich heute noch mit, was hast du noch nicht verdaut? Mit diesem Fokus klopfst du nun so viele Runden, bis du damit und mit der Erinnerung im Reinen bist. Achte, wie immer, auch hier auf Aspekte-Wechsel. Sollte an irgendeinem Punkt des Prozesses, trotz weiterer Runden, der Intensitätswert stagnieren, so gehe zu Teil 2 der Technik.

Filmtechnik Teil 2

Schildere nun, am besten laut, die negative Erfahrung, so als ob du diese einem Freund erzählen würdest. Beginne dabei an einem sicheren Punkt, kurz davor. Sollten während der Schilderung auch nur die geringsten negativen Gefühle oder Emotionen auftauchen, so stoppe an diesem Punkt und klopfe (Schritte 5 bis 9) diese und den jeweiligen Aspekt, bis du damit in Frieden bist. Wiederhole dieses Vorgehen, bis das Erzählen der *kompletten* Geschichte weder negative Gefühle noch Emotionen bei dir auslöst.

Filmtechnik Teil 3

Klopfe eine *Sequenz* und sprich dabei an jedem der 9 Meridianpunkte einmal den folgenden Satz laut aus: »Es ist passiert, es ist vorbei, und ich bin okay.« Schaue abschließend noch mal auf dein Blatt mit dem Filmtitel. Wie bewertest du jetzt diese Erfahrung? Neutral? In Ordnung? Schnee von gestern? Lehrreich? Bist du mit ihr in Frieden, dann schreibe eine 0 dahinter und gehe zur nächsten.

Anregungen

Eventuelle Restwerte können sich auch noch über Nacht oder in den folgenden Tagen auflösen. Klopfe schon während des Erzählens einen der Meridianpunkte. Vielleicht hast du ja einen Lieblingspunkt? Wenn nicht, so empfehle ich dir dafür den Schlüsselbein-Punkt. Solange der Wert sinkt, kannst du auf die Einstimmung verzichten. Setze sie erst dann wieder ein, wenn der Wert stagniert. Konzentriere dich beim 2. Teil insbesondere auf die negativen Körpergefühle und Emotionen. Solltest du gut visualisieren können, so kannst du dir das Erzählen sparen und den 2. Teil auch mit Hilfe deines »Kopfkinos« durchführen.

In den acht Tagen sollte es dir gelingen, so einige deiner Negativ-Erfahrungen loszulassen. Vielleicht hast du ja auch noch Resttage von den beiden ersten Etappen, die du dafür investieren möchtest.

Übersicht Etappe 3

· Etappendauer: 9 Tage
· Aufgaben: Schlaf, Bewegung
· 1. Tag: Vorbereitung: Dankbarkeitsliste, Freundlichkeitskette, Negativ-Erfahrungen
· Negativ-Erfahrungen, 8 Tage (plus eventuelle Resttage), jeweils ca. 30 Minuten
· *Restelisten!*
· »*Zusammen*«-Klopfen, 1-mal täglich, ca. 2 Minuten
· Dankbarkeitsliste, täglich 1 neuer Punkt und ganze Liste klopfen, ca. 3 Minuten

· Täglich eine Freundlichkeitskette in Gang setzen
· Tipps von Seite 147-152 umsetzen: Unterstreiche noch mal diejenigen der letzten Etappen und denjenigen, den du während dieser Etappe *zusätzlich* durchführen willst.

Atmen	Essen + Trinken	Freundeskreis
Fernsehen	Lesen	Entrümpeln
Kleidung	Hygiene	Farben
Gerüche und Düfte	Musik	Fühlen

»Ich habe richtig gemerkt, wie ich immer mehr in meine Balance komme, meine Mitte finde und es mir immer leichter fällt, glücklich zu sein. Auch einige heftige negative Erlebnisse während der Zeit konnte ich wesentlich besser verkraften und verarbeiten.«

(Onlinekurs-TeilnehmerIn)

Etappe 4: Schuldgefühle

Schuldgefühle beziehen sich zwangsläufig auf die Vergangenheit. Man hat etwas getan oder etwas *nicht* getan und fühlt sich dafür heute noch mehr oder weniger schuldig. Kennst du das? Gibt es auch bei dir noch die eine oder andere »offene« Schuld? Nehmen wir einmal an, dem wäre so, dann wird dir vielleicht auch das Folgende irgendwie bekannt vorkommen: Bei kleineren »Schulden« gelingt dir vielleicht noch eine Ent-Schuld(ig)ung, doch was ist bei Dingen, bei denen du dazu nicht die Möglichkeit hast oder bei denen du glaubst, dass diese unentschuldbar sind?

Da du, wie wir alle, das gesellschaftliche Bedürfnis hast, Schuld(en) auszugleichen oder gar ins Plus zu kommen, so entscheidest du dich bewusst oder auch unbewusst für die Möglichkeit der Selbstbestrafung. Und dabei gehst du mit dir selbst wahrscheinlich nicht unbedingt so großzügig um, wie du dies vielleicht bei anderen machen würdest. Du wählst nun eine der beliebtesten Formen der Selbstbestrafung: Du verbietest dir für eine gewisse Zeit oder auch zeit deines Lebens, glücklich zu sein. Egal wie oft das Glück auch anklopft, du lässt die Tür zu, versiehst sie auch noch mit etlichen Schlössern und Riegeln und wirst Gefangene(r) in deinem eigenen Gefängnis. Niemand anderes als du selbst hat die Schlüssel, kann letztlich diese Türen öffnen, und dies ist zugleich Vor- wie auch Nachteil.

Wie kommst du jetzt raus aus dem Schlamassel? Hast du selbst eine Idee, oder muss *ich* mir mal wieder den Kopf verbiegen? Bitte keine Schuldgefühle deswegen, das ist doch mein Job.

Wir machen es jetzt ganz praktisch. Nimm mal eine

deiner Schuldgeschichten. Zu wie viel Prozent (0 bis 100) bist du im Moment bereit, dir dafür zu vergeben? Notiere diesen Wert für später. Betrachte nun dein Thema unter den folgenden Aspekten: Nehmen wir einmal an, es gäbe so etwas wie Karma und Seelenplan. Dies würde dann ja auch für alle anderen Menschen (Lebewesen) gelten, oder?!

Stell dir einmal vor, jemand anderer hätte damals in deinen Schuhen gesteckt, mit exakt denselben Voraussetzungen. Könntest du ihre bzw. seine Verhaltensweise verstehen, sie entschuldigen? Hätten nicht vielleicht viele Menschen in dieser Situation und mit genau denselben Vorzeichen ähnlich gehandelt?

Im NLP (zur Erinnerung: das ist die Abkürzung für Neurolinguistisches Programmieren) geht man davon aus, dass Menschen immer die für sie bestmögliche zur Verfügung stehende Wahl treffen. Diese ist allerdings abhängig von den in der spezifischen Situation vorhandenen Ressourcen. Alter, Emotionalität, Vorbilder (Modelle), Entwicklungsstand können jedoch diese Kraftquellen einschränken bzw. die Wahlmöglichkeiten limitieren. War dies seinerzeit nicht vielleicht auch in deinem Falle so? Ich weiß, heute würdest du anders handeln, doch wie war es damals?

Eine weitere Grundannahme im NLP lautet: »Hinter jedem Verhalten steckt eine positive Absicht.« Kannst du diese These auch für deine Geschichte bejahen?

Wie lange sühnst du schon für diese Tat? Ist dieses Strafmaß wirklich angemessen, oder hast du nicht schon zu viel dafür »gezahlt«?

Wenn wir einmal davon ausgehen, es gäbe einen bedingungslos liebenden Gott – glaubst du nicht auch, dass er dir schon lange vergeben hat? Ist nicht auch Jesus Christus für all unsere, und damit auch deine, Sünden gestorben?

Und was würden dir die beiden wohl raten bezüglich deines Festhaltens an deiner Schuld?

Und abschließend: Glaubst du, dass das Glück (z. B. in Form dieser Reise) überhaupt bei dir anklopfen würde, wenn du diese Schuld noch nicht gesühnt hättest?

Wie geht es dir jetzt mit deinem Thema? Besser? Dann schließ die Tür auf und verlass dein Gefängnis! Wenn nicht, dann hast du noch etwas Arbeit mit der Klopfakupressur vor dir.

Schuld ist ein Wort, das du aus deinem Wortschatz streichen und durch Verantwortung ersetzen solltest. Warum? Schön, dass du fragst. Machen wir doch mal ein kleines Experiment: Nimm noch mal dieselbe Schuldgeschichte wie vorhin oder eine andere. Vergegenwärtige sie dir und sage laut: »Dafür trage ich die Schuld.« Wie fühlt sich das an?

Denk noch mal an die Geschichte und sage jetzt laut: »Dafür übernehme ich die Verantwortung.« Wie fühlt sich nun dies an? Bei welcher Variante bist du mehr in deiner Kraft?

»Schuld« liegt übrigens auf der Hawkins'schen Skala bei 30 (siehe Seite 66 f.). »Eigen-Verantwortung« bei über 200. Eine genauere Angabe finde ich leider nicht. Wenn ich es jedoch selbst kinesiologisch teste, dann komme ich auf 338. Nur mal zum Vergleich: »Akzeptanz« und »Verzeihen« befinden sich bei 350. Apropos Verzeihen bzw. Vergeben. Ich habe dir zu deiner Schuldgeschichte zu Beginn die Frage gestellt, inwieweit du bereit wärest, dir dafür zu vergeben. Wie hoch ist der diesbezügliche Prozentsatz denn jetzt? Ein Schuldthema hast du erst dann wirklich und vollkommen losgelassen, wenn du dir diesbezüglich zu 100 Prozent vergeben hast. Dies ist jedoch meist erst dann möglich, wenn du die hundertprozentige Verantwortung dafür übernimmst, die Emotionalität aus dem Spiel nimmst und letztlich den Blickwinkel veränderst, indem du z. B. die Lüge bzw. Wahrheit dahinter erkennst. Dies gilt gleichermaßen auch für Etappe 5.

> *»Ich bin während des Kurses ausgeglichener und gelassener geworden. Meine Widerstände während des Kurses ließen immer mehr nach.«*
>
> (Onlinekurs-TeilnehmerIn)

Praxisteil: Schuldgefühle loslassen

Da du schon ein großes Stück deiner Reise hinter dich gebracht hast, ist es Zeit für ein erstes Resümee. Mit Hilfe des Feedbackbogens (Seite 156 f.) kannst du dieses nun ziehen. Sollte es zu keinen Veränderungen gekommen sein, so ist das »gut«. Alles braucht seine Zeit. Beim einen weniger, beim anderen mehr. Negative erste Ergebnisse wären da schon »besser«. Dies zeigt, dass sich etwas tut und dass du auf dem richtigen Weg bist und nur noch ein paar Hürden zu überwinden sind. Positive Resultate sind natürlich »am besten«. Nicht nur dein Bewusstsein ist einverstanden mit deinem Ziel, sondern auch dein Unterbewusstsein spielt mit.

Schuld(en) loslassen

Kommen wir nun zu deiner Hauptaufgabe für diese 3-Tages-Etappe. Vielleicht hast du ja schon auf der letzten Etappe die eine oder andere Schuldgeschichte bearbeitet. Um diese nun endgültig abzuschließen, empfehle ich dir Teil 3 der später folgenden Vorgehensweise. Eventuell gibt es jedoch noch weitere, die es dir heute, vielleicht auch unbewusst, noch verbieten, wirklich glücklich zu sein.

Hilfreich bei deren Aufdeckung kann es sein, dir folgende Frage zu stellen: Wenn es Ereignisse, Taten (Sünden) gäbe, die mir den Zutritt zum Himmel verwehren würden, welche wären dies? Sollte es wirklich keine geben, die auch nur entfernt heute noch Schuldgefühle bei dir auslösen, so nutze die drei Tage, um an Dingen zu arbeiten, die deiner Meinung nach etwas zu kurz gekommen sind (z. B. Negativ-Erfahrungen, Stressfaktoren, körperliche Beschwerden, Annehmen des Körpers). Sollte es mehrere »Sünden« geben, so notiere die Top 3 in Stichpunkten (als Filmtitel) und bewerte die Intensität des jeweiligen Schuldgefühls auf einer Skala von 0 bis 10.

Teil 1

Entscheide dich für die Geschichte mit dem Topwert. Reflektiere sie unter den Gesichtspunkten von Gesetz der Anziehung, Seelenplan, Selbstverantwortung und Karma. Bedenke dabei, dass diese Prinzipien nicht nur für dich, sondern auch für andere gültig sind.

Teil 2

Sollte das Schuldthema unter die Kategorie Negativ-Erfahrungen fallen, und das ist in der Regel der Fall, so bearbeite dieses mit der Filmtechnik (in Etappe 3 beschrieben). Sollten mehrere Ereignisse unter den gleichen »Schuld-Komplex« fallen, so behandle das erste, das schlimmste und das letzte. Ist es ein unbestimmtes Schuldgefühl, so wende die ganz normale Klopfakupressur an. Vielleicht tauchen dabei ja bestimmte Ereignisse auf, die damit im Zusammenhang stehen.

Teil 3

Stelle dir eine Skala von 0 bis 10 vor, ähnlich einem Thermometer, das deinen momentanen »Schuldwert« bezüglich der Erfahrung bzw. des Themas anzeigt. Bleibe damit in Verbindung, klopfe fortwährend den Punkt (er heißt Dickdarm 1 und gehört zum Dickdarm-Meridian) am Zeigefinger und spreche den folgenden Satz dabei immer wieder laut aus: »Ich vergebe mir (voll und ganz) und lasse diese Schuld jetzt (vollständig) los.«

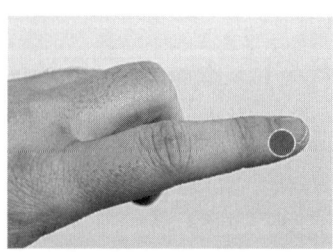 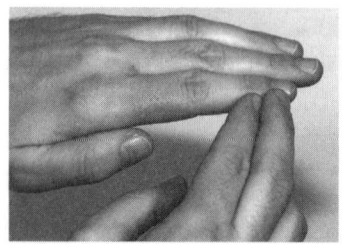

Die Hauptemotion des Dickdarm-Meridians ist Schuld, das »Gegenmittel« Vergebung. Die Satzergänzungen (in Klammern) kommen dann ins Spiel, wenn der Schuld-wert auf ein Minimum gesunken ist. Nicht selten ist es so, dass das Schuldgefühl während des Klopfens umschlägt in Ärger über sich selbst. Gehe in einem solchen Fall ähnlich vor wie beim Thema Schuld. Klopfe jedoch den zum Herz-Meridian gehörenden Punkt Herz 9 am kleinen Finger und sage dabei fortwährend laut: »Ich liebe und akzeptiere mich (voll und ganz) und lasse diesen Ärger jetzt (vollständig) los.« Die Hauptemotion des Herz-Meridians ist Ärger, das »Gegenmittel« Liebe und Akzeptanz.

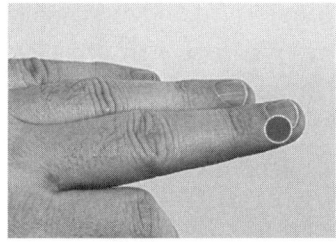 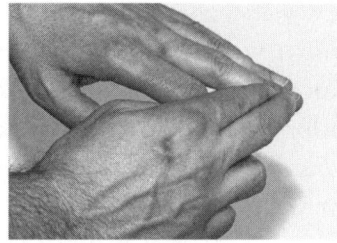

Beende diesen letzten Schritt, wenn Schuld- und/oder Ärger-Wert auf 0 sind und du damit in Frieden bist.

Eine Alternative zu Teil 3 wäre das *Ho'oponopono* in Verbindung mit dem Klopfen. Dies kann gegebenenfalls sogar die gesamte Vorgehensweise ersetzen, insbesondere wenn es sich um ein unbestimmtes Schuldgefühl handelt. Um dir das Zurückblättern zu ersparen, hier noch mal die Vorgehensweise. Bei der *Einstimmung* übernimmst du die hundertprozentige Verantwortung für dein Schuldthema, und bei der *Sequenz* richtest du dein Gebet an die Quelle (den Ursprung, Gott, eine höhere Macht usw.).

Du klopfst Punkt 1 und sagst laut: »Es tut mir leid.«
   An Punkt 2: »Bitte verzeih mir.«

Punkt 3: »Ich danke dir.«
Punkt 4: »Ich liebe dich.«
Punkt 5: »Es tut mir leid.«
Punkt 6: »Bitte verzeih mir.«
Punkt 7: »Ich danke dir.«
Punkt 8: »Ich liebe dich.«

Auf Punkt 9 kannst du verzichten, damit es aufgeht. Das kannst du allerdings auch mit Punkt 9 erreichen, wenn du vier Sequenzen am Stück klopfst – das dauert auch nicht viel mehr als eine Minute. Wenn es sich um eine Alternative zu Teil 1 bis 3 handelt, so bleiben alle anderen Klopfakupressur-Schritte dabei unangetastet. Ersetzt du damit lediglich Teil 3, so kannst du auf die Schritte 2 bis 4 verzichten.

Behandle in den drei Tagen so viele Schuldthemen wie möglich in der dir zur Verfügung stehenden Zeit.

Übersicht Etappe 4

- Etappendauer: 3 Tage
- Aufgaben: Schlaf, Bewegung
- Schulden loslassen, 3 Tage, jeweils ca. 30 Minuten
- *Restelisten!*
- *»Zusammen«*-Klopfen, 1-mal täglich, ca. 2 Minuten
- Dankbarkeitsliste, täglich 1 neuer Punkt und ganze Liste klopfen, ca. 3 Minuten
- Täglich eine Freundlichkeitskette in Gang setzen
- Tipps von Seite 147-152 umsetzen: Unterstreiche noch mal diejenigen der letzten Etappen und denjenigen, den du während dieser Etappe *zusätzlich* durchführen willst.

Atmen	Essen + Trinken	Freundeskreis
Fernsehen	Lesen	Entrümpeln
Kleidung	Hygiene	Farben
Gerüche und Düfte	Musik	Fühlen

Etappe 5: Offene Rechnungen

Hier möchte ich zunächst einmal mit materiellen offenen Rechnungen beginnen. Ein Beispiel: Nehmen wir an, du hast einem lieben Freund Geld geliehen, und das schon vor einiger Zeit. Dieser hat dir hoch und heilig versprochen, es dir bald wieder zurückzugeben, doch seine Auffassung von »bald« deckt sich offensichtlich in keinster Weise mit der deinen. Du wirst zunehmend wütend auf diesen Kerl und letztlich auch auf dich, weil du so dumm warst, ihm dieses Geld zu leihen. Dies führt vielleicht sogar dazu, dass du ihm nicht nur innerlich, sondern auch äußerlich die Freundschaft kündigst, möglicherweise in der Hoffnung, dass er auf diesen Druck mit der Rückzahlung reagiert. Gleich wie nun diese Geschichte endet, die Chance, dass du etwas verlieren wirst, ist sehr hoch, ob nun das Geld, den Freund oder beides.

Es ist nicht selten, dass Freundschaften an materiellen Dingen, insbesondere Geld, zerbrechen. Es gibt jedoch auch Möglichkeiten, diesem nicht nur vorzubeugen, sondern ebenso, im Fall des Falles, konstruktiv damit umzugehen.

Rollen wir dazu die Geschichte von hinten auf. Ob du nun das Geld, den Freund oder beides verloren hast – schließe Frieden mit ihm und mit dir, was diese Sache betrifft. Oder glaubst du wirklich, dass du das eine und/oder das andere wieder zurückgewinnst, wenn du weiterhin wütend, enttäuscht, traurig usw. darüber bist? Das ist Kindergarten, und du weißt das. Aber du weißt nicht, wie du Frieden schließen kannst? Wie wäre es mit:

1. Vergiss »Schuld« und übernimm die hundertprozentige Verantwortung.

2. Lass alle negativen Emotionen und Gefühle das Thema und die Personen (dich eingeschlossen) betreffend los.
3. Erkenne die Lüge bzw. die Wahrheit und verändere damit deinen Blickwinkel.
4. Vergib dir und allen Beteiligten, die in die Sache involviert waren, bedingungslos.
5. Sei dankbar.

Ein wundervolles Rezept, das ich mit Bedacht so allgemein gehalten habe, da es auf viele deiner Probleme anwendbar ist. Auf das Beispiel bezogen bedeutet dies: Übernimm die Verantwortung für die Trennung von deinem Freund und/oder den Verlust deines Geldes. Du erinnerst dich an diese Grundannahme in Bezug auf das Gesetz der Anziehung: *DEINE jeweilige Situation, was immer sie auch sei, ist das direkte Resultat DEINER Gedanken, Gefühle und Handlungen und liegt damit zu 100 Prozent in DEINER EIGENEN Verantwortung.*

Bei Schritt 2 kommt nun die Klopfakupressur ins Spiel. Nicht selten erschließt sich nach dem Loslassen die Lüge bzw. Wahrheit hinter dem Problem, der Blickwinkel verändert sich, und eine Neubewertung findet oft automatisch statt. Und damit sind wir schon beim nächsten Schritt. Die Lüge könnte sein, dass du glaubst Geben, und dies beinhaltet Verleihen ebenso wie Schenken, wäre *nicht* gleich Empfangen. Du weißt, das Gegenteil ist der Fall. Hast du nun alle negativen Emotionen und Gefühle losgelassen und auch die (spirituelle) Wahrheit erkannt, so wird es dir umso leichter fallen, dir und auch deinem Freund zu vergeben und Frieden zu schließen. Dankbar könntest du beispielsweise dafür sein, dass du überhaupt so viel Geld hast, das du verleihen kannst.

Hast du all diese Schritte durchlaufen, so bedeutet dies

letztlich nicht nur Frieden für dich selbst. Durch deine Öffnung, durch deine neue Schwingung ist nun vieles möglich. Lass dich überraschen.

Diese fünf Schritte sind gleichermaßen zu empfehlen, wenn du dich noch im Prozess befindest, also vor dem Supergau. Je früher du Frieden schließt, desto besser.

Abschließend noch zwei vorbeugende Tipps: Verleihe nie etwas, was du dieser Person nicht auch bedingungslos schenken würdest. Damit hast du auch keine Erwartungen, was die Rückgabe betrifft. Du weißt, sie wird geschehen, auf die eine oder andere Weise, von wem auch immer. Vielleicht hast du sie ja auch schon längst empfangen.

Bevor du etwas Materielles, insbesondere höhere Geldsummen, verleihst (oder auch verschenkst), gestatte dir 24 Stunden Bedenkzeit. Sage deinem Freund, er möge dich in 24 Stunden anrufen, um deine Entscheidung zu hören.

Triff wichtige Entscheidungen generell nur, wenn du dich in deiner Kraft befindest und wenn Herz und Ego (Ich) eine Einheit bilden als gleichberechtigte Partner. Und glaubst du nicht auch, dass ein wirklicher Freund ein Nein akzeptieren wird? Die 24-Stunden-Bedenkzeit-Regel kann dir auch im täglichen Leben viel Geld, Ärger und Mühe ersparen. Beherzige sie bei jedem Kauf, der sozusagen außer der Reihe ansteht. Es ist wesentlich leichter, vorher »Nein, brauche ich nicht« zu sagen, als die Schuhe, die Kamera usw. letztlich wieder zurückzugeben.

Ich kann mich irren, wenn ich jetzt mal annehme, dass solche offenen materiellen Rechnungen zwar nicht selten sind, jedoch meist weder qualitativ noch quantitativ an die emotionalen oder auch körperlichen Verletzungen heranreichen, die wir während unseres Lebens scheinbar von anderen erfahren. Wenn wir also mit der oder dem einen oder anderen noch ein Hühnchen zu rupfen haben, dann doch wohl mehr wegen letzterer Dinge. Es ist auch nicht immer so, dass wir anderen Personen die Schuld dafür geben. Oft müssen Gott, die Welt oder auch das Schicksal dafür herhalten.

Ein kurzer, aber wichtiger Hinweis: Ich spreche in diesem Zusammenhang nicht von traumatischen oder auch schwersttraumatischen Verletzungen. Diese gehören in die Hände eines erfahrenen (Trauma-)Therapeuten. Versprich mir, dies zu beherzigen.

Es geht in dieser Etappe um offene Rechnungen, die deiner Meinung nach noch nicht beglichen wurden und damit immer noch negative Emotionen und Gefühle bei dir auslösen. Während es in der letzten Etappe noch um eigene Schuldgefühle ging, so geht es nun primär um die Schuld, die du anderen gibst.

Auch hier liegt die Lösung in den schon beschriebenen fünf Schritten, obwohl es sein kann, dass dir insbesondere die Übernahme der Verantwortung in dem einen oder anderen Fall mehr oder weniger Schwierigkeiten bereitet.

Ein kleines Beispiel: Stell dir vor, du bist in einer Beziehung, die *du* als glücklich empfindest. Aus heiterem Himmel macht nun dein Partner mit dir Schluss. Natürlich gibst du ihm jetzt die Schuld dafür und auch dafür, dass du jetzt unglücklich bist. Doch ist es wirklich *seine* Schuld? Könnte es nicht sein, dass irgendein Teil in dir auf diese Trennung hingewirkt hat? Könnte es nicht sein, dass dieser unbewusst Schwingungen ausgestrahlt hat, die deinen Partner zu diesem Schritt veranlasst haben? Vielleicht wurde es ihm auch zu eng in der Beziehung, und er fühlte sich in seiner Freiheit beschnitten? Vielleicht hattest du auch so große Angst, diesen Partner zu verlieren, und hast damit genau das manifestiert? Vielleicht glaubtest du auch (unbewusst), dass du dieses Glück gar nicht verdienst, es nicht wert bist, dass so etwas Schönes nicht von Dauer sein kann, es einfach zu schön ist, um wahr zu sein? Möglicherweise hast du in *deinem* Glück auch nur die Zeichen übersehen oder falsch gedeutet? Vielleicht ist ja doch etwas dran, dass Liebe blind und vielleicht auch taub macht? Und könnte es nicht sein, dass dein Partner einfach nur den Platz frei gemacht hat für eine dauerhafte, liebevolle, glückliche, neue Beziehung, die nicht nur du, sondern auch dein »Neuer« so erlebt?

Wenn du deine offenen Rechnungen mit etwas Abstand betrachtest, so wird es dir leichterfallen, die Verantwortung dafür zu übernehmen. Vielleicht gelingt dir dies auch erst, nachdem du in Schritt 2 die negativen Emotionen und Gefühle das Thema und die Person(en) betreffend losgelassen und in Schritt 3 die Lüge bzw. Wahrheit erkannt hast. Doch dies ist allemal früh genug.

Egal, was dir passiert ist und in welcher Situation du dich gerade befindest, du hast sie erschaffen mit deinen Gedanken, Gefühlen und Handlungen. *Vollständig* loslassen kannst du diese wiederum nur, wenn du die *volle* Verantwortung dafür übernimmst. Tust du dies, so verlässt du die Opferrolle und verbindest dich mit der Erschafferrolle, du gehst in deine Kraft.

Es liegt also in deinem ureigenen Interesse, die Verantwortung für alles (natürlich auch für die schönen Dinge) in deinem Leben zu übernehmen. Du kannst es auch einmal so sehen: Solange du jemand anderem die Schuld für irgendetwas gibst, wütend und zornig auf ihn bist oder ihn gar hasst, so lange hat diese Person Macht über dich.

Übernimmst du jedoch die Verantwortung und vergibst, entziehst du ihm diese.

Es heißt ja, lachen ist die beste Rache. Und was ist dann erst mit einem glücklichen Leben?!

> »Ich achte mehr auf mich, ich bleibe mehr bei mir und habe des Öfteren ein tiefes Gefühl von, ja ich möchte fast sagen ein Gefühl von Frieden und: Es ist okay so, wie es ist. Danke für alles. Anders kann ich es momentan nicht ausdrücken ...«
>
> (Onlinekurs-TeilnehmerIn)

Praxisteil: Offene Rechnungen loslassen

Vorgehensweise

Bis auf wenige kleine Unterschiede ist die Vorgehensweise die gleiche wie auf der letzten Etappe. Deshalb fasse ich mich mal ausnahmsweise kurz.

Notiere stichpunktartig mit Intensitätswert deine offenen Rechnungen. Sollten es mehrere sein, so genügen auch hier die Top 3. Du hast keine, dann weißt du, was du tun kannst: Arbeite an Dingen, die bislang etwas zu kurz gekommen sind.

In der Regel handelt es sich auch bei den offenen Rechnungen um spezifische Negativ-Erlebnisse, nur dass du diesmal nicht dir, sondern anderen, vielleicht auch Gott, dem Leben, dem Schicksal, deinem Karma, wem oder was auch immer, die Schuld zuweist.

Bevor du das Thema jedoch bearbeitest, solltest du erst einmal herausfinden, ob dies überhaupt der Fall ist. Vielleicht bist du ja gar nicht wütend, zornig oder ärgerlich auf den anderen, sondern gibst primär dir selbst die Schuld. Die Lösung findest du dann in Etappe 4.

Teil 1 und 2

Wie bei »Schuld(en) loslassen«.

Teil 3

Hier steht im Gegensatz zur letzten Etappe eher das Ärgergefühl im Vordergrund. Stelle dir auch hier eine Skala von 0 bis 10 vor, ähnlich einem Thermometer, das deinen momentanen Ärgerwert bezüglich der Person, Erfahrung bzw. des Themas anzeigt. Bleibe damit in Verbindung, klopfe fortwährend den Punkt am kleinen Finger (Herz 9) und spreche die folgenden Sätze dabei immer wieder laut aus: »Ich liebe und akzeptiere mich voll und ganz und lasse meinen Ärger jetzt (vollständig) los. Ich vergebe *allen*, die an diesem Problem beteiligt waren. Friede sei mit ihnen.«

Sollte sich der Ärger in Schuld verwandeln, so klopfe fortwährend den Zeigefingerpunkt (Dickdarm 1) und spreche den folgenden Satz dabei immer wieder laut aus: »Ich vergebe mir (voll und ganz) und lasse diese Schuld jetzt (vollständig) los.« Du bist dann mit der offenen Rechnung in Frieden, wenn du alle diesbezüglichen negativen Emotionen und Gefühle losgelassen hast und allen Beteiligten (auch dir) dafür vollständig vergeben hast.

Auch hier, wie in Etappe 4, kannst du Teil 3 oder auch die Teile 1 bis 3 durch das *Ho'oponopono* in Verbindung mit dem Klopfen ersetzen.

Übersicht Etappe 5

· Etappendauer: 3 Tage
· Aufgaben: Schlaf, Bewegung
· Offene Rechnungen loslassen, 3 Tage, jeweils ca. 30 Minuten
· *Restelisten!*
· *»Zusammen«*-Klopfen, 1-mal täglich, ca. 2 Minuten
· Dankbarkeitsliste, täglich 1 neuer Punkt und ganze Liste klopfen, ca. 3 Minuten
· Täglich eine Freundlichkeitskette in Gang setzen
· Tipps von Seite 147-152 umsetzen: Unterstreiche noch mal diejenigen der letzten Etappen und denjenigen, den du während dieser Etappe *zusätzlich* durchführen willst.

Atmen	Essen + Trinken	Freundeskreis
Fernsehen	Lesen	Entrümpeln
Kleidung	Hygiene	Farben
Gerüche und Düfte	Musik	Fühlen

Etappe 6: Einschränkende Kern-Glaubenssätze

Was sind Glaubenssätze? Wie der Name schon sagt: Sätze, an die wir glauben. Es sind die Gedanken, die wir immer wieder denken, also unsere fortwährenden Gedanken. Ein Glaubenssatz ist, und jetzt pass auf, ein Filter, der unsere Aufmerksamkeit, wie wir unsere Umwelt und auch uns selbst wahrnehmen, in eine bestimmte Richtung lenkt.

Warum ist dies so wichtig? Ganz einfach: *Wir ziehen die Dinge in unser Leben, auf die wir unsere Aufmerksamkeit richten. Das, worauf wir unsere Aufmerksamkeit richten, wächst.*

Gary Craig prägte im Zusammenhang mit Glaubenssätzen die Metapher »Palast der Möglichkeiten«.

Jeder von uns, und damit auch du, lebt in einem solchen Palast. In ihm gibt es große Zimmer mit Freude, Glück, Erfolg, Gesundheit, Reichtum und Überfluss. Leider suchen wir diese Räume sehr selten auf und beschränken uns stattdessen auf die Zimmer, die wir kennen und wo wir glauben hinzugehören. Hier befinden wir uns in unserer Komfortzone. Wenn wir diese verlassen und damit Neuland betreten, so ist dies oft mit Ängsten und Befürchtungen verbunden.

Warum ist das wohl so? Unsere vertrauten Zimmer haben natürlich auch Wände. Auf diesen stehen unsere inneren Wahrheiten, so wie wir sie kennen und nach denen wir uns verhalten. Das sind Überzeugungen, Meinungen, Einstellungen, Werte, Gebote und Regeln, die uns unterstützen, jedoch auch einschränken können.

All diese Aspekte kann man mit einem Wort zusammenfassen: *Glaubenssätze.* Gary nennt sie die *Schriften auf unseren Wänden.*

Ein praktisches Beispiel: Du sehnst dich nach einem

glücklich(er)en Leben, möchtest dauerhaft im Raum mit der Aufschrift »Glücklichsein« leben. Leider stehen viele deiner Schriften konträr zu deinem Wunsch. Der Widerstand ist also groß. Auf den Wänden stehen Sprüche wie:

»Ich verdiene es nicht, glücklich zu sein.«

»Wenn ich glücklich bin, dann passiert bestimmt was Schlimmes.«

»Glücklichsein ist nie von Dauer.«

»Ich darf nur glücklich sein, wenn es allen Menschen gutgeht.«

»Glücklich sein kann ich nur im Urlaub.«

»Glückliche Menschen sind nervend.«

»Je höher man fliegt, desto tiefer kann man fallen.«

»Wenn ich glücklich bin, dann verliere ich meine Identität.«

»Es ist gefährlich, glücklich zu sein.«

»Nur wenn ich unglücklich bin, bin ich kreativ.«

»Nur wenn ich unglücklich bin, erhalte ich Liebe, Zuspruch und Aufmerksamkeit.«

»Keiner mag Menschen, die immer glücklich sind.«

»Glücklich kann ich nur sein, wenn ich gesund, fit, attraktiv, reich bin und in einer liebevollen Beziehung lebe.«

Erkennst du dich in der einen oder anderen Aussage wieder? Oder fallen dir vielleicht selbst noch einige Schriften ein, die dein Glücklichsein einschränken oder gar blockieren könnten? Dann notiere sie. Solange diese Glaubenssätze für dich gültig sind, wird es sehr schwierig für dich sein, deine Komfortzone zu verlassen und das Glücklichsein-Zimmer deines Palastes zu betreten.

Woher stammen nun diese Schriften auf unseren Wänden? Sie können einerseits das Resultat eigener negativer

Erfahrungen und andererseits »Wahrheiten« sein, die wir übernommen haben von:

- Eltern, Großeltern, Geschwistern, Verwandten, Bekannten und Freunden,
- der Kirche, einer Religion,
- Lehrern, Chefs, Arbeitskollegen,
- Rundfunk, Fernsehen, Magazinen, Zeitschriften und Büchern,
- usw.

Alles, was wir tun oder sagen, erfolgt letztlich »in Absprache« mit diesen Schriften. Diese werden zu unseren fortwährenden Gedanken und damit zu unserer Realität. Um diese nun zu ändern, ist es notwendig, die einschränkenden »Wahrheiten« zu identifizieren, zu eliminieren und zu ersetzen.

Das wird nun deine Aufgabe auf dieser Etappe sein. Dabei wirst du dich jedoch primär auf Glaubenssätze konzentrieren, die nicht nur einen kleinen Bereich deines Lebens einschränken, sondern auf solche, die sich negativ auf viele oder gar alle Lebensbereiche auswirken. Diese nennt man auch Kern-Glaubenssätze.

Sicherlich warst du schon einmal auf der Kirmes bzw. auf dem Jahrmarkt und kennst die Buden, wo man Bälle auf Dosenpyramiden wirft. Stell dir vor, jede dieser Dosen repräsentiert einen deiner einschränkenden Glaubenssätze. Was glaubst du wohl, in welcher Reihe sich deine Kern-Glaubenssätze befinden? Richtig, in der untersten. Und wie du weißt, gilt es diese zu eliminieren, um letztlich mit wenigen Versuchen die ganze Pyramide zum Einsturz zu bringen.

Praxisteil: Einschränkende Kern-Glaubenssätze transformieren

Auf dieser Königsetappe (fünf Tage) wirst du einige deiner einschränkenden Kern-Glaubenssätze loslassen und durch frei machende ersetzen. Kern-Glaubenssätze sind innere »Wahrheiten« über dich, die Menschen, das Leben, die Welt und Gott. Sie beginnen meist mit:

Ich bin …

Das Leben ist …

Die Menschen sind …

Die Welt ist …

Gott ist …

Was sind nun deine Top 5 von Kern-Glaubenssätzen, von denen du glaubst, dass sie am meisten dein Glück blockieren? Nimm dir 15 Minuten Zeit und notiere diese Sätze auf einem separaten Blatt Papier. Notiere daneben auch noch den jeweiligen *Gültigkeitswert* (0 = nicht gültig, 10 = absolut gültig) sowie einen konträren, frei machenden Glaubenssatz, ebenfalls mit Wert. Hier ein paar Beispiele:

Einschränkende Glaubenssätze (EGS)		Frei machende Glaubenssätze (FGS)	
Ich bin nicht gut genug.	8	Ich akzeptiere mich so, wie ich bin.	3
Ich bin wertlos.	7	Ich bin wertvoll.	3
Ich bin hässlich.	5	Ich liebe mich so, wie ich bin.	3
Das Leben ist ein Kampf.	9	Das Leben ist eine Wundertüte.	4
Die Menschen sind schlecht.	8	Die Menschen sind von Grund auf gut.	4
Die Welt ist gefährlich.	6	Ich habe vollstes Vertrauen in mich.	4
Gott liebt mich nicht.	8	Gott ist bedingungslose Liebe.	4

Einige deiner einschränkenden Glaubenssätze (EGS) loszulassen und die konträren frei machenden (FGS) auf mindestens 8 zu bringen, ist nun deine Aufgabe für diese Etappe.

Glaubenssatz-Arbeit mit Klopfakupressur

Nimm dir 20 Minuten Zeit und mache dich heute erst einmal vertraut mit der folgenden Methode, bevor du diese in den nächsten vier Tagen anwendest. Sie beruht letztendlich darauf, dass wir Menschen das Bedürfnis haben, Schmerz zu vermeiden und Freude anzustreben.

Wähle einen EGS von deiner Top-5-Liste, den du bereit bist, morgen loszulassen. Bei dieser Übung arbeitest du erstmals auch mit Bodenankern. Du benötigst insgesamt drei DIN-A4-Blätter. Teile eines davon in vier, das zweite in zwei gleiche Teile. Somit hast du vier DIN-A6-Blätter (hiervon benötigst du nur drei), zwei DIN-A5-Blätter und ein DIN-A4-Blatt.

Auf eines der A6-Blätter schreibe den gewählten EGS (z. B.: *Ich bin wertlos.*).

Auf das zweite A6-Blatt: *Ist das wahr?*

Auf das dritte A6-Blatt: *Schmerz*

Auf eines der A5-Blätter den FGS (z. B.: *Ich bin wertvoll!*)

Auf das andere A5-Blatt: *Museum für alte Glaubenssätze*

Auf das A4-Blatt: *Wahres Glück*

Lege nun diese Blätter auf den Boden (siehe Skizze auf Seite 220) und sorge dafür, dass zwischen ihnen jeweils ca. 50 cm Platz ist. Gehe sie vorbereitend heute schon einmal ab und mache dich dabei mit den einzelnen Schritten vertraut.

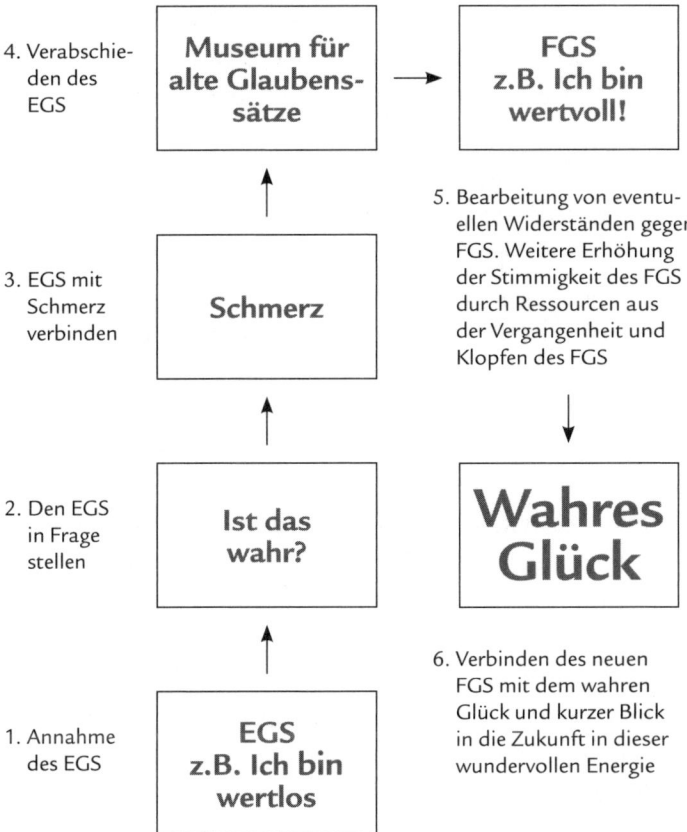

4. Verabschieden des EGS → Museum für alte Glaubenssätze → FGS z.B. Ich bin wertvoll!

3. EGS mit Schmerz verbinden → Schmerz

5. Bearbeitung von eventuellen Widerständen gegen FGS. Weitere Erhöhung der Stimmigkeit des FGS durch Ressourcen aus der Vergangenheit und Klopfen des FGS

2. Den EGS in Frage stellen → Ist das wahr?

Wahres Glück

1. Annahme des EGS → EGS z.B. Ich bin wertlos

6. Verbinden des neuen FGS mit dem wahren Glück und kurzer Blick in die Zukunft in dieser wundervollen Energie

Vorgehensweise

1. Stelle dich direkt über das Blatt mit deinem *EGS*. Klopfe nun dreimal an der Handkante den folgenden Satz: »Auch wenn ich glaube, dass ... (hier setzt du deinen EGS ein, z. B. ... ich bin wertlos), liebe und akzeptiere ich mich voll und ganz.«

2. Nimm anschließend dein Blatt mit dem EGS auf und lege es auf das nächste Blatt (*Ist das wahr?*). Stelle dich jetzt über die beiden Blätter. Stelle hier nun deinen EGS in Frage. Frage dich: Ist das wirklich wahr? Stimmt das wirklich? Ist das *mein* Glaubenssatz, oder habe ich den von irgendjemandem übernommen? Sobald Zweifel an der Gültigkeit deines EGS auftauchen, nimm das Blatt mit diesem auf und lege es auf das nächste (*Schmerz*).

3. Stelle dich über diese beiden Blätter (EGS und Schmerz). Verbinde nun Schmerz mit diesem EGS. Stelle dir dazu die folgenden Fragen: Welchen emotionalen, gesundheitlichen und auch finanziellen Preis musste ich in der Vergangenheit wegen dieses Glaubenssatzes zahlen? Wie viele Chancen, wie viel Freude und Glück sind mir dadurch entgangen? Welchen emotionalen, gesundheitlichen und auch finanziellen Preis zahle ich zurzeit dafür? Wie viele Chancen, wie viel Freude und Glück entgehen mir dadurch in meinem jetzigen Leben? Welchen emotionalen, gesundheitlichen und auch finanziellen Preis zahle ich dafür in den nächsten 5, 10, 20 oder 30 Jahren? Wie viele Chancen, wie viel Freude und Glück entgehen mir dadurch in der Zukunft, und werde ich diesen nicht irgendwann einmal nachtrauern? Stelle dir diese Fragen, bis du innerlich wirklich nur noch Schmerz mit diesem EGS verbindest, bis du ihn wirklich, wirklich weghaben möchtest. Tue dies, indem du das Blatt mit dem EGS aufnimmst und ins *Museum* bringst.

4. Stelle dich nun über diese beiden Blätter und verabschiede deinen alten EGS. Atme tief ein und aus und sage laut: »Danke! Friede sei mit dir!«

5. Gehe danach weiter und stelle dich über das Blatt mit deinem neuen *FGS*. Wie fühlt sich dieser nun an? Fremd?

Dann klopfe dieses Fremdheitsgefühl. Löst er noch andere negativen Gefühle oder Emotionen aus? Dann klopfe auch diese, bis sich dieser neue FGS gut oder wenigstens okay anfühlt. Fürs Klopfen sind die Schritte 5 bis 9 ausreichend. Erinnere dich anschließend an einen Moment, an eine Situation in deiner Vergangenheit, wo dieser FGS schon mal gültig war, wenn auch nur für einen Augenblick. (In unserem Beispiel wäre dies eine Situation, in der du dich wertvoll gefühlt hast.) Erlebe diesen Augenblick jetzt noch einmal mit allen Sinnen, und wenn du dieses Gefühl (hier: Ich bin wertvoll!) wieder erlebst, klopfe fest deinen Handkantenpunkt und sprich ca. neunmal laut deinen neuen FGS aus. Atme danach einmal tief ein und aus. Wie stimmig ist nun der neue FGS für dich? Ist er schon bei einer 8 oder noch mehr? Wenn nicht, dann finde eine andere Situation mit einem solchen Potenzial in deiner Vergangenheit und wiederhole damit den letzten Schritt. Tue dies, bis der Stimmigkeitswert für deinen neuen FGS wenigstens bei 8 ist.

6. Nimm dann das Blatt mit deinem neuen FGS auf und bringe ihn ins *Wahre Glück*. Stelle dich über die beiden Blätter und fühle, wie sich diese neue Überzeugung mit dem verbindet, was du unter wahrem Glück verstehst. Genieße dies für einige tiefe Atemzüge und werfe abschließend noch einen Blick in die Zukunft, in der dieser neue Glaubenssatz nun für dich gültig ist.

Du wirst schon nach einmaligem »Durchgehen« dieser 6 Schritte das Konzept dahinter verstanden haben. Die gleiche Vorgehensweise kannst du übrigens auch für Verhaltensänderungen anwenden. Dann wäre es ein »Museum für altes Verhalten«.

Übersicht Etappe 6

· Etappendauer: 5 Tage
· Aufgaben: Schlaf, Bewegung
· Glaubenssatz-Arbeit mit Klopfakupressur, Vorbereitung, 1 Tag, ca. 30 Minuten
· Glaubenssatz-Arbeit mit Klopfakupressur, 4 Tage, jeweils ca. 30 Minuten
· *Restelisten!*
· »*Zusammen*«-Klopfen, 1-mal täglich, ca. 2 Minuten
· Dankbarkeitsliste, täglich 1 neuer Punkt und ganze Liste klopfen, ca. 3 Minuten
· Täglich eine Freundlichkeitskette in Gang setzen
· Tipps von Seite 147-152 umsetzen: Unterstreiche noch mal diejenigen der letzten Etappen und denjenigen, den du während dieser Etappe *zusätzlich* durchführen willst.

Atmen	Essen + Trinken	Freundeskreis
Fernsehen	Lesen	Entrümpeln
Kleidung	Hygiene	Farben
Gerüche und Düfte	Musik	Fühlen

»Eines meiner Highlights des Kurses war und ist: Seit Jahren habe ich immer ein gleichbleibendes, zu hohes Gewicht gehabt. Durch den Kurs habe ich ohne Diät 4 Kilo abgenommen. Ich bin glücklich und danke Christian von ganzem Herzen.«
(Onlinekurs-TeilnehmerIn)

Etappe 7: Systemisches Gepäck

Jeder von uns ist wie eine Insel im Ozean, an der Oberfläche scheinbar vom Festland getrennt, doch in Wahrheit nicht nur durch das Meer, sondern auch über den Meeresboden mit ihm verbunden. Auch du bist somit Teil der verschiedensten Systeme wie Partnerschaft, Familie, Freundes- und Bekanntenkreis, Gemeinde, Religion, Kirche, Gruppen, denen du dich zugehörig fühlst, Erde, Universum. In jedem dieser Systeme spielst du eine Rolle (schön zweideutig!), bist ein kleineres oder größeres Rädchen in einem kleineren oder größeren Uhrwerk und nimmst auf dieses mehr oder weniger Einfluss. Umgekehrt, und dies kann förderlich, jedoch auch hinderlich für dich sein, nimmt jedes System und jedes seiner Teile auch Einfluss auf dich.

Das Leben kennt keine Auszeit, keine Ersatzbank, und du kannst in ihm auch kein Gast sein. Drehst du, und jetzt bin ich wieder beim Rädchen im Uhrwerk, dich selbst nicht aus eigener Kraft, so wirst du wohl oder übel mitgedreht.

Positive Veränderungen kannst du für dich, das jeweilige System und dessen Teile nur erreichen, wenn du selbst in deiner Kraft bist und Ja zum Leben sagst.

Auf dieser Etappe geht es vor allem um die Systeme, die wohl auch dir am nächsten sind: Partnerschaft, Familie, Freundes- und Bekanntenkreis. Krankt es in einem oder mehreren von ihnen, so hat dies wahrscheinlich die stärksten Auswirkungen auf dich. Es könnte beispielsweise dazu führen, dass *du* dir nicht erlaubst, glücklich zu sein. Und nicht nur das. Du glaubst vielleicht sogar, dass es deine heilige Pflicht ist, mitzuleiden, und dass du nur helfen kannst, wenn es dir selbst noch schlechter geht als dem oder der anderen. Doch letztlich ist und bleibt das, nicht nur für dich, ein destruktives Verhalten.

Sicherlich ist es eine große Herausforderung, vielleicht sogar die größte, im Angesicht des Leidens eines geliebten Menschen selbst in der eigenen Kraft zu bleiben. Doch genau dies ist der Weg, deine eigene Hilflosigkeit zu überwinden und eine wirkliche Hilfe zu sein. Wenn dir das gelingt, kannst du davon ausgehen, dass die betreffende Person, ob lebend oder verstorben, dir nicht nur Frieden, sondern auch alles Glück der Welt wünscht.

Bist du selbst in deiner Kraft, so kannst du mit Energiearbeit positiv Einfluss nehmen auf die »Krankheit« in deinem System. Ein Gebet oder auch das EFT-Stellvertreter-Klopfen (Seite 230 ff.) sind nur zwei von vielen Möglichkeiten.

Zu diesem Thema gibt es die beeindruckende Geschichte[12] eines hawaiianischen Therapeuten namens Dr. Ihaleakala Hew Len, die ich dir nicht vorenthalten möchte. Dieser arbeitete drei Jahre lang am Hawaii State Hospital in Kaneohe auf einer Station für kriminelle psychisch Kranke. Obwohl er selbst nie einen der Patienten empfangen hat und nur die jeweiligen Krankenakten kannte, war er es, der dafür sorgte, dass diese Abteilung nach drei Jahren aufgelöst wurde. Alle Insassen waren nämlich aus der Haft und Psychiatrie als geheilt entlassen worden.

Du erinnerst dich bestimmt noch an das, wozu ich dich bei den Etappen »Schuldgefühle« und »offene Rechnungen« ermutigt habe: die *Verantwortung* nicht nur für deine eigenen Verfehlungen zu übernehmen, sondern auch für die Dinge, die dir scheinbar von anderen angetan wurden.

12 Quelle: http://de.spiritualwiki.org/Wiki/Hooponopono

Die schamanische Problemlösungs- bzw. Heilungsmethode mit Namen *Ho'oponopono* – du hast sie schon kennen gelernt –, die Dr. Len anwandte, geht da noch einen Schritt weiter. Vollständige Verantwortung für sein Leben zu übernehmen, bedeutet für ihn, dass alles, wirklich alles in seinem Leben in seiner Verantwortung liegt. Seine Welt ist nun mal seine Schöpfung, und dazu gehören unter anderem auch seine Patienten und auch deren Erkrankungen. Dr. Lens Lösung lag nun darin, den Teil in ihm selbst zu heilen, der Letztere erschaffen hatte.

Möchtest du auch noch wissen, wie er das gemacht hat bzw. macht?

Ich erkläre dir mal sein Vorgehen aus meinem Blickwinkel, der nicht hundertprozentig mit dem von Dr. Len übereinstimmen muss. Wie immer machen wir es auch hier ganz praktisch: Gibt es momentan ein Thema, das du als Problem siehst? Nimm bitte etwas Kleines. Es muss kein systemisches sein, vielleicht ein einschränkender Glaubenssatz, eine Erinnerung oder ein körperliches Unbehagen deinerseits. Irgendein Problemchen, das loszulassen du jetzt bereit bist.

Okay. Den ersten Schritt kennst du ja schon. Übernimm die hundertprozentige Verantwortung dafür. Du bzw. ein Teil oder Programm in dir hat es erschaffen, da es sich in deinem Leben gezeigt hat und du allein der Schöpfer deiner eigenen Realität bist. Ohne Wenn und Aber!

Der zweite Schritt (ich sehe es jedenfalls so) ist ein Gebet an das Göttliche, an Gott, die Quelle, den Ursprung oder wie auch immer du es nennen magst. Du bittest es, ihn oder sie, dieses negative Programm in dir zu klären, zu reinigen bzw. diesen Teil in dir zu heilen. Dies tust du mit vier kurzen Aussagen laut oder auch leise:

»Es tut mir leid.«

»Bitte verzeih mir.«

»Ich danke dir.«

»Ich liebe dich.«

Diese Sätze wiederholst du so lange, bis du mit dem Thema in Frieden bist bzw. Heilung stattgefunden hat. Vielleicht musst du dieses Vorgehen noch mehrmals wiederholen. Bleib dran. Wichtig für dich ist es auch noch, die Intention hinter jedem der vier Sätze zu kennen:

- »Es tut mir leid.« Ich weiß, dass etwas in mir dieses Problem geschaffen hat. Ich kenne jedoch nicht das Warum, das Wie und auch nicht das Wer.
- »Bitte verzeih mir« ... für die Rolle, die ich bei diesem Problem eingenommen habe, und dass ich nicht das gelebt habe, was ich wirklich bin.
- »Ich danke dir« ... dass du mir zugehört hast und dich um mein Problem kümmerst. Ich danke dir für mein Leben.
- »Ich liebe dich.« Das Göttliche, Gott, den Ursprung, die Quelle lieben heißt, das Leben lieben, heißt, sich selbst lieben. Liebe bedeutet Klärung, Reinigung und Heilung. Du wirst sie spüren, wenn du diese drei »kleinen« Wörter aussprichst.

Nach Dr. Len ist *deine* Welt allein *deine* Schöpfung und *du* trägst die vollkommene Verantwortung dafür. Ist dies eigentlich noch zu toppen? Ja, wenn du erkennst und davon ausgehst, dass *du deine* Welt *bist* und alles, was sich darin befindet. Denn alles, was dir begegnet, bist – du selbst.

Praxisteil: Systemisches Gepäck loslassen

Nimm dir 10 Minuten Zeit und notiere die Top 3 deiner systemischen Probleme, die dein ganz persönliches Glück negativ beeinflussen. Beginne mit: »Ich darf nicht glücklich(er) sein, weil ...« z. B.

· »es meiner Mutter so schlecht geht.«
· »mein Vater vor einem Jahr gestorben ist.« (Hierbei geht es natürlich *nicht* um eine normale, gesunde Trauerphase.)
· »mein Sohn so viele Probleme in der Schule hat.«
· »mein Mann so depressiv ist.«
· »mein Partner so unzufrieden ist mit seinem Aussehen.«
· »mein Freund große finanzielle Probleme hat.«
· »meine Fußballmannschaft jedes Spiel verliert und vielleicht absteigt.«
· »es so viel Krieg, Leid und Elend auf der Welt gibt.«
· »Gott nur die Menschen liebt, die leiden.«

Entscheide dich jetzt für das systemische Thema, von dem du glaubst, dass es dein Glück am meisten einschränkt, und notiere es auf einem separaten Blatt Papier. Beispiel: *Meiner Mutter geht es schlecht.* Stell dir nun die folgenden beiden Fragen:

Was macht es mit *mir*, dass ... (z. B. es meiner Mutter schlechtgeht)? *Es macht mich traurig.* (Notiere auch das auf dem Blatt.)
Wo und wie fühle ich diese Traurigkeit? *Sie liegt mir wie ein Stein auf der Brust.* (Notieren.)

Damit hast du dein Problem spezifisch genug eingegrenzt, der erste Fokus ist nun klar, und du kannst nun die Schritte 2 bis 9 der Klopfakupressur darauf anwenden. Achte hierbei auf Aspektwechsel. In unserem Beispiel könnte dies sein: Traurigkeit > Wut auf die eigene Hilflosigkeit > Angst, die Mutter zu verlieren > Angst, ebenfalls schwer zu erkranken > usw.

Stelle dir also nach jeder Runde beim Test die Fragen: Was macht das jetzt mit mir? sowie: Wie und wo fühle ich dies? Hilfreich kann es sein, auch diese Antworten mit dem jeweiligen Intensitätswert zu notieren.

In Frieden bist du erst dann mit dem Problem, wenn du es mit allen diesbezüglichen Aspekten bist. Um dies zu erreichen, ist vielleicht auch hier am Ende ein Vergebungsprozess, wie bei »Schuldgefühle« und »Offene Rechnungen«, notwendig.

Vier Tage hast du Zeit, einiges von deinem systemischen Gepäck loszulassen. Doch vielleicht möchtest du ja noch mehr tun?

Optional: Anderen helfen

Bist du, was das jeweilige Problem betrifft, mit dir selbst im Reinen, so hast du mit Gebeten, dem Ho'oponopono und dem Stellvertreter-Klopfen Möglichkeiten, ganz gezielt energetisch etwas für den anderen zu tun.

Wenn sich jedoch in dir Widerstände regen, lass es! Vielleicht ist jetzt nicht der richtige Zeitpunkt dafür. Versuch es später erneut.

Ho'oponopono

Dies kennst du ja inzwischen. Denke daran, dass du dabei nicht das Problem des anderen heilst, sondern den Teil in dir, der es erschaffen hat. Um diesem Teil sozusagen den Spiegel vorzuhalten, ist es hilfreich, den Namen der Person und seine Erkrankung, inklusive Symptome, auf einem separaten Blatt Papier zu notieren und dieses bei der »Selbstbehandlung« vor dir zu platzieren.

Stellvertreter-Klopfen

Hier verwendest du neben einem Blatt mit Namen, Erkrankung und Symptomen ein zweites, auf welches du deinen Namen schreibst. Platziere beide auf dem Boden im Abstand von etwa einem Meter. Stelle dich über das Blatt mit deinem Namen, schaue auf das andere, das die zu unterstützende Person repräsentiert und klopfe *für* diese. *Einstimmung* und *Sequenz* sind dazu vollkommen ausreichend. Wesentlich wichtiger dabei ist, dass das Klopfen mit dem Ausstrahlen von Liebe zu diesem Menschen und vollkommener Akzeptanz verbunden ist. Sieh auch, wie dieser immer mehr zu dem wird, was er eigentlich ist: *vollkommene Gesundheit.*

Eine weitere Möglichkeit ist es, dich mit der Person zu identifizieren, sie zu sein. Stelle dich dazu über das Blatt mit ihrem Namen und führe die Klopfakupressur ganz normal durch. Gehe auch hierbei in die Energie von Liebe und Akzeptanz, diesmal jedoch für dich selbst.

Wichtig: Um diese Rolle wieder zu verlassen, stelle dich abschließend über das Blatt mit deinem Namen, klopfe mit der Handfläche den oberen Brustbereich und sage dabei dreimal laut: »Ich bin … (dein Name)!«

Egal, welche Möglichkeit du anwendest, die »Sitzung« ist dann beendet, wenn du das Gefühl hast, dass es für *heute* genug ist.

Das Klopfen für andere ist natürlich nicht nur auf Menschen beschränkt. Tiere, Pflanzen, Häuser, Städte, Regionen, Länder, Gruppen, Flüsse, Seen, Meere, Wälder, die Welt usw. können davon profitieren. »Versuch es mit allem!« Es gibt sogar Menschen, die von Erfolgen bei defekten Computern und Fernsehern berichten.

> *»Vielen Dank, Christian Reiland, vor allem die systemischen Verstrickungen hätte ich alleine nicht erkannt. Mit dem Klopfen am Morgen kann ich sofort starten. Ich freue mich schon, die Übungen ein zweites Mal zu absolvieren. Was ich da noch finden werde, darauf bin ich schon gespannt.«*
>
> (Onlinekurs-TeilnehmerIn)

Übersicht Etappe 7

· Etappendauer: 4 Tage
· Aufgaben: Schlaf, Bewegung
· Systemisches Gepäck loslassen, 4 Tage, jeweils ca. 30 Minuten
· Optional zusätzlich: Anderen helfen (eventuell Resttage einsetzen)
· *Restelisten!*
· *»Zusammen«*-Klopfen, 1-mal täglich, ca. 2 Minuten
· Dankbarkeitsliste, täglich 1 neuer Punkt und ganze Liste klopfen, ca. 3 Minuten
· Täglich eine Freundlichkeitskette in Gang setzen.
· Tipps von Seite 147-152 umsetzen: Unterstreiche noch mal diejenigen der letzten Etappen und denjenigen, den du während dieser Etappe *zusätzlich* durchführen willst.

Atmen	Essen + Trinken	Freundeskreis
Fernsehen	Lesen	Entrümpeln
Kleidung	Hygiene	Farben
Gerüche und Düfte	Musik	Fühlen

Etappe 8: Zukunftsbefürchtungen

Ängste, Befürchtungen, Sorgen sind zukunftsorientiert, beziehen sich also auf das, was passieren *könnte*, auch wenn ihre Wurzeln meist in der Vergangenheit liegen. Sicherlich gibt es auch bei dir solche Befürchtungen, die aus Fragen resultieren wie: Behalte ich meinen Job? Werde ich allein bleiben? Geht das auch weiterhin gut mit meiner Partnerschaft? Werde ich gesund bleiben? Was ist mit mir im Alter? Was ist mit Sterben und Tod? Wie wird es meinen Kindern und/oder Eltern ergehen? Welche Auswirkungen haben der Klimawandel und die Weltwirtschaftskrise auf mich und meine Familie? Usw.

Solche Befürchtungen schränken dich, deine Verbundenheit mit deiner inneren Kraft und damit dein Glücklichsein ein.

Gibt es welche in deinem Leben? Ja? Dann hast du insbesondere auf der achten Etappe die Möglichkeit, einige von ihnen loszulassen. Wie du schon an den obigen Fragen siehst, geht es dabei nicht um Ängste, die z. B. dein heutiges Date betreffen oder den nächsten Flug. Es geht um essenzielle Befürchtungen, die permanent in dir »schwingen«. Das andere sind im Vergleich dazu nur Peanuts, die du übrigens nicht nur mit der Klopfakupressur bearbeiten kannst, sondern auch solltest!

Ängste die Zukunft betreffend sind meist dann am stärksten, wenn man glaubt, dem jeweiligen Thema hilflos gegenüberzustehen. Erkennen wir jedoch, dass wir sehr wohl positiven Einfluss darauf nehmen können – und nicht nur was uns selbst betrifft –, so schwindet die Angst doch beträchtlich. Sie vergeht schließlich meist ganz, wenn wir dann auch noch das uns Mögliche tun. Das Problem dabei ist jedoch, dass uns unsere Befürchtungen diese Chancen selten erkennen lassen und uns stattdessen von unserer Intuition, Kreativität und Kraft abschneiden.

Dein erster Schritt, du wirst mir zustimmen, liegt also darin, diese Zukunftsängste loszulassen. Danach – und oft kommen die ersten Ideen schon während des Loslassens – solltest du dir überlegen, was du aktiv tun kannst, im Hier und Jetzt, um das Thema positiv zu beeinflussen, und dies dann auch umsetzen. Die Zukunft ist noch nicht geschrieben, heute ist nicht morgen, nicht jede Prophezeiung erfüllt sich, selten kommt es so schlecht, wie man denkt, und meistens ist es einfacher, als man glaubt.

Du, du allein bist der Architekt deiner Zukunft, und bauen kannst du sie nur im Hier und Jetzt.

> »Man kann nicht in die Zukunft schauen, aber man kann den Grund für etwas Zukünftiges legen – denn Zukunft kann man bauen.«
> *Antoine de Saint-Exupéry*

»Solch einen Online-Kurs sollte es zur regelmäßigen Nutzung geben. Finde ich eine tolle Idee, und es hat sehr gutgetan. Ich kann jetzt viele Dinge klarer sehen und bin insgesamt mutiger und selbstbewusster geworden. Diese intensive Beschäftigung setzt viele Ressourcen frei. Danke für den Kurs.«

(Onlinekurs-TeilnehmerIn)

Praxisteil: Zukunftsbefürchtungen loslassen

Vorgehensweise

Um auf dieser Etappe Zukunftsängste loszulassen, überlege dir, was deine Zukunftsängste sind. Lebensbereiche, die hiervon betroffen sein können, sind beispielsweise Gesundheit, Beruf, Finanzen, Beziehungen, Partnerschaft.

Notiere die Top 3 und sei dabei so spezifisch wie möglich. Für die Bearbeitung ist auch hier die Filmtechnik das geeignetste Instrument:

Filmtechnik Teil 1

Nimm ein separates Blatt Papier, schreibe die Zukunftsangst darauf, die momentan die intensivste für dich ist, und bearbeite sie mit der Klopfakupressur. Verbinden solltest du dich dabei mit dem schlimmstmöglichen Szenario der Befürchtung, dem »worst case«. Was ist das Schlimmste, das in dieser Hinsicht passieren könnte? Mit diesem Fokus klopfst du nun so viele Runden, bis du damit in Frieden bist. Achte, wie immer, auch hier auf Aspekte-Wechsel.

Filmtechnik Teil 2

Schildere nun, am besten laut, dieses Worst-case-Szenario, so als ob du dieses einem Freund erzählen würdest. Visualisieren wäre die Alternative. Sollten während der Schilderung bzw. Visualisierung auch nur die geringsten negativen Gefühle oder Emotionen auftauchen, so stoppe an diesem Punkt und klopfe (Schritt 5 bis 9) diese und den jeweiligen Aspekt, bis du damit in Frieden bist. Wiederhole dieses Vorgehen, bis das Erzählen bzw. Visualisieren des gesamten Szenarios weder negative Gefühle noch Emotionen bei dir auslöst.

Filmtechnik Teil 3

Klopfe eine Sequenz und sprich dabei an jedem der neun Meridianpunkte einmal den folgenden Satz laut aus: »Ich bin voller Vertrauen und Zuversicht.« Schaue abschließend noch mal auf dein Blatt mit der Befürchtung. Wie bewertest du diese jetzt? Bist du mit ihr in Frieden, dann schreibe eine 0 dahinter und gehe zur nächsten.

> »Ich habe wieder herzhaft über mich lachen können. Durch die Freundlichkeitskette habe ich mich (manchmal) mit den anderen Menschen besser verbunden gefühlt. Ich habe einen verschütteten Wunsch meiner Kindheit wieder entdeckt und freigelegt. Ich konnte dank der Morgenübung jeden Tag beschwingt aus dem Bett heraus und nach der Übung noch eine Stunde joggen – meine Kondition hat sich enorm verbessert.«
> (Onlinekurs-TeilnehmerIn)

Übersicht Etappe 8

- Etappendauer: 3 Tage
- Aufgaben: Schlaf, Bewegung
- Zukunftsängste loslassen, 3 Tage, jeweils ca. 30 Minuten
- *Restelisten!*
- »*Zusammen*«-Klopfen, 1-mal täglich, ca. 2 Minuten
- Dankbarkeitsliste, täglich 1 neuer Punkt und ganze Liste klopfen, ca. 3 Minuten
- Eine Freundlichkeitskette täglich in Gang setzen
- Tipps von Seite 147-152 umsetzen: Unterstreiche noch mal diejenigen der letzten Etappen und denjenigen, den du während dieser Etappe *zusätzlich* durchführen willst.

Atmen	Essen + Trinken	Freundeskreis
Fernsehen	Lesen	Entrümpeln
Kleidung	Hygiene	Farben
Gerüche und Düfte	Musik	Fühlen

Etappe 9: Erwartungen

Es gibt da eine Geschichte, die, wenn ich mich richtig erinnere, in Schottland spielt. Es geht dabei um einen Mann, der sich eines Abends aufmacht, um in der Dorfkneipe einen über den Durst zu trinken. Dort angekommen registriert er an der Eingangstür ein Schild mit der Aufschrift: *Morgen Freibier!* Schnurstracks macht er kehrt und geht zurück nach Hause in freudiger Erwartung des nächsten Abends. Doch welche zwei Wörter stehen noch immer auf dem Schild, als er am folgenden Tag die Kneipe erreicht? Richtig: *Morgen Freibier!* Du kannst dir sicherlich vorstellen, wie die Geschichte weitergeht.

Erwartungen sind immer zukunftsorientiert und fallen damit in die Sparte »Prophezeiungen«. Treffen sie ein, so spricht man auch von sich selbst erfüllenden Prophezeiungen, egal ob es positive oder negative Erwartungen sind. Dazu kommt noch, dass eine positive Erwartung einer Hoffnung gleicht, die in die Zukunft gesetzt wird und damit auch meist dort beheimatet bleibt.

Wenn du etwas erwartest, nehmen wir mal etwas Gutes, so heißt dies doch im Umkehrschluss, dass du es nicht hast. Was wirst du dann wohl letztlich ins Universum ausstrahlen? Genau: Mangel.

Da wir nun (fast) alle keine Hellseher sind und es neben dem Bewusstsein noch andere Instanzen gibt, die Einfluss auf unser zukünftiges Leben nehmen, sollten wir es unterlassen, Erwartungen zu hegen. Dein Ziel sollte es vielmehr sein, Schritt für Schritt eine positive Lebenseinstellung aufzubauen mit einem dies unterstützenden Glaubenssystem. Glaubenssätze und Überzeugungen sind letztlich die Faktoren, nach denen sich dein Leben und damit auch deine

Zukunft richten. Stell dir einmal vor, das wären bewusst und unbewusst folgende:

»Ich bin immer zur richtigen Zeit am richtigen Ort.«
»Es ist stets für mich gesorgt.«
»Es regelt sich alles zum Wohle aller.«
»Es wird sich was ergeben.«
»Es gibt immer einen Ausweg.«
»Ich habe immer genügend Zeit.«
Usw.

Derartige Lebenseinstellungen machen eine positive Schwingung im Hier und Jetzt aus, wohingegen Erwartungen in der Zukunft verpuffen.

Deine Aufgabe auf dieser Etappe wird es sein, nicht nur deine Erwartungen, die du mit Glücklich(er)sein verbindest, sondern auch die, dass dich deine Reise glücklich(er) machen wird, loszulassen. Wie du dich erinnerst, bist du es ja bereits, nur weißt du es *noch* nicht.

»Ist dir schon einmal aufgefallen, dass sich Inspiration genau dann einstellt, wenn du nicht nach ihr suchst? Sie kommt, wenn alle Erwartungen aufgegeben wurden, wenn das Geist-Herz still ist.«
Jiddu Krishnamurti

»Morgen« ist übrigens ein ganz schlechter Zeitpunkt, etwas zu beginnen, wieder weiterzumachen oder auch zu beenden. Aber wem erzähle ich das?

Praxisteil: Erwartungen loslassen

Zwei Drittel deiner Reise hast du nun zeitlich hinter dich gebracht, und bevor es weitergeht, wird es Zeit für ein zweites Resümee. Mit Hilfe des Feedbackbogens (Seite 156/157) kannst du dieses ziehen.

Auf dieser und den nächsten beiden Etappen wirst du auf die Aspekte Erwartungen, Wünsche und Abhängigkeiten bezüglich Glücklichsein eingehen. Hierbei kann es zu Überschneidungen kommen, d. h., es kann sein, dass du einen oder mehrere spezielle Punkte zwei- oder gar dreimal bearbeitest.

Ein Beispiel: Nehmen wir einmal an, du *erwartest* vom Glücklichsein emotionale und körperliche Gesundheit. Dies ist daneben auch noch einer deiner *Wünsche* und du machst dein Glück noch davon *abhängig*. Sollte nun nach der Bearbeitung der Erwartung immer noch der Wunsch und nach dessen Loslassen immer noch die Abhängigkeit davon vorliegen, so macht es Sinn, diesen Punkt (emotionale und körperliche Gesundheit) in allen drei Kategorien zu behandeln.

Glücklichsein-Erwartungen loslassen

Nimm dir 10 Minuten Zeit und notiere auf einem Blatt Papier deine Erwartungen, die du mit dem Glücklichsein verknüpfst, in negativer wie auch in positiver Hinsicht. Jeweils neun Punkte wären ideal, da während einer Sequenz nun mal neun Meridianpunkte geklopft werden. Weniger oder mehr ist natürlich auch okay. So könnte dies aussehen:

Negativ: Wenn ich wirklich glücklich bin, dann ...	Positiv: Wenn ich wirklich glücklich bin, dann erwarte ich ...
... liebt mich mein Partner nicht mehr.	... vollkommene Gesundheit.
... passiert bestimmt was Schlimmes.	... materiellen und finanziellen Reichtum.
... denkt mein Umfeld, ich wäre nicht normal.	... eine glückliche und liebevolle Partnerschaft.
... habe ich keine Ausreden mehr.	... Erfolg bei allem, was ich tue.
... gibt es nichts mehr, worauf ich mich freuen kann.	... nur noch Freude und Spaß.

Der nächste Schritt ist nun, dass du dich von all diesen Erwartungen löst. Eine mögliche Vorgehensweise wäre es, die dahinterliegenden Ängste (linke Seite) und die jeweiligen positiven Gefühle (rechte Seite) mit der Klopfakupressur zu bearbeiten. Ich denke jedoch, es geht sehr viel schneller, wenn du dich mit dem Loslassen rein auf die *Erwartung* konzentrierst. Damit nimmst du auch zwangsläufig der Befürchtung bzw. Hoffnung die Grundlage. Macht doch Sinn, nicht wahr? Mir ist es sehr wichtig, dass du diesen (feinen) Unterschied verstehst.

Auch wichtig: Bei dieser und den beiden folgenden Etappen arbeitest du lediglich mit *Einstimmung* und *Sequenz*. Da du hierbei spezifische Aussagen und Schaltwörter verwendest, bedeutet *Einstimmung* neben dem Klopfen des Handkantenpunktes auch noch das gleichzeitige dreimalige Aussprechen eines spezifischen Satzes.

Dies gilt auch bei der Sequenz, nur wird hier die Aussage nur einmal an dem jeweiligen Klopfpunkt ausgesprochen, bevor du zum nächsten gehst. Auf alle weiteren Klopfaku-pressur-Schritte kannst du verzichten.

Beginnen wir mit der *linken (negativen)* Seite:

1. Lies das, was du dazu aufgeschrieben hast, und stelle dir bei jeder einzelnen Aussage die Frage: Ist es sicher, hundertprozentig sicher, dass, wenn ich wirklich glücklich bin, diese *Erwartung* dann auch eintritt? Wenn du auf diese Frage als Antwort ein Nein erhältst – und da bin *ich* mir hundertprozentig sicher, dass das der Fall ist –, dann sprich dieses »Nein« laut aus.

2. Klopfe nun diese *Erwartungen* lediglich mit folgender *Einstimmung* und folgenden *Sequenzen*.

   Einstimmung: »Auch wenn ich all diese negativen *Erwartungen* bezüglich meines Glücklichseins habe, lasse ich diese jetzt los und entscheide: Es ist gut und sicher für mich, glücklich zu sein.«

   Drei *Sequenzen:*

   · Klopfpunkt 1: Schaue auf deine erste Erwartung auf deiner Liste und sage laut: »*Zusammen Loslassen!*«
   · Punkt 2: Schaue auf deine zweite Erwartung auf deiner Liste und sage laut: »*Zusammen Loslassen!*«
   · Punkt 3: Schaue auf deine dritte Erwartung auf deiner Liste und sage laut: »*Zusammen Loslassen!*«
   · Usw.

3. Abschließend noch eine Runde (Einstimmung und Sequenz) mit der *Einstimmung:* »Es ist gut und sicher für mich, glücklich zu sein, und ich liebe und akzeptiere mich voll und ganz.«

   Dann die *Sequenz* mit: »Es ist gut und sicher für mich, glücklich zu sein.«

Nun die *rechte (positive)* Seite:

1. Lies jetzt einmal diese Punkte und stelle dir bei jeder einzelnen die Frage: Ist es sicher, hundertprozentig sicher, dass diese Erwartung auch eintritt? Wenn du auf diese Frage als Antwort ein Nein erhältst, so sprich dieses »Nein« laut aus.

2. Klopfe nun diese Erwartungen mit folgender *Einstimmung* und folgenden *Sequenzen:*
   Einstimmung: »Auch wenn ich all diese positiven *Erwartungen* bezüglich meines Glücklichseins habe, lasse ich diese jetzt los und entscheide: Ich *bin* glücklich.«
   Drei *Sequenzen:*

   · Klopfpunkt 1: Schaue auf deine erste Erwartung auf deiner Liste und sage laut: *»Zusammen Loslassen!«*
   · Punkt 2: Schaue auf deine zweite Erwartung auf deiner Liste und sage laut: *»Zusammen Loslassen!«*
   · Punkt 3: Schaue auf deine dritte Erwartung auf deiner Liste und sage laut: *»Zusammen Loslassen!«*
   · Usw.

3. Drei *Sequenzen:*
   · Klopfpunkt 1: Schaue auf den ersten Punkt deiner Liste und sage laut: »Ich bin das!«
   · Punkt 2: Schaue auf den zweiten Punkt deiner Liste und sage laut: »Ich bin das!«
   · Punkt 3: Schaue auf den dritten Punkt deiner Liste und sage laut: »Ich bin das!«
   · Usw.

4. Eine abschließende Runde (Einstimmung und Sequenz) mit der *Einstimmung:* »Ich *bin* glücklich und liebe und akzeptiere mich voll und ganz.«
   Dann die *Sequenz:* »Ich *bin* glücklich.«

Gehe jetzt abschließend über die komplette Liste (negativ und positiv) und streiche die Punkte, die, was deine Erwartungen betrifft, jetzt *nicht* mehr gültig sind. Gibt es noch gültige, so notiere sie auf deiner Resteliste.

Tipp: Anstatt des Satzes bei Schritt 3 (Positiv-Liste): »Ich bin das!« kannst du auch das Schaltwort »*Sein*« oder auch »*Zusammen Sein*« verwenden. Von einer positiven Erwartung kannst du dich am besten lösen, wenn du erkennst, dass du *es* bereits *bist*.

> »*Das Tief zur Kursmitte zeigte mir, dass es ans Eingemachte ging. Die ständige Erinnerung bzw. tägliche Arbeit war echt gut – denn so konnten auftauchende Schwierigkeiten im Alltag oft direkt bearbeitet werden ... Mir hat es gutgetan, täglich an mir zu arbeiten. Dadurch wurde es möglich, mehrere Tage in Folge auf einem recht hohen Glückslevel zu verweilen. Was oft nicht gelingt, wenn man nur gelegentlich oder anlassbedingt klopft ... Die Übungen haben mir zum Teil sehr große Freude bereitet. Ich kam oft mit seligem Lächeln aus meiner Übungszeit. Und ich finde es toll, dass du so verschiedene Elemente mit dem Klopfen verknüpft hast. Danke für deine Kreativität! Und überhaupt: Dankeschön, dass ich an diesem Kurs teilnehmen durfte!*«
>
> (Onlinekurs-TeilnehmerIn)

Übersicht Etappe 9

- Etappendauer: 2 Tage
- Aufgaben: Schlaf, Bewegung
- Glücklichsein-Erwartungen loslassen, 2 Tage, jeweils ca. 30 Minuten
- *Restelisten!*
- *»Zusammen«*-Klopfen, 1-mal täglich, ca. 2 Minuten
- Dankbarkeitsliste, täglich 1 neuer Punkt und ganze Liste klopfen, ca. 3 Minuten
- Eine Freundlichkeitskette täglich in Gang setzen
- Tipps von Seite 147-152 umsetzen: Unterstreiche nochmal diejenigen der letzten Etappen und denjenigen, den du während dieser Etappe *zusätzlich* durchführen willst.

Atmen	Essen + Trinken	Freundeskreis
Fernsehen	Lesen	Entrümpeln
Kleidung	Hygiene	Farben
Gerüche und Düfte	Musik	Fühlen

Etappe 10: Wünsche

>»Wenn du einen Menschen glücklich machen willst, dann
füge nichts seinem Reichtum hinzu, sondern nimm ihm
einige von seinen Wünschen.«
Epikur von Samos

Gehe ich richtig in der Annahme, dass du schon einmal so richtig glücklich warst? Und vielleicht hast du in diesem Zustand auch gesagt: »Ich bin wunschlos glücklich!« Möglicherweise kannst du dich ja gerade jetzt an einen solchen wundervollen Moment erinnern?

Die Frage, die ich mir nun stelle, lautet: Führt Glücklichsein zur Wunschlosigkeit oder Wunschlosigkeit zum Glücklichsein? Was meinst du?

Ich persönlich tendiere mehr zu Letzterem, nicht nur weil auch Epikur von Samos dieser Meinung ist. Und er bietet gleichzeitig eine Lösungsmöglichkeit!

Deine Aufgabe auf dieser Etappe ist es also, *alle* deine Wünsche loszulassen.

Kann es sein, dass dies bei dir auf Widerstand stößt, oder trügt mich da mein Gefühl?

Die Zahl der Bücher zum Thema »Wünschen« ist inzwischen nahezu unüberschaubar. Da sollte doch etwas (Gutes) dran sein am Wünschen und an Wünschen, oder?! Ich gebe ganz ehrlich zu, dass ich bis auf zwei »Bestell Bücher« keines dieser Bücher gelesen habe und deshalb auch keine Beurteilung abgeben kann. Für mich liegt es jedoch auf der Hand, dass ein wunschloseres Leben ein glücklicheres Leben ist.

Wie lange *wünschst* du dir schon, glücklich(er) zu sein? Monate, Jahre, Jahrzehnte? Und, hat's funktioniert? Verstehe mich nicht falsch, es ist wichtig zu wissen, was man wirklich, wirklich, wirklich will, sein(e) Herzens*ziel(e)* zu kennen und auch anzustreben. Doch es sollten Ziele sein und keine Wünsche, auch wenn du den Unterschied jetzt vielleicht noch nicht erkennst.

Dieser liegt primär in der Formulierung.

Nehmen wir ein praktisches Beispiel. Lies einmal die folgenden drei Sätze laut und spüre nach, in welchem von ihnen die meiste Kraft steckt:

- »Ich wünsche mir, glücklich zu sein.« (Wunschformulierung)
- »Ich bin von Tag zu Tag immer glücklicher und glücklicher.« (Prozessorientierte Zielformulierung)
- »Ich bin glücklich.« (Zielformulierung)

Die Kraft einer Formulierung erkennst du nicht selten an der jeweiligen Gegenkraft, an deinen inneren Widerständen. Diese ist normalerweise bei der letzten am stärksten. Lässt du jedoch die inneren Einsprüche los bzw. erkennst, dass du »es« bereits bist, wird gerade diese letzte Formulierung ihr volles Potenzial entfalten.

Ziele haben auch im Unterschied zu Wünschen einen Weg, und selbst wenn du sie nicht erreichst, so kann dir allein die Reise viel Spaß, Freude und Glück bringen. Denn wie sagte Konfuzius: »Der Weg ist das Ziel.«

Abschließend gebe ich dir noch einen Grund, das Wünschen zu lassen. Vielleicht bist du ja noch nicht ganz davon überzeugt.

»Ich wünsche mir, glücklich zu sein.« Sprich diesen Satz

noch einmal aus, und zwar zum letzten Mal in deinem Leben. Was glaubst du? Welche Informationen, welche Energien hat wohl dieser Wunsch im Schlepptau? Erst einmal, dass du (noch) nicht glücklich bist. Und was strahlst du nun letztendlich mit dieser Schwingung von Noch-Nicht-Sein ins Universum aus? Mangel! Und was ziehst du damit wiederum an? Genau, Mangel!

Macht das bisher für dich Sinn? Der Schlüssel liegt nun in folgender Erkenntnis: »Alles, was ich mir wünsche, *bin* ich!« Die Betonung liegt dabei auf »bin«. Du *bist* Gesundheit, du *bist* Glück, du *bist* Reichtum, du *bist* Liebe, du *bist* ...

Stell dir jetzt einmal vor, du strahlst *diese* Energie aus, diese Schwingung von Fülle in allen Bereichen. Was wirst du damit wohl in dein Leben ziehen nach dem Gesetz der Anziehung? Ja, genau: mehr davon!

Hast du schließlich erkannt, dass du alles bereits *bist*, was du dir wünschst, und lebst dies jeden Tag etwas mehr, so wirst du immer weniger wünschen und dafür immer mehr *sein*.

Diese Etappe wird dich dabei unterstützen.

Ein letzter, wirklich letzter Punkt zu diesem Thema. Es spricht nichts dagegen, jemand anderem etwas Gutes zu wünschen. Doch auch dieses solltest du mit der Vorstellung verbinden, dass er oder sie »es« bereits hat bzw. ist, und das für dich auch so formulieren. Dies hilft dem anderen ungemein, sich dahingehend zu entwickeln, so er es will.

»Nicht wer wenig hat, sondern wer viel wünscht, ist arm.«
Seneca

> »Der Kurs mit seinen vielen tollen Anregungen war für mich wie eine große Wundertüte. Obwohl ich mich auch schon einige Jahre mit dem Thema Realitätsgestaltung befasse, habe ich hier noch einige wirklich schöne Anregungen gefunden, die ich auch weiterhin nutzen werde.«
>
> (Onlinekurs-TeilnehmerIn)

Praxisteil: Wünsche loslassen

Nimm dir 10 Minuten Zeit und notiere die Top 9 deiner Wünsche. Formuliere diese möglichst positiv, wie bei einer Affirmation, also ohne Negationen. Nicht: »Ich wünsche mir, nicht krank zu sein.«, sondern: »Ich wünsche mir Gesundheit.« Beginne jeden Wunsch mit: »Ich wünsche mir ...«

Der nächste Schritt ist nun, dass du den Wunsch, dies alles haben zu wollen, loslässt.

Vorgehensweise

1. Lege deine Top-9-Wunschliste vor dich und klopfe mit folgender Einstimmung und folgenden Sequenzen:
   Einstimmung: »Auch wenn ich mir dies alles wünsche, lasse ich jetzt diese Wünsche los und entscheide: Alles, was ich mir wünsche, *bin* ich.«
   Drei *Sequenzen:*
   · Klopfpunkt 1: Schaue auf den ersten Wunsch auf deiner Liste und sage laut: *»Zusammen Loslassen!«*

- Punkt 2: Schaue auf den zweiten Wunsch auf deiner Liste und sage laut: »*Zusammen Loslassen!*«
- Punkt 3: Schaue auf den dritten Wunsch auf deiner Liste und sage laut: »*Zusammen Loslassen!*«
- Usw.

2. Anschließend eine Runde mit der *Einstimmung*: »Alles, was ich mir wünsche, *bin* ich, und ich liebe und akzeptiere mich voll und ganz.«

   Dann die *Sequenz*: »Alles, was ich mir wünsche, *bin* ich!«

3. Drei *Sequenzen*:

- Klopfpunkt 1: Schaue auf den ersten Punkt deiner Liste und sage laut: »Ich bin das!«
- Punkt 2: Schaue auf den zweiten Punkt deiner Liste und sage laut: »Ich bin das!«
- Punkt 3: Schaue auf den dritten Punkt deiner Liste und sage laut: »Ich bin das!«
- Usw.

Gehe jetzt über die komplette Liste und streiche diejenigen Wünsche, die *nicht* mehr gültig sind. Gibt es noch gültige, so notiere sie auf deiner Resteliste.

Vorbereitung der Glücks-Collage

In Etappe 13 wirst du eine Collage anfertigen. Sorge jetzt schon dafür, dass dir dann die folgenden Hilfsmittel zur Verfügung stehen: Ein großes Blatt Papier (ca. DIN A2, besser wäre Karton oder auch die Rückseite eines Bildes oder Posters), Bunt- oder Filzstifte, Schere, Klebstoff, Magazine, Fotos und vor allem ein schönes Bild (Foto) von dir, das dich glücklich zeigt.

Übersicht Etappe 10

- Etappendauer: 2 Tage
- Aufgaben: Schlaf, Bewegung
- Wünsche loslassen, 2 Tage, jeweils ca. 30 Minuten
- *Restelisten!*
- *»Zusammen«*-Klopfen, 1-mal täglich, ca. 2 Minuten
- Dankbarkeitsliste, täglich 1 neuer Punkt und ganze Liste klopfen, ca. 3 Minuten
- Eine Freundlichkeitskette täglich in Gang setzen
- Material für Glücks-Collage besorgen
- Tipps von Seite 147-152 umsetzen: Unterstreiche noch mal diejenigen der letzten Etappen und denjenigen, den du während dieser Etappe *zusätzlich* durchführen willst.

Atmen	Essen + Trinken	Freundeskreis
Fernsehen	Lesen	Entrümpeln
Kleidung	Hygiene	Farben
Gerüche und Düfte	Musik	Fühlen

Etappe 11: Glücklichsein-Abhängigkeiten

»Du darfst *alles* haben, dein Glück solltest du jedoch
abhängig machen von *nichts*.«
Christian Reiland

Der Fokus dieser Etappe gilt dem Loslassen der Aspekte, von denen du dein Glücklichsein abhängig machst. Je mehr von ihnen dein Glück benötigt, umso schwieriger ist es letztendlich für dich, dieses zu erfahren. Es liegt somit in deinem ureigenen Interesse, dich von so vielen Abhängigkeiten zu lösen wie nur möglich.

Ein Beispiel: Nehmen wir einmal an, dir fehlt »nur« noch eine liebevolle Partnerschaft zum Glücklichsein. Somit machst du dein Glück also davon abhängig. Macht doch Sinn, oder? Jetzt stell dir einmal vor, du trennst diese Verbindung, befreist dein Glück von dieser Abhängigkeit. Was wäre wohl das Ergebnis? Richtig, du bist glücklich. Und wie wären dann wohl die Chancen auf eine glückliche und liebevolle Partnerschaft? Bingo! Ungleich höher.

Indem du dich also von der Abhängigkeit löst, stärkst du im Endeffekt die Verbindung zu dem, was du im Grunde möchtest. Dabei geht es nicht nur um die Abhängigkeit von Dingen, die dir noch fehlen, sondern auch um diejenigen, die du schon hast, wie vielleicht viel Geld, gutes Aussehen, Ansehen, super Job, toller Sex usw. All das kannst du verlieren, und was wäre dann wohl mit deinem Glücklichsein, selbst wenn du nur eines davon nicht mehr hast?

Wie kannst du dich nun von diesen Abhängigkeiten lösen? Es ist dasselbe wie in der letzten Etappe, denn im

Großen und Ganzen sind diese Dinge auch nur Wünsche, die du hast, um glücklich(er) zu sein.

Sicherlich ist es die größte Herausforderung, die Abhängigkeit des Glücklichseins vom körperlichen Wohlbefinden zu befreien. Beides geht zumeist Hand in Hand. Schaffst du dies jedoch auf deiner Reise auch nur zu einem geringen Teil, so bedeutet dies für dich mehr Freiheit und damit mehr Glück.

Unter Abhängigkeit versteht man im Allgemeinen eine mehr oder weniger starke Sucht. Sucht wiederum ist ein *zwang*haftes Verlangen nach bestimmten Substanzen (Alkohol, Nikotin, Koffein, Zucker usw.) oder auch Verhaltensweisen (Spielen, Arbeiten, Fernsehen, Telefonieren, Simsen, Chatten, Essen, Sex usw.).

Weder in meinem Onlinekurs noch in diesem Buch war bzw. ist dem Thema Sucht eine eigene Etappe gewidmet. Sicherlich kann irgendein Suchtverhalten zum Gegenstand dieser Etappe werden, doch ist die Substanz oder Verhaltensweise letztlich nur Mittel zum Zweck – eine zugegeben destruktive Möglichkeit, Ängste bzw. Stress zu reduzieren und das Verlangen nach Kontrolle, Entspannung, Ruhe und Sicherheit zu stillen.

Ich kann es dir nicht versprechen, doch ist es für mich logisch, dass eine stärkere Verbindung mit der inneren Kraft und damit ein Mehr an innerer Ruhe, Vertrauen, Zuversicht, Zufriedenheit, Freiheit, Wohlbefinden, Glück, Sicherheit, Frieden, Selbstliebe (auch für den eigenen Körper) und Selbstakzeptanz zu einer Reduzierung oder gar Eliminierung des Suchtdranges führen kann.

Wirkliches Glück ist bedingungsloses Glück, und je mehr du deine Erwartungen, Wünsche und Abhängigkeiten reduzierst, desto näher wirst du ihm sein.

»Je weniger Bedürfnisse, desto glücklicher, ist eine alte,
aber sehr verkannte Wahrheit.«
Georg Christoph Lichtenberg

> *»Immer wieder neue Bewusstwerdung, neue Übungen, neue Anregungen. Hat einfach gutgetan, wieder in Bewegung zu kommen, und die täglichen Aufgaben spornen an, machen Spaß.«*
>
> (Onlinekurs-TeilnehmerIn)

Praxisteil: Glücklichsein-Abhängigkeiten loslassen

Nimm dir 10 Minuten Zeit und notiere die Top 9 deiner Glücklichsein-Abhängigkeiten. Formuliere diese auch hier positiv wie bei einer Affirmation, also ohne Negationen. So könnte dies aussehen: Ich kann nur glücklich(er) sein, wenn …

… ich vollkommen gesund bin.
… es allen in meiner Familie gutgeht.
… ich verliebt bin.
… ich eine liebevolle Partnerschaft habe.
… mein Guthaben auf der Bank mindestens 10 000 Euro beträgt.
… mein Chef meine Leistungen anerkennt.
… schönes Wetter ist.
… mein Fußballverein gewinnt.
… ich regelmäßig guten Sex habe.

Der nächste Schritt ist nun, dass du dich von all diesen Abhängigkeiten löst. Wie bei »Erwartungen« und »Wünsche« geht es auch hier *nicht* um die Lösung von den jeweiligen Aspekten wie z. B. Gesundheit, Wohlstand, liebevolle Partnerschaft, sondern von den *Abhängigkeiten* in Bezug auf das Glück. Damit befreist du dein inneres Glück und stärkst auch die Verbindung mit dem jeweiligen Aspekt, indem du den diesbezüglichen Mangel auflöst.

Vorgehensweise

1. Lies jetzt einmal diese Punkte auf deiner Liste und stelle dir bei jedem einzelnen die Frage: Ist dies ... (z. B. eine liebevolle Partnerschaft zu haben) wirklich *zwingend* notwendig, um glücklich(er) zu sein? Solltest du bei einem oder mehreren der Punkte (z. B. Gesundheit) ein Ja erhalten, so suche nach Beispielen, dass dem nicht so ist. Du wirst bestimmt eines finden – vielleicht ist es sogar ein Mensch, den du persönlich kennst.

2. Klopfe nun diese Abhängigkeiten mit folgender Einstimmung und folgenden Sequenzen:
   Einstimmung: »Auch wenn ich mein Glück von all diesen Aspekten abhängig mache, lasse ich diese *Abhängigkeiten* jetzt los und entscheide: Mein Glück ist frei.«
   Drei *Sequenzen*:

· Klopfpunkt 1: Schaue auf die erste Abhängigkeit auf deiner Liste und sage laut: »*Zusammen Loslassen!*«

· Punkt 2: Schaue auf die zweite Abhängigkeit auf deiner Liste und sage laut: »*Zusammen Loslassen!*«

· Punkt 3: Schaue auf die dritte Abhängigkeit auf deiner Liste und sage laut: »*Zusammen Loslassen!*«

· Usw.

3. Drei *Sequenzen:*

· Klopfpunkt 1: Schaue auf den ersten Punkt deiner Liste und sage laut: »Ich bin das!«

· Punkt 2: Schaue auf den zweiten Punkt deiner Liste und sage laut: »Ich bin das!«

· Punkt 3: Schaue auf den dritten Punkt deiner Liste und sage laut: »Ich bin das!«

· Usw.

4. Anschließend eine Runde mit der *Einstimmung*: »Mein Glück ist frei, und ich akzeptiere mich voll und ganz.« Dann die *Sequenz*: »Mein Glück ist frei!«

Der eine oder andere Aspekt mag sich in Verbindung mit dem »Ich bin das!« (Schritt 3) etwas komisch anhören oder anfühlen. Wenn du jedoch so langsam erkennst, dass du ALLES in deinem Universum bist, so machen auch diese letztendlich Sinn. Gehe jetzt abschließend über die komplette Liste und streiche diejenigen Abhängigkeiten, die jetzt *nicht* mehr gültig sind. Gibt es noch gültige, so notiere sie auf deiner Resteliste.

Übersicht Etappe 11

· Etappendauer: 2 Tage
· Aufgaben: Schlaf, Bewegung
· Glücklichsein-Abhängigkeiten loslassen, 2 Tage, jeweils ca. 30 Minuten
· *Restelisten!*
· *»Zusammen«*-Klopfen, 1-mal täglich, ca. 2 Minuten

· Dankbarkeitsliste, täglich 1 neuer Punkt und ganze Liste klopfen, ca. 3 Minuten
· Eine Freundlichkeitskette täglich in Gang setzen
· Tipps von Seite 147-152 umsetzen: Unterstreiche noch mal diejenigen der letzten Etappen und denjenigen, den du während dieser Etappe *zusätzlich* durchführen willst.

Atmen	Essen + Trinken	Freundeskreis
Fernsehen	Lesen	Entrümpeln
Kleidung	Hygiene	Farben
Gerüche und Düfte	Musik	Fühlen

»Ich fand es sehr gut, dass es täglich einen kontinuierlichen Übungsrahmen gab. Die immer wiederkehrenden gleichen Übungen, NeiGong und Bouncing, Selbstliebe und Selbstakzeptanz, Zusammen-Klopfen, Freundlichkeitskette usw., haben bei mir das Ganze so richtig ins Fließen gebracht. Einige Übungen haben mir meine Baustellen bewusst gemacht. Der Kurs hat mir richtig Spaß gemacht und mich auf jeden Fall ein ganzes Stück vorangebracht. Er bietet einen wertvollen Übungsfundus, mit dessen Hilfe man auf den richtigen Weg gebracht wird. Man schwingt einfach besser, und es wird einem bewusst, dass man nur sich selbst akzeptieren und wertschätzen muss, um glücklich zu sein, bzw. dass das Geben einen einfach glücklich macht. Alles andere geschieht dann von allein ...«

(Onlinekurs-TeilnehmerIn)

Etappe 12: Tailender

»Wer glücklich reisen will, reise mit leichtem Gepäck.«
Antoine de Saint-Exupéry

Tailender ist ein weiterer Begriff aus Gary Craigs »Palast der Möglichkeiten«. Es sind im EFT-Bereich Widerstände und Blockaden, die sich sozusagen im Schlepptau von Affirmationen oder auch bildlichen Vorstellungen befinden. Tailender sind damit die Reaktionen der Persönlichkeitsanteile, die gegen ein anvisiertes Ziel sprechen. Sie können sich zeigen in Form von negativen Gedanken, Glaubenssätzen, Erinnerungen, Bildern, Gefühlen und Emotionen.

Sag dreimal laut: »Ich bin dauerhaft glücklich« und höre und fühle nach jedem einzelnen Aussprechen dieses Satzes in dich hinein. Gibt es irgendeine negative Reaktion? Ein Gefühl, eine Emotion, einen Gedanken, einen Glaubenssatz, ein Bild oder eine Erinnerung, das bzw. der bzw. die dieser Aussage widerspricht?

Wenn nicht, dann wiederhole das Experiment mit folgendem Satz: »Ich bin der glücklichste Mensch auf der Welt.«

Dies war ein erster Vorgeschmack darauf, was dich auf dieser Etappe erwartet. Fast alle vorherigen dienten schon der Aufdeckung von Tailendern, insbesondere deiner bewussten, dein Ziel betreffend. Um jedoch die unbewussten zu entlarven, muss man diese meist erst wachkitzeln, und dies erreichst du, wenn du dich mit einer Affirmation und auch einer bildlichen Vorstellung mit deinem Reiseziel verbindest. Manchmal ist dazu auch etwas Übertreibung vonnöten, die beispielsweise die zweite Aussage darstellt.

Letzteres wird übrigens auch in der provokativen Therapie verwendet. Hier übertreibt man jedoch das Negative, das einem der Patient anbietet. Nehmen wir einmal an, dieser sagt zum Therapeuten: »Alles misslingt mir!« Der Therapeut würde dies aufnehmen und es dann auf übertriebene Art und Weise zurückspiegeln: »Ja, ich sehe schon, Sie sind ein hoffnungsloser Fall. Der größte Versager, der je auf diesem Stuhl gesessen hat. Ach, was sage ich, der größte Versager auf der ganzen Welt. Im Duden sollte sich *Ihr* Bild unter dem Wort Versager befinden. Ihnen ist noch *nie* was gelungen, und das wird auch so bleiben, bis in alle Ewigkeit. Es ist ein unglaubliches Wunder, dass Sie es überhaupt geschafft haben, heute Morgen aus dem Bett zu kommen, sich anzuziehen und auch noch den Weg zu mir zu finden.«

Derart provokativ kannst du auch mit dir selbst arbeiten, und vielleicht macht es dir sogar Spaß. Übertreibe so lange im Negativen, bis sich irgendein Teil in dir meldet und beispielsweise sagt: »Jetzt hör mal auf! So ist es nun auch nicht. Immerhin habe ich schon das und das und das geschafft.« Schon bist du in einer anderen, positiven Schwingung bzw. Energie und kannst vielleicht sogar über die ganze Angelegenheit schmunzeln. Und darauf reagiert das Universum, genau darauf.

Ich weiß, ich bin etwas vom Thema abgekommen. Deine Aufgabe auf dieser Etappe wird es nicht nur sein, deine (restlichen) Tailender zu entlarven, sondern diese und auch alle übrig gebliebenen Gepäckstücke der vorherigen Etappen auf einmal loszulassen. Dies wird dir jetzt umso leichterfallen, da du dich ja schon von den schwersten von ihnen getrennt hast.

Auf deiner Reise wirst du sicherlich den einen oder anderen Stein finden, der dir scheinbar im Weg liegt. Es sind

deine Steine, du allein hast sie genau dort platziert und nur
du kannst sie aus dem Weg räumen. Vielleicht sind jedoch
auch einmal Steine dabei, mit denen du etwas Schönes
bauen möchtest oder die dich trockenen Fußes über den
Fluss bringen. Sei dir dessen bewusst, und du wirst diese
Schätze erkennen.

> »*Es war sehr schön, täglich gezielt unterstützt zu werden in
> seinem Tun. Viele Übungen kannte ich, habe sie aber durch
> die Alltagsroutine nicht regelmäßig gemacht. Diese Regelmä-
> ßigkeit bringt einen wieder in eine andere Schwingungsebene,
> war aber auch manchmal wie eine lästige Verpflichtung, die
> aber trotzdem ihre positiven Wirkungen wie ein gutes innerli-
> ches Gefühl, wieder etwas für sich und für andere ... getan zu
> haben, hinterlässt.*«
>
> (Onlinekurs-TeilnehmerIn)

Praxisteil: Tailender loslassen

Auf dieser Etappe besteht deine Hauptaufgabe darin, dir
dein Restgepäck bewusst zu machen und dieses auf einmal
loszulassen. Der erste Tag dient dabei erst einmal der Vorbereitung.

Restgepäck-Bestandsaufnahme (Kugelliste)

Teil 1

Zu diesem Zweck nimm deine Resteliste Aspekte und unterziehe diese einer sorgfältigen Prüfung. Hier noch einmal die verschiedenen Bereiche:

- restliche körperliche Beschwerden und Stressfaktoren (Etappe 1)
- restliche Unzulänglichkeiten (auch Körper) und Schwächen (Etappe 2)
- restliche Negativ-Erfahrungen (Etappe 3)
- restliche Schuldgefühle (Etappe 4)
- restliche offene Rechnungen (Etappe 5)
- restliche einschränkende Kern-Glaubenssätze (Etappe 6)
- restliche systemische Faktoren (Etappe 7)
- restliche Zukunftsbefürchtungen (Etappe 8)
- restliche Erwartungen (Etappe 9)
- restliche Wünsche (Etappe 10)
- restliche Glücklichsein-Abhängigkeiten (Etappe 11)

Überprüfe, welche dieser Aspekte auch heute noch, wenn auch vielleicht nur zu einem Teil, gültig sind, und schreibe diese auf ein separates Blatt. Diese neue Liste nennen wir »Kugelliste« – weshalb, das erfährst du später.

Streiche die jetzt ungültigen und, wenn du möchtest, entsorge die alte Resteliste. Sollten dir noch weitere Faktoren bewusst werden, so notiere diese ebenfalls auf der Kugelliste.

Teil 2

Die folgende dreiteilige Übung kann dir beim Aufspüren bzw. Entlarven weiterer Widerstände dein Ziel betreffend helfen:

· Sprich die folgende Affirmation zweimal laut aus: »Ich bin bedingungslos glücklich.« Achte dabei und danach auf etwaige aufkommende innere Einsprüche in Form von negativen Gefühlen, Emotionen, Bildern, Gedanken, Glaubenssätzen oder auch Negativ-Erfahrungen. Notiere diese sogleich auf der Kugelliste, sollten sie noch nicht darauf stehen. Wiederhole dieses Vorgehen anschließend noch zweimal. Sollten keine Widerstände auftauchen, so mache diesen Schritt mit dem Satz:»Ich bin der glücklichste Mensch der Welt.«
· Kreiere auf einer inneren Leinwand ein Bild, das dich wirklich und bedingungslos glücklich (bzw. als glücklichster Mensch der Welt) zeigt. Mache dieses Bild so anziehend wie möglich. Bleibe mindestens zwei Minuten mit deiner Konzentration auf diesem Bild und achte auch hier auf etwaige innere Einsprüche. Notiere auch diese, sollten sie noch nicht auf der Liste stehen.
· Steige abschließend in dieses Bild hinein und erlebe dein Glücklichsein mit allen Sinnen. Tue auch dies für mindestens 2 Minuten, achte dabei auf Widerstände und notiere diese, sollten sie noch nicht auf der Liste stehen.

Damit hast du nun die Vorbereitung für diese Etappe beendet. Morgen geht es weiter mit dem Loslassen von all diesen Aspekten. Dazu hast du drei Tage (ca. 90 Minuten)

Zeit. Es wäre jedoch vorteilhaft, wenn du für den ersten Tag davon ca. 60 Minuten einplanen würdest, damit du den Prozess nicht unterbrechen musst.

Glücksbefreiungs-Kugel

Mache dich erst einmal mit der Vorgehensweise vertraut, bevor du dich auf die folgende Aufgabe einlässt. Das Prinzip ist sehr einfach: Du erschaffst vor dir im Raum eine wunderschöne große Kugel. In diese gibst du die Aspekte deiner Kugelliste, einen nach dem anderen. Du klopfst nun mit dem Fokus auf die große Kugel. Die Absicht dabei ist, diese mit all ihren Inhalten loszulassen.

Die folgende Vorgehensweise ist nur ein Vorschlag. Wenn du das Prinzip verstanden hast, kannst du diese für dich passend modifizieren.

Erschaffe vor dir im Raum eine große, wunderschöne durchsichtige Kugel, die wie geschaffen dafür ist, deine restlichen Widerstände und Blockaden, dein Glück betreffend, aufzulösen oder auch zu transformieren. Wie groß wäre so eine Kugel? Wie weit von dir entfernt? Aus welchem Material würde sie bestehen? Welche Farbe hätte sie? Vielleicht möchtest du sie auch noch mit irgendwelchen Symbolen schmücken? Stell dir ebenfalls vor, diese große Kugel hat eine runde, verschließbare Öffnung, die du durch das Wort »Öffnen!« aufmachen und mit »Schließen!« wieder zumachen kannst. Öffne nun die Kugel und gib einen Rest-Aspekt deiner Kugelliste nach dem anderen in liebevoller, akzeptierender und dankbarer Haltung in sie hinein. Lass dir auch noch von deinem Unbewussten eine kleine Kugel geben, mit all den (restlichen) dir unbewussten Aspekten,

die dein Glück beeinträchtigen, und gib auch diese kleine Kugel in die große. Stelle dir abschließend noch vor, dass sich aus deiner Kehle (man sagt, dort ist der Sitz des Karmas) eine kleine Kugel löst, die alle karmischen Aspekte enthält, welche dein Glück negativ beeinflussen. Auch diese gibst du nun in die große. Ist dies alles geschehen, so sage laut zu der großen Kugel: »Schließen!«
Dies war sozusagen die Vorarbeit. So geht es weiter:

1. Mache nun die große Kugel mit irgendeiner passenden Farbe undurchsichtig, damit du nicht eventuell von den beiden kleinen abgelenkt wirst. Bewerte nun die gesamte große Kugel bezüglich ihres emotionalen Stresswerts. Notiere diesen Wert.

2. Klopfakupressur (Schritte 2 bis 9): Deine Konzentration gebührt dabei der großen Kugel und den durch sie in dir ausgelösten Gefühlen und Emotionen. Wenn du möchtest, kannst du auch folgende Aussagen für Einstimmung und Sequenz verwenden. *Einstimmung*: »Ich liebe und akzeptiere mich voll und ganz mit all meinen Fehlern und Unzulänglichkeiten und auch den Blockaden und Widerständen in dieser Kugel. Ich entscheide, diese jetzt vollkommen und für immer loszulassen.« *Sequenz*: »*Zusammen Loslassen.*« Klopfe so viele Runden (nach der ersten genügen die Schritte 5 bis 9), bis der Intensitätswert für die große Kugel auf 0 ist.

3. Ist dies der Fall, mache die Kugel wieder durchsichtig und bewerte nun jeden darin noch enthaltenen Aspekt mit Hilfe deiner Kugelliste einzeln. Gibt es noch welche (auch kleine Kugeln), die nicht auf 0 sind? Klopfe in einem solchen Falle weitere Runden mit dem Fokus auf diese übrig gebliebenen Aspekte (Kugeln).

4. Wiederhole Schritt 3, bis alle Aspekte (Kugeln) in der großen Kugel auf 0 (oder verschwunden) sind.

5. Konzentriere dich danach noch mal auf die große Kugel, sollte sie noch da sein. Klopfe nun eine Sequenz mit dem Wort: »Danke!« und anschließend eine Sequenz mit dem Satz: »Ich bin glücklich!«

6. Entlasse nun deine große Kugel. Schau jedoch vorher noch mal hinein, vielleicht enthält sie ja jetzt ein Geschenk, eine Energie, das/die dir helfen kann auf deinem Weg zum Glücklichsein. Nimm diese Energie mit Dankbarkeit in dein Herz auf und verabschiede danach die Kugel ins Universum oder wo immer sie auch hinmöchte und wünsche ihr alles Gute.

Abschließend noch ein paar Tipps zu dieser Technik:

· Führe diese Übung so gut wie möglich durch, auch wenn du vielleicht etwas Probleme mit dem Visualisieren hast. Eine Hilfe kann auch hier das Beschreiben dessen sein, was du sehen möchtest. Auch wenn du keine klaren Bilder »bekommst«, so reduziert dies nicht die Wirkungsweise dieser Übung. Entscheidend ist auch hier deine Absicht bzw. Intention.

· Solltest du mit der »Magic Box« aus meinem EFT-Buch vertraut sein, so kannst du auch diese alternativ zur Kugel verwenden.

· Sollte dir während des Prozesses ein weiterer Aspekt (Widerstand) bewusst werden, so gib diesen einfach mit in die Kugel.

· Solltest du die Befürchtung haben, dass ein oder mehrere Aspekte bzw. eine kleine Kugel irgendwie einen Weg nach draußen und zu dir zurück finden, so errichte um die große ein Kraftfeld, das dies unterbindet. Wie wäre es mit einem Ebene-10-Kraftfeld? Das wäre das absolut stärkste. Jedenfalls für Star-Trek-Fans ...

· Sollte der Wert für die gesamte Kugel nicht fallen, so liegt dies meist an einem hartnäckigen Aspekt (oder einer der kleinen Kugeln), der (die) erst einmal separat behandelt werden muss. Du wirst in einem solchen Falle wissen, um welchen Aspekt (bzw. welche der beiden kleinen Kugeln) es sich handelt.

· Oft verändert sich insbesondere die große Kugel im Laufe des Prozesses in Größe, Form, Material oder auch Farbe. Auch daran erkennst du, dass das Klopfen etwas bewirkt.

· Weiterhin wurde oft beobachtet, dass diese sich während des Klopfens räumlich entfernt oder auch sich nach und nach auflöst. Unterbreche dies nicht, sondern lass es geschehen.

Nacharbeiten

Die restliche Zeit (vielleicht hast du ja auch noch ein, zwei Resttage) ist für mögliche Nacharbeiten vorgesehen. Gehe noch einmal über deine Kugelliste und streiche alle Aspekte, die du losgelassen hast. Mit eventuellen Resten kannst du eine weitere Kugel »bauen« oder diese auch separat mit der Klopfakupressur bearbeiten. Ist die ganze Liste geklärt, so zerreiße oder noch besser verbrenne (Vorsicht!) sie. Das Unterbewusstsein liebt solche Rituale.

»Dein Kurs von 30 Tagen hat mir Jahre des Suchens und Findens erspart. Einiges kannte ich, vieles habe ich dazugelernt. Auch dass ich endlich täglich damit an mir arbeiten konnte, weil ich mir die Zeit genommen habe, hat sehr viel bewirkt. Oft lese ich über zauberhafte Techniken und probiere sie auch aus, doch ich bleibe nicht dabei. So musste ich meinen Verstand dazu zwingen, meiner Verpflichtung nachzugehen. Es sind wirkungsvolle Werkzeuge dabei, seine innere Mülldeponie abzubauen und zu lernen, sich davor zu schützen; das wahre Glück zu sehen und zu leben – mein eigenes Leben. Ich fühle mich innerlich sehr reich und werde täglicher reicher und reicher an Glück und Erfahrungen. Vielen Dank, lieber Christian, für deinen Onlinekurs.«

(Onlinekurs-TeilnehmerIn)

Übersicht Etappe 12

- Etappendauer: 4 Tage
- Aufgaben: Schlaf, Bewegung
- Restgepäck-Bestandsaufnahme (Teil 1 und 2), 1 Tag, ca. 30 Minuten
- Glücksbefreiungskugel, 2 Tage bzw. ca. 60 Minuten
- Nacharbeiten, 1 Tag, ca. 30 Minuten (optimal auch für den Einsatz von Resttagen)
- *Restelisten!*
- *»Zusammen«*-Klopfen, 1-mal täglich, ca. 2 Minuten
- Dankbarkeitsliste, täglich 1 neuer Punkt und ganze Liste klopfen, ca. 3 Minuten
- Eine Freundlichkeitskette täglich in Gang setzen
- Tipps von Seite 147-152 umsetzen: Unterstreiche noch mal diejenigen der letzten Etappen und denjenigen, den du während dieser Etappe *zusätzlich* durchführen willst.

Atmen	Essen + Trinken	Freundeskreis
Fernsehen	Lesen	Entrümpeln
Kleidung	Hygiene	Farben
Gerüche und Düfte	Musik	Fühlen

Etappe 13: Ressourcen und Kraftquellen

Diese und auch die folgende letzte Etappe sind nun endlich den positiven Seiten des Glücklichseins gewidmet. Nachdem du dich von allem oder wenigstens fast allem hinderlichen Reisegepäck getrennt hast, erhältst du abschließend noch die Möglichkeit, kraftvolle Energie zu tanken, um den letzten Teil deiner Reise noch leichter und auch schnell bewältigen zu können.

Deine Aufgabe wird es sein zu erforschen, was Glücklichsein an diesem Punkt für dich bedeutet. Was es jetzt für dich heißt, verbunden zu sein mit deiner inneren Kraft. Ein paar Schritte in den Schuhen eines Menschen, der dies schon lebt, werden dich erkennen lassen, welche Qualitäten du noch nicht in dir entdeckt hast. Mit all diesen Aspekten wirst du dann eine Collage anfertigen, die dir Rückenwind für die weitere Reise geben wird.

Du hast, und dies ist eine weitere Wahrheit, alle Ressourcen in dir, die du brauchst, um wirklich und auch dauerhaft glücklich zu sein. Sollte irgendjemand oder eine Stimme in dir selbst etwas anderes behaupten, so höre nicht auf diese Lüge und geh weiter deinen Weg – du kennst ja die Wahrheit.

Lächeln

Eine deiner wohl kraftvollsten Glücksressourcen ist dein Lächeln. Nicht nur dass das Nach-oben-Ziehen der Mundwinkel nach ca. einer Minute Glückshormone freisetzt, selbst ein kurzes Lächeln wirkt sich positiv auf das Immunsystem aus. Und dies sind lediglich zwei von sicherlich vielen Gründen, es öfters und auch länger zu tun. Einsetzen kannst du das Lächeln auch ganz gezielt als Musterunterbrecher.

Hierzu ein kleines Experiment. Du benötigst dazu lediglich eine Uhr mit Sekundenangabe.

Gibt es irgendetwas in deinem Leben, was dich immer wieder stört, ärgert oder nervt? Nichts Weltbewegendes, aber doch etwas, das dich öfters mal auf halbe Höhe der Palme bringt. Denke jetzt an diese Sache und registriere die Gefühle und Emotionen, die sie bei dir auslöst. Bleibe bei dieser Vorstellung und lächle. Ziehe die Mundwinkel nach oben, halte sie dort für gut eine Minute und atme danach einmal tief ein und aus.

Ich warte so lange.

Denke jetzt noch einmal an dein gewähltes Thema. Haben sich deine diesbezüglichen Gefühle und Emotionen verändert? Wenn nicht oder nur zu einem kleinen Prozentsatz, dann wiederhole das Experiment noch ein(ige) Mal(e).

> »Ein Lächeln wirkt auf Schwierigkeiten wie die Sonne auf Wolken – es löst sie auf.«
> *Sri Aurobindo*

»Ich habe eine sehr wichtige berufliche Entscheidung getroffen, die mich schon die längste Zeit belastet hat. Auch privat bin ich jetzt konstant sehr ausgeglichen. Auch meinen Körper spüre ich besser. Ich hatte einmal wirklich das Gefühl, krank zu werden, es ist aber Gott sei Dank nichts daraus geworden, ich denke, das hat auch mit den vielen Glücksgefühlen zu tun!!! Eine sehr wertvolle Erfahrung, die ich nicht missen möchte! Vielen Dank dafür.«

(Onlinekurs-TeilnehmerIn)

Praxisteil: Ressourcen und Kraftquellen erkennen und stärken

Deine Hauptaufgabe auf dieser Etappe besteht darin, deine Glücks-Collage anzufertigen. Dazu hast du drei Tage Zeit, ein vierter ist für dein Glücks-Lächeln vorgesehen.

Vorbereitung

Teil 1: Was ist Glück für dich?

Vor dem Beginn der Reise (Check-up) habe ich dich aufgefordert, dir über deine ganz persönliche Definition von Glücklichsein klarzuwerden und diese zu notieren. Nimm dir 10 Minuten Zeit und gehe noch mal über dieses Blatt. Vielleicht möchtest du ja einige Punkte streichen oder ergänzen.

Teil 2: Ein glücklicher Mensch

Nimm dir 20 Minuten Zeit und ein Blatt Papier und notiere darauf deine Antworten auf folgende Fragen. Formuliere diese so, als ob du schon dieser glückliche Mensch wärst, also in Ich- und Gegenwartsform.

- Wie atmet ein glücklicher Mensch?
- Wie ist seine Körper- und Kopfhaltung?
- Wie ist sein Blick, seine Mimik?
- Wie geht ein glücklicher Mensch?
- Wie ist seine Körperspannung?
- Wie spricht ein glücklicher Mensch (Tonhöhe, Sprechtempo)?
- Welche Einstellungen, Glaubenssätze und Überzeugungen (auch spirituelle) hat ein glücklicher Mensch?
- Welche grundlegenden Verhaltensweisen und Fähigkeiten hat er?
- Mit welchem Hauptgedanken schläft er ein?
- Wie schläft ein glücklicher Mensch?
- Wie wacht er morgens auf, und wie steht er auf?
- Wie trifft er seine Entscheidungen?
- Wie handelt er?
- Woran hat er Spaß? Was liebt er?
- Stell dir vor, eine Fee erfüllt dir den Wunsch, 24 Stunden lang wunschlos glücklich zu sein. Woran würdest du in diesen 24 Stunden erkennen, dass sich dieser Wunsch erfüllt hat?

Um dir die Aufgabe etwas zu erleichtern, hier einige Vorschläge:

- Ich atme tief und entspannt.
- Meine Körperhaltung ist entspannt und aufrecht.
- Mein Blick ist klar, und ich schaue meinem Gegenüber stets in die Augen.
- Meine Stimme ist fest, klar, angenehm, die Lautstärke stets angemessen.
- Ich gehe mit festem Schritt, aufrechtem Gang und erhobenem Kopf.
- Ich bin mit allem verbunden.
- Alles regelt sich zum Wohle aller.
- Es gibt immer einen Ausweg.
- Das Leben ist schön.
- Die Menschen sind von Grund auf gut.
- Ich bin ein wertvoller Mensch.
- Ich liebe Herausforderungen.
- Ich liebe Veränderungen.
- Ich bin der Architekt meines Lebens.
- Ich verdiene es, glücklich zu sein.
- Ich habe alle Zeit der Welt.
- Es gibt den Himmel auf Erden, und Glücklichsein ist der Schlüssel.
- Ich bin stets zur richtigen Zeit am richtigen Ort.
- Das Universum ist mein Verbündeter.
- Ich erlaube es mir, glücklich zu sein.
- In der Ruhe liegt die Kraft.
- Ich lebe im Hier und Jetzt.
- Ich entscheide mich, jeden Tag glücklich zu sein.
- Ich weiß, dass alles auf irgendeiner tieferen oder höheren Ebene einen Sinn ergibt.
- Ich weiß: Geben ist Empfangen.
- Annehmen = Loslassen = Empfangen.
- Ich erlaube mir, glücklich zu sein.

- Probleme und Krisen sind Chancen.
- Alles, was mir begegnet, bin ich selbst.
- Das wahre Glück ist in mir.
- Ich bin frei.
- Ich darf Fehler machen.
- Ich vertraue meiner Intuition und entscheide und handle danach.
- Mein wahres Ich ist unsterblich.
- Ich liebe mich, und ich liebe das Leben.
- Das Leben ist eine Wundertüte.
- Ich liebe und akzeptiere mich voll und ganz mit all meinen Problemen und Unzulänglichkeiten.
- Ich liebe es zu lächeln.
- Ich übernehme die Verantwortung für alles in *meinem* Leben.
- Ich liebe es, mich zu bewegen.
- Ich habe Spaß an den schönen Dingen des Lebens, und ich genieße sie.
- Ich bin ein Kind Gottes und damit göttlich.
- Für mich ist stets gesorgt.
- Ich vertraue auf meine Fähigkeiten und blicke zuversichtlich in die Zukunft.
- Ich schlafe ein mit großer Vorfreude auf den kommenden Tag.
- Mein Schlaf ist tief, ruhig und erholsam.
- Ich wache erholt und erfrischt auf und freue mich auf den Tag.
- Ich stehe täglich auf in dem Bewusstsein: Das ist mein Tag!
- Ich begegne mir selbst und anderen mit einem herzlichen Lächeln.
- Ich gehe offen auf andere zu und sehe stets das großartige Potenzial in ihnen.

- Ich bin dankbar für alles.
- Alles geht mir leicht von der Hand.
- Ich pflege meine Freundschaften und Beziehungen.
- Ich weiß, wenn ich glücklich bin, so ist dies zum Wohle aller.
- Im Zweifelsfall entspanne ich mich erst einmal.
- Ich sage »Ja!« zum Leben.
- Usw.

Glücks-Collage

Teil 1:

Die für die Glücks-Collage nötigen Materialien hast du ja schon vorbereitet. Nimm nun dein großes Blatt Papier (oder den Karton) und schreibe in großen Buchstaben darüber »Ich bin GLÜCKLICH«, »GLÜCKLICHSEIN« oder etwas Ähnliches und klebe in die Mitte ein Bild bzw. Foto von dir, das dich glücklich zeigt. Um dieses Bild herum platzierst du danach Bilder, Fotos und Symbole, die für dich Glück und auch die notierten Glücksbedeutungen repräsentieren. Dabei kannst du die für dich passenden Symbole auch gerne malen oder zeichnen, die Bedeutungen auch mit farbigen Filzstiften schreiben. Sei kreativ und lasse an den Seiten sowie oben und unten noch genügend Platz für Teil 2 der Aufgabe.

Teil 2

Nimm nun einige farbige Filzstifte und schreibe deine Antworten bezüglich »Ein glücklicher Mensch« auf deine Glücks-Collage. Lass darauf jedoch noch etwas Platz für weitere Punkte, die dir sicherlich auf deiner Reise noch einfallen werden. Ergänze deine Collage, wenn du möchtest, mit Zitaten und Weisheiten, die ganz allgemein zum Thema Glücklichsein für dich passend sind.

Teil 3

Gehe abschließend noch einmal über jeden Punkt auf deiner Collage. Klopfe dabei fortwährend den Thymuspunkt (leichte Erhöhung auf dem Brustbein, ca. 5 cm unterhalb der Drosselgrube) und sage an jedem Bild, Foto, Symbol, Glaubenssatz, Zitat usw. einmal laut: »Ich bin das!« oder »*Zusammen Sein*«.

 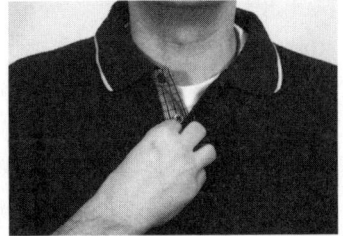

Glücks-Lächeln

Setze oder stelle dich vor einen Spiegel und stell dir vor, du wärst wunschlos glücklich. Lächle dabei und schau in dein Spiegelbild. Drückt dieses wunschloses Glücklichsein aus? Wenn nicht, dann verändere dein Lächeln bzw. deine Mimik, bis du dies erreicht hast. Was fühlst du jetzt? Sollte dir dieses Glücks-Lächeln ungewohnt oder fremd (welches Wort passt für dich besser?) vorkommen, dann bewerte das Ungewohnt- oder Fremdheitsgefühl auf einer Skala von 0 bis 10, wobei 0 vollkommene Vertrautheit und 10 total fremd/ungewohnt bedeutet.

Klopfe nun, während du dieses Lächeln so gut wie möglich hältst:

Einstimmung: »Auch wenn sich mein Glücks-Lächeln (noch etwas) ungewohnt/fremd anfühlt, liebe und akzeptiere ich mich voll und ganz.«

Sequenz: »Mein Glücks-Lächeln fühlt sich (noch etwas) ungewohnt/fremd an.«

Du kannst dich aber auch während der Sequenzen einfach nur auf dein Glücks-Lächeln und das damit verbundene (restliche) Fremdheitsgefühl konzentrieren. Das Ziel dieses Klopfens ist eine völlige Vertrautheit mit deinem Glücks-Lächeln, und nicht selten braucht es dazu mehrere Sitzungen.

Damit du es in den nächsten Tagen und Wochen nicht vergisst, male einen »Smiley« ☺ in die Mitte der Handfläche deiner linken Hand. Auf den Kreis kannst du verzichten, es reichen auch die beiden Augen und der Mund ☺. Nimm dazu einen wasserfesten feinen Stift (Fineliner). Die Wahl der Farbe ist dir überlassen. Dieses Symbol für dein Glücks-Lächeln solltest du in den nächsten drei Wochen täglich erneuern, insbesondere nach dem Händewaschen. Eine Kollegin aus den USA nennt es »Secret Smile«, ich bin schon in meinem LOA-Buch (Seite 254 f.) darauf eingegangen.

»*Ich finde meine Glücks-Collage richtig klasse, das hätte ich ohne deine Anregung vermutlich niemals in die Wirklichkeit gebracht. Und jetzt ist es schön. Auch die Anregung mit dem morgendlichen Klopfen und Bouncen animiert mich zu mehr Bewegung – wie gut! Sinnig war auch, wie sich Gedanken von Rebellion gegen die Flut an Aufgaben einfanden. Die durfte ich dann auflösen ... An jedem Spiegel hängt ein Zeichen – nach wie vor –, mich an meine Selbstliebe zu erinnern. In diesen Wochen habe ich ja sehr meine eigene Achtsamkeit geschult und trainiert – ähnlich wie früher meinen Körper auf dem Sportplatz. Schön, wie jemand wie du sein gesamtes Wissen, seine Kraft und seine Liebe zu den Menschen in solch ein Training gießt – zu unser aller Wohl. Danke!!! ... Zwar war ich auch vorher auf sehr zufriedenem Niveau – aber nun erscheint es mir noch solider und gesicherter, was mir ein durchaus gutes Gefühl gibt! Herzlichen Dank, Christian, für dein reiches Geschenk, und ich wünsche dir, dass es vielfältig zu dir zurückkehre. Aber das können wir ja kaum verhindern. Gut so und Gott sei Dank!!!*«

(Onlinekurs-TeilnehmerIn)

Übersicht Etappe 13

- Etappendauer: 4 Tage
- Aufgaben: Schlaf, Bewegung
- Vorbereitung Glücks-Collage (Teil 1 und 2), 1 Tag, ca. 30 Minuten
- Glücks-Collage, 2 Tage bzw. ca. 70 min (empfehlenswert auch für den Einsatz von Resttagen)
- Glücks-Lächeln, 1 Tag, ca. 20 Minuten
- *Restelisten!*
- *»Zusammen«*-Klopfen, 1-mal täglich, ca. 2 Minuten
- Dankbarkeitsliste, täglich 1 neuer Punkt und ganze Liste klopfen, ca. 3 Minuten
- Eine Freundlichkeitskette täglich in Gang setzen

Etappe 14: Finale

Wir kommen zum Finale und damit zum Höhepunkt deiner Reise. Dieser besteht aus einer dreiteiligen Übung, die, wenn auch komplexer als alle anderen zuvor, sehr effektiv ist.

Stell dir einmal vor, du bräuchtest nur eine Handbewegung auszuführen und ein Wort zu sagen und schon wärst du eng verbunden mit deiner inneren Kraft. Und wie würdest du dich wohl fühlen, wenn deine ganze bisherige Zeitlinie gereinigt wäre, vom Anbeginn deiner Existenz bis zum jetzigen Zeitpunkt? Und stell dir abschließend vor, wie es wohl wäre, wenn dieses Jetzt und auch deine Zukunft aufgeladen wären, nicht nur mit deiner inneren Kraft, sondern mit all den Kraftquellen auf deiner Collage.

Dies sind die Ziele dieser 14. und auch letzten Etappe. Alle anderen zuvor dienten in großem Maße ihrer Vorbereitung. An diesem Punkt deiner Reise bist du offen, ist Raum in dir für all die positiven Facetten des Glücklichseins. Das »Unkraut« ist (weitgehend) gejätet, und Licht, Wasser und Nährstoffe stehen bereit.

Die Werkzeuge, die du brauchst, um ein guter Gärtner deines Glücks zu sein, stelle ich dir in Kürze vor. Du meinst, es fehlt nur noch der »grüne Daumen«? Den hast du mit in die Wiege gelegt bekommen, und er ist eine, vielleicht sogar die stärkste Energie deiner inneren Kraft: *Liebe.*

Praxisteil: Finale

Die finale Etappe besteht aus einer dreiteiligen Aufgabe, mit der du nicht nur deine Vergangenheit endgültig bereinigen bzw. klären kannst, sondern auch die Möglichkeit hast, Glück ins Hier und Jetzt und auch in deine Zukunft zu bringen.

Fünf Tage (ca. 185 Minuten) sind dafür vorgesehen, und du bist währenddessen von allen weiteren Aufgaben befreit. Für Teil 2 und 3 der Aufgabe plane jeweils ca. 70 Minuten ein. Es ist sinnvoll, den Prozess nicht zu unterbrechen bzw. den Rest auf den nächsten Tag zu verschieben. Das Einsetzen von Resttagen ist hier ebenfalls eine gute Option.

Vorbereitung

Neben deiner Collage benötigst du verschiedene Bodenanker. Teile dazu vier DIN-A4-Blätter jeweils einmal, so dass du letztlich acht DIN-A5-Blätter erhältst.

Schreibe auf das erste Blatt: *Sein.*

Aufs zweite: *Beginn meiner irdischen Existenz* (deines ersten irdischen Lebens).

Aufs dritte: *Konzeption* (Dies ist der Zeitpunkt, an dem deine Seele deinen jetzigen Körper belebt hat. Es ist der Beginn deines jetzigen Lebens, und du musst auch nicht wissen, wann genau dies der Fall war.)

Aufs vierte: *Geburt*

Aufs fünfte: *Jetzt*

Aufs sechste: *Aufstieg* (Dies ist der Zeitpunkt, an dem deine innere Kraft deinen *jetzigen* Körper verlässt.)

Aufs siebte: *Ende meiner irdischen Existenz* (deines letzten irdischen Lebens)
Aufs achte: *Glücks-Wirbel*

Wähle für Teil 2 und 3 der Aufgabe einen Raum, in dem du Bewegungsfreiheit hast (4 x 2 Meter wären ideal). Mache dich erst mit der dreiteiligen Übung vertraut, bevor du sie durchführst.

Teil 1: Sein-Anker

Hierzu benötigst du nur den Bodenanker mit: *Sein*. Stelle dich darüber und atme einmal tief ein und aus. Schließe die Augen und stelle dir vor, in deinem Körper befindet sich eine reine und vollkommene Energie in Form einer kleinen Sonne, deine innere Kraft. Stell dir vor, diese ist frei und nicht nur vollkommen verbunden mit dir, sondern auch mit deinem Ursprung, deiner Quelle, mit Gott. Diese innere Sonne ist das, was du wirklich bist. Sie ist vollkommene Gesundheit, wahrer Reichtum, bedingungslose Liebe, Glückseligkeit und ewiges Leben. Wo genau befindet sich diese Sonne in dir? Wie groß ist sie? In welcher Farbe leuchtet sie?

1. Lege nun die Handfläche deiner linken Hand auf die Körperstelle, die sich am nächsten zu deiner inneren Sonne befindet, und nimm geistig Kontakt zu diesem Göttlichen in dir auf. Wie wäre es mit einem liebevollen »Hallo«?
2. Erkenne nun, dass du diese grenzenlose Energie bist. Werde mit jedem Atemzug mehr dazu und spüre, wie

damit auch die Verbindung zu deinem Ursprung stärker und stärker wird. Sag immer wieder, leise oder laut: »Ich bin das!«, und beobachte, wie das Licht, welches deine innere Sonne nun ausstrahlt, immer intensiver wird, sich ausdehnt und nach und nach jede Zelle deines Körpers erleuchtet und dich letztendlich vollkommen einhüllt. (Unterstützend kannst du mit den Fingerspitzen der rechten Hand auch noch die EFT-Punkte, bzw. einige davon, klopfen.)

3. An diesem wundervollen Höhepunkt lege deine rechte Hand auf die linke, atme einmal tief ein und aus, lächle und sage laut: »Sein!« Öffne danach deine Augen, nimm einen tiefen Atemzug und strecke dich.

4. Wiederhole diese drei Schritte in immer schnellerem Tempo noch viermal.

Auslösen deines Sein-Ankers

Mit diesem Anker hast du nun auch zukünftig immer wieder die Möglichkeit, in Verbindung mit deiner inneren Kraft zu gehen und zugleich mit deiner Quelle.

Lege dazu deine linke Hand auf die »Sonnen-Stelle«, die rechte darüber, atme einmal tief ein und aus und sage: »Sein!«

Dieser Anker ist ein weiteres Mosaiksteinchen auf deinem Weg zum Glücklichsein. Setze ihn ein in akuten Situationen und auch zum Manifestieren deiner spezifischen Ziele.

Ein Beispiel: Du möchtest eine liebevolle Partnerschaft? Kreiere ein inneres Bild, das dich in einer liebevollen Partnerschaft zeigt. Bleibe bei dieser Vorstellung und lege deine linke Hand auf die »Sonnen-Stelle«, die rechte darüber, atme einmal tief ein und aus und sage mehrmals (z. B. neunmal) laut: »Sein!«

Tue dies mehrmals pro Tag und für mehrere (drei bis sechs) Wochen, und die Manifestation wird sicherlich nicht lange auf sich warten lassen.

Teil 2: Reinigen der Zeitlinie (Vergangenheit)

Unsere Zeitlinie (Time-Line) beinhaltet alle Geschehnisse unserer Vergangenheit, Gegenwart und Zukunft. Du kannst sie dir wie einen weißen Laserstrahl vorstellen. Wenn du den Glauben hast, dass deine Existenz mit diesem Leben beginnt und auch endet, so markieren diese Punkte den Anfangspunkt und den Endpunkt deiner Zeitlinie und damit auch dieses Laserstrahls. Wenn du jedoch an eine ewige Existenz glaubst, so gibt es diese Begrenzung deiner Zeitlinie nicht.

Auch wenn du vielleicht eher an einen Anfang und ein Ende glaubst, so möchte ich doch, dass du für die folgende Übung offen für die zweite Möglichkeit bist. Diese schließt für mich auch das Prinzip der Wiedergeburt ein.

Lege nun deine Bodenanker aus, wie auf der Grafik skizziert. Lass dich bezüglich der Abstände zwischen den einzelnen Blättern von deiner Intuition leiten. Stelle dir deine Zeitlinie als leuchtend weißen Laserstrahl vor, der weder Anfang noch Ende hat. Dieser weiße Strahl hat eventuell an der einen oder anderen Stelle dunklere Abschnitte, die auf etwas Negatives in dieser Zeit hindeuten.

Während du also deine Zeitlinie abschreitest (mit ganz kleinen Schrittchen) achte auf diese »Verunreinigungen« und reinige sie mit deiner »Sein«-Energie. Sollten an diesen

Stellen auch noch negative Gefühle oder Emotionen auftreten, so klopfe einige Sequenzen, eventuell verbunden mit den Ho'oponopono-Sätzen: »Es tut mir leid. Bitte verzeih mir. Ich danke dir. Ich liebe dich.«

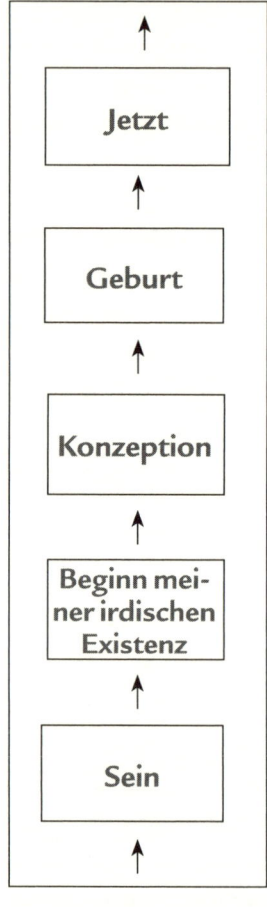

Verlasse dich auf deine Intuition. Sie wird dir sagen, was zu tun ist.

1. Stelle dich über das Blatt *Sein*. Lege deine linke Hand auf die »Sonnen-Stelle«, die rechte darüber, atme einmal tief ein und aus und sage: »*Sein*«. Lass nun dieses Licht, das von deiner inneren Kraft ausgeht, sich in deinem Körper ausbreiten und jede Zelle erleuchten, bis es schließlich deinen ganzen Körper einhüllt. Bist du in dieser wundervollen Energie, mache eine Schritt und stelle dich über das nächste Blatt: *Beginn meiner irdischen Existenz*.

2. Bleibe in deiner »Sein«-Energie und gehe nun mit kleinen Schrittchen auf deiner Zeitlinie durch deine früheren Leben. Achte dabei auf Verunreinigungen und negative Gefühle und/oder Emotionen. Stoppe an diesen Stellen und reinige diese Zeitabschnitte mit Hilfe deiner »Sein«-Energie und wenn nötig auch noch mit Klopfen und/oder Ho'oponopono. Stelle dir dabei vor, wie diese Abschnitte unter dir immer heller und heller werden und schließlich ebenfalls in leuchtendem Weiß erstrahlen.

3. Du hast das Blatt *Konzeption* erreicht. Blicke jetzt noch einmal *zurück* über deine Zeitlinie. Solltest du aus diesem Blickwinkel noch die eine oder andere Verunreinigung entdecken, so gehe noch mal zurück zu diesen Stellen und reinige sie. Fühle dich danach in diesen Zeitpunkt *Konzeption* hinein. Wie fühlt es sich an? Sollten negative Gefühle auftauchen, so löse diese auf.

4. Gehe anschließend den nächsten Zeitabschnitt bis *Geburt* an. Tue dies in der gleichen Art und Weise wie unter Schritt 2 beschrieben.

Hast du schließlich das Blatt *Geburt* erreicht, so gehe hier genauso vor wie unter Schritt 3. Nach der »Rückschau« verbinde dich auch hier mit dem Zeitpunkt auf deinem Blatt (*Geburt*) und löse eventuell damit verbundene negative Gefühle bzw. Emotionen auf. Wie in Schritt 2 absolvierst du anschließend den Zeitabschnitt zwischen *Geburt* und *Jetzt*.

5. Auch im *Jetzt* blicke noch einmal zurück auf deine Zeitlinie und reinige noch eventuelle »Verunreinigungen«. Verbinde dich auch hier mit dem Zeitpunkt auf deinem Blatt (*Jetzt*) und löse eventuell damit verbundene negative Gefühle bzw. Emotionen auf. Atme anschließend einmal tief ein und aus und fühle die Verbundenheit deiner »Sein-Energie« mit diesem *Jetzt*.

6. Gehe abschließend neben deiner Zeitlinie zurück und stelle dich erneut über das Blatt *Sein*. Blicke nun von hier über deine leuchtend weiße Zeitlinie und löse wieder deinen Sein-Anker aus. Gehe nun in dieser Energie in langsamem Schritttempo auf deiner Zeitlinie bis ins *Jetzt* und atme dort einmal tief ein und aus.

7. Wiederhole Schritt 5 noch viermal in immer schnellerem Tempo.

Hinweis: Solltest du während dieser Zeitreise die Verbindung mit deiner »Sein«-Energie verlieren, so kannst du diese wiedererlangen, indem du den »Sein-Anker« auslöst.

Teil 3: Zeitlinie (Jetzt und Zukunft) mit Glücks-Wirbel energetisieren

Das Prinzip ist auch hier denkbar einfach: Du gehst als Erstes in Verbindung mit deiner inneren Kraft und stellst dir vor, wie deren Glücks-Energie sich über deinen Körper hinweg kreisförmig ausbreitet. In diesen Kreis gibst du nach und nach alle deine Glücksfaktoren, die auf deiner Collage stehen. Danach lässt du einen Glücks-Wirbel um dich herum entstehen, in dem du dann deine zukünftige Zeitlinie abgehen wirst. Dieser Glücks-Wirbel wird auf der Zeitreise nicht nur deine Zeitlinie mit Glück energetisieren, sondern gleichzeitig auch all das aufnehmen, was für dich Glück bedeutet.

Du benötigst nun deine Glücks-Collage und die Bodenanker *Sein, Jetzt, Aufstieg, Ende meiner irdischen Existenz* und *Glücks-Wirbel.*

Lege diese, wie auf der zweiten Grafik skizziert, aus. Befestige deine Collage an einer Wand vor den Bodenankern *Jetzt* und *Glücks-Wirbel.* Sie sollte sich mindestens eine Armlänge vom Bodenanker *Glücks-Wirbel* befinden, und du solltest alles, was darauf geschrieben steht, auch lesen können. Lass dich bezüglich der anderen Blattabstände von deiner Intuition leiten. Stelle dich nun einmal auf *Glücks-Wirbel,* breite deine Arme weit nach links und rechts aus und drehe dich 360 Grad um deine eigene Achse. Deine Fingerspitzen legen dabei den Durchmesser, die Begrenzung deines *Glücks-Kreises* bzw. *Glücks-Wirbels,* fest.

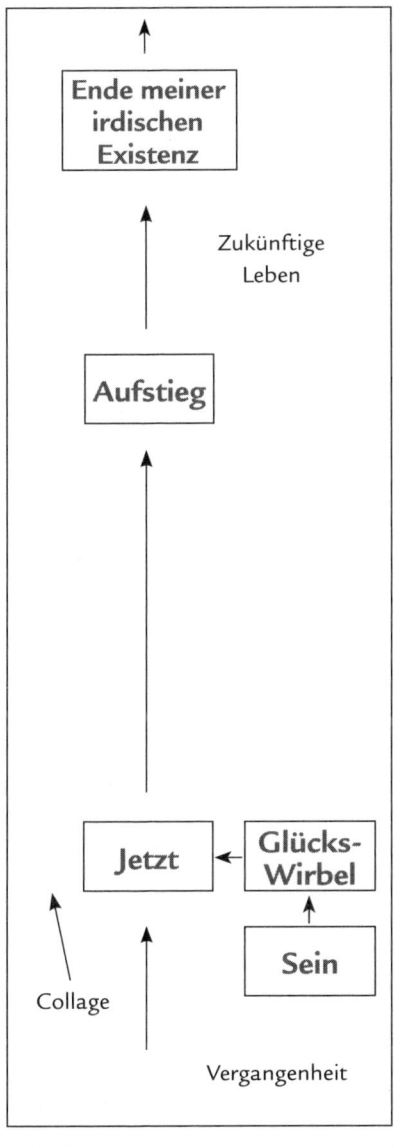

1. Stelle dich über das Blatt *Sein*. Lege jetzt deine linke Hand auf die »Sonnen-Stelle«, die rechte darüber, atme einmal tief ein und aus und sage: »*Sein*«.

Lass nun dieses Licht, das von deiner inneren Kraft ausgeht, sich in deinem Körper ausbreiten und jede Zelle erleuchten, bis es schließlich deinen ganzen Körper einhüllt. Mache an diesem Punkt einen kleinen Schritt, stelle dich über *Glücks-Wirbel* und drehe dich in Richtung deiner *Collage*.

2. Bleibe in deiner »Sein«-Energie und lass diese nun aus deinem Körper herausstrahlen, bis sie schließlich deinen ganzen »Glücks-Kreis« ausfüllt. Bleibe in dieser Energie und schaue nun auf deine Glücks-Collage. Gib nun eine Information nach der anderen in deinen Glücks-Kreis. Beginne dabei mit dem Bild, das dich glücklich

zeigt, und danach folgen alle deine Glückssymbole. Sprich anschließend auch jedes Wort und jeden Satz auf deiner Collage einmal laut aus und gib auch diese Informationen in deinen Glücks-Kreis.

3. Atme nun einmal tief ein und aus und betrachte deinen Glücks-Kreis von innen. Mit welcher Farbe strahlt dieser? Wie fühlst du dich im Zentrum dieses Glücks?

4. Klopfe nun in dieser Energie und mit dieser Vorstellung die Thymusstelle (etwas unterhalb der Schlüsselbeinpunkte) und stelle dir dabei vor, wie du damit deinen Glücks-Kreis im Uhrzeigersinn bewegst. Das Tempo deines Klopfens bestimmt dabei auch die Drehgeschwindigkeit. Finde eine Geschwindigkeit, bei der du dich sehr, sehr wohl fühlst. Klopfe weiter die Thymusstelle, atme an diesem Höhepunkt deiner Glücks-Erfahrung einmal tief ein und aus und sage laut: »Ich bin glücklich!« Klopfe weiter mit diesem Satz (Mantra), mache einen kleinen Schritt und bringe diese Energie ins *Jetzt*. Drehe dich dabei in Richtung *Aufstieg*.

5. Klopfe weiter mit »Ich bin glücklich!« und genieße es nun, dich in deinem Glücks-Wirbel im *Jetzt* zu befinden. Bleibe in dieser Energie und auch bei dieser Vorstellung so gut du kannst. Klopfe weiter mit deinem Mantra und mache dich auf den Weg zum nächsten Blatt *Aufstieg*. Gehe langsam dorthin mit kleinen Schritten. Dein Glücks-Wirbel energetisiert auf diesem Weg nicht nur diesen Teil der Zeitlinie, sondern zieht auch noch all das an, was für dich Glück bedeutet, und wird damit immer kraftvoller.

Mache einen kurzen Stopp über dem Blatt *Aufstieg* und lasse deinen Glücks-Wirbel intensiv auf diesen Zeitpunkt einwirken, bevor du weiter zu *Ende meiner irdischen Existenz* gehst.

6. Stoppe auch dort für einige Atemzüge, mache noch einen Schritt nach vorne (ins »Nirwana«?) und gehe danach neben deiner Zeitlinie zurück ins *Jetzt*.
7. Wiederhole die Schritte 5 bis 7 noch viermal in immer schnellerem Tempo.

Noch einige Hinweise zu diesem dritten Teil der Übung:

· Nachdem du in Schritt 4, auf dem Höhepunkt deiner Glücks-Erfahrung, mit dem Klopfen der Thymusstelle und dem Aussprechen des Satzes: »Ich bin glücklich!« einen Anker für deinen Glücks-Wirbel gesetzt hast, ist es wichtig, das Klopfen dieses Satzes ohne Pause, bis zum Ende der *gesamten* Übung fortzuführen. Damit wird gewährleistet, dass du in dieser Energie bleibst und auch deinen Glücks-Wirbel aufrechterhältst.
· Sollten auf deiner Zeitreise negative Gefühle/Emotionen bei dir hochkommen, so stoppe an dieser Stelle und lasse deinen Glücks-Wirbel darauf wirken. Klopfe auch dabei weiter die Thymusstelle und sprich dein Mantra aus, bis sich dieses negative Gefühl bzw. die Emotion aufgelöst hat und du dich wieder in deiner Glücks-Wirbel-Energie befindest.
· Ein gutes Zeichen ist es auch, wenn deine zukünftige Zeitlinie so nach und nach die Farbe deines Glücks-Wirbels annimmt. Lass dies nicht nur geschehen, sondern unterstütze es.
· Denke auch daran, dass du dich jederzeit sozusagen im Auge des Wirbels befindest. Wie bei einem echten Wirbelsturm ist dort Ruhe und Frieden.
· Deine Absicht sollte es auch sein, auf deinem Weg alle deine Weggefährten in diese Energie mit einzubeziehen.

Auch wenn dieser Glückswirbel in sich begrenzt ist, so strahlt doch seine Energie weit darüber hinaus. Es ist wie bei einer Sonne, die ja auch in sich begrenzt ist. Ihre Strahlen erreichen uns jedoch auch noch in 150 Millionen Kilometer Entfernung.

· Auf deiner Zeitreise sollte auch deine Haltung und Mimik dieses Glücksgefühl widerspiegeln. Lächle und stelle dir dabei vor, du trägst eine Glücks-Krone. Dies wird zu einer perfekten Haltung während des Gehens führen.

· Du kannst *nichts* falsch machen! Solange du dich in dieser Glücksenergie befindest und darin deine zukünftige Zeitlinie abschreitest, wird diese Übung ihre Früchte tragen. Vergiss das Denken und habe dabei so viel Spaß wie nur möglich.

· Auch wenn du vielleicht ein ums andere Mal die Vorstellung des Glücks-Wirbels verlierst, so bleibe in der Energie, klopfe weiter deinen Thymuspunkt und sage dein Mantra auf.

· Ich möchte dir auch empfehlen (auch nach der Reise), täglich mehrmals für wenige Minuten in die Energie deines Glücks-Wirbels zu gehen, um dein Glücksniveau zu festigen bzw. noch weiter zu erhöhen.

· Ein solcher Wirbel eignet sich natürlich nicht nur für Glück. Wie wäre es mit einem Reichtums-, Partnerschafts- und/oder Gesundheitswirbel?!

»Mein gesamtes Lebensgefühl hat sich von ›na ja, ganz okay‹ stetig verwandelt in ein echtes Glücksgefühl in mir drin. Es ist dauerhaft wachgerufen, und ich kann jederzeit mit einem kurzen Switch zu meinem persönlichen Glücksanker umschalten. Am besten finde ich den Glücks-Wirbel am Ende *des Kurses. Ich verwende ihn zum einen, um meine eigene Stimmung (Schwingung) zu erhöhen, und wenn ich irgendwo hinkomme, wo sich die Stimmung mäßig anfühlt, aktiviere ich meinen Glücks-Wirbel und bin voll da. Ich spüre dann sofort mehr Lebensfreude, Spaß, Glück, Mut, Lust auf Neues und das alles zusammen gleichzeitig! SUPER!!! Meine Anziehungskraft für Positives hat sich spürbar verstärkt. Als ich den Kurs angefangen habe, dachte ich, ich würde positiv denken und ich wäre glücklich. Durch den Kurs kamen noch eine Menge Altlasten an die Oberfläche, die sich anfangs nur als diffuse Widerstände zeigten. Jetzt, nach den 30 Tagen, hat sich mein Lebensgefühl spürbar verbessert. Über Dinge, über die ich mir vorher Sorgen gemacht habe, lache ich jetzt nur noch. ICH BIN mir selbst viel bewusster und meine ICH-BIN-PRÄSENZ lebt. Dir, Christian, herzlichsten Dank für dieses Geschenk.«*

(Onlinekurs-TeilnehmerIn)

Übersicht Etappe 14

· Etappendauer: 5 Tage
· Aufgaben:
  – Vorbereitung und erstes Vertrautmachen mit der dreiteiligen Übung, ca. 30 Minuten
  – Sein-Anker, ca. 15 Minuten
· Reinigen der Zeitlinie (Vergangenheit), ca. 70 Minuten
· Zeitlinie (Jetzt und Zukunft) mit Glücks-Wirbel energetisieren, ca. 70 Minuten

Resümee und Vorausplanung

> »Das Glück kann man nur multiplizieren,
> indem man es teilt.«
> *Albert Schweitzer*

Blick zurück

An dieser Stelle möchte ich dich ganz herzlich beglückwünschen. Du hast es geschafft! Nun solltest du ausgiebig mit deiner Familie und deinen engsten Freunden feiern. Und dann gönne dir erst einmal eine Woche Pause, verreise und bewege dich viel an der frischen Luft, damit die Energie weiter im Fluss bleibt. Veränderungen machen sich nicht selten erst später bemerkbar, in kürzeren oder auch längeren Ruhephasen.

Danach solltest du jedoch eine Bestandsaufnahme machen, ein Reise-Resümee ziehen, den Ort, an dem du dich *jetzt* befindest, ergründen. Hier ziehst du auch Bilanz über die einzelnen Etappen und ihre jeweiligen Aufgaben und planst die Art und Weise, wie du auch zukünftig dein Glücksniveau stabilisieren oder gar noch weiter erhöhen möchtest.

Dauerhaftes Glück ist eine Pflanze, die regelmäßiger Pflege bedarf, doch sollte man diese auch nicht übertreiben. Mit nur wenigen Minuten täglicher Investition kannst du es stabilisieren und mit nur wenig mehr erhöhen.

Abschließend verrate ich dir noch ein großes Geheimnis: Hast du erst das Glück in dir selbst entdeckt, wird es einfach weiter wachsen, wenn du es weitergibst.

Feedbackbogen

Mit Hilfe des Feedbackbogens (Seite 156 f.) kannst du jetzt, nach deinem Urlaub, ein letztes Resümee ziehen, was deine Reise betrifft. Es war sicherlich eine lange, mit Tiefen und Höhen, und auch wenn du dein Ziel vielleicht (noch) nicht ganz erreicht hast, so hast du doch den Weg genossen. Um Letzteres geht es doch im Leben! Denn wie lange befinden wir uns wohl an unseren Zielen und um wie viel länger auf den Wegen dorthin?!

Dankbarkeit

Nimm ein Blatt Papier, auf dem du Dinge, Personen, Erkenntnisse, Lehren, Übungen usw. notierst, für die du, was deine Reise betrifft, dankbar bist. Dazu gehören auch Aspekte, die »scheinbar« nichts mit ihr zu tun haben. Lass dazu einfach die gesamte Reise noch einmal Revue passieren. Beginne jeden Satz mit: »Ich bin so dankbar und glücklich, dass ...«. Gehe abschließend über diese Liste und klopfe jeden der einzelnen Aspekte einmal an einem Meridianpunkt.

> Klopfpunkt 1: »Ich bin so dankbar und glücklich, dass ... (erster Punkt auf der Liste).«
> Klopfpunkt 2: »Ich bin so dankbar und glücklich, dass ... (zweiter Punkt auf der Liste).«
> Klopfpunkt 3: »Ich bin so dankbar und glücklich, dass ... (dritter Punkt auf der Liste).«
> Usw.

Blick nach vorne

Wann und wie geht die Reise weiter?

Du möchtest dein derzeitiges Glücksniveau stabilisieren oder gar noch weiter erhöhen? Dann solltest du dich entscheiden, wann und wie du die nächste Reise beginnen willst. Lege ein Datum fest und mache einen Plan.

Bezüglich Letzterem stelle dir folgende Fragen:

· Welche Aufgaben der letzten Reise haben mir am meisten gebracht?
· Will ich mein Glücksniveau stabilisieren oder noch weiter erhöhen?

Zur Stabilisierung genügen in der Regel nur wenige Minuten täglich, vier- bis fünfmal die Woche, zur Erhöhung doch etwas mehr.

Empfehlungen und weitere Möglichkeiten

Das weitere Loslassen von Negativ-Erfahrungen ist sicherlich meine Top-Empfehlung, was deinen Plan für eine nächste Reise betrifft. Selbstliebe und Selbstakzeptanz und Glaubenssatzarbeit sind weitere gute Optionen. Den Lesern meines LOA-Buches möchte ich diesbezüglich die Übungen »Liebe ausstrahlen« (Seite 197), »Glück« (Seite 256) und »Frieden« (Seite 260) ans Herz legen, die auch auf der dem Buch beigelegten LOA-CD zu finden sind. Dazu noch die »Power-Pause« (Seite 155).

Auch mein EFT-Buch bietet weitere Reise-Möglichkeiten, wie beispielsweise das »Slow-EFT« (Seite 192), welches man mit den beiden Polaritäten *Unglücklichsein* und *Glück-*

lichsein durchführen könnte. Das »EFT-Stoffwechsel-Protokoll« (Seite 296) mit dem *Glücksniveau* durchzuführen, ist eine weitere Empfehlung meinerseits.

Mit einer letzten Möglichkeit beende ich dieses Kapitel. Ich nenne sie Glücks-Umsetzung.

Glücks-Umsetzung: Eventuell hast du ein oder auch mehrere Karteikarten zu Hand. Notiere auf einer einen Punkt, einen Aspekt von deiner Glücks-Collage, den du heute umsetzen möchtest. Dieser ist sozusagen das Motto des Tages. Lebe dieses und ergänze deine Karte täglich (oder pro Woche) um einen weiteren Punkt. Beginne am besten mit den physischen wie Atmung, Körperhaltung, Mimik, Blick, Sprechen usw. Sollte es sich später um Bedeutungen, Eigenschaften, Verhaltensweisen und Glaubenssätze handeln, mit denen du noch nicht kongruent bist, so tue einfach so, als ob diese schon für dich gültig wären.

Tipp: Diese Kongruenz kannst du noch schneller erreichen, indem du das jeweilige Motto mehrmals täglich an deinem Handkantenpunkt einklopfst. Die Kongruenz mit deiner Collage wird sich mit dieser Vorgehensweise von Tag zu Tag erhöhen und du schlussendlich auch das leben, was du schon immer bist: *Glücklich.*

> *»Besonders nach Ablauf des Kurses stelle ich eine sehr positive Grundeinstellung fest. Diese war vorher zwar auch schon vorhanden, aber ich habe das Gefühl, dass sie sich irgendwie manifestiert hat. Ich kann das Gefühl kaum in Worte fassen, aber ich kann das Angenehme täglich mehr spüren. Mein ganzes Umfeld profitiert davon!«*
>
> (Onlinekurs-TeilnehmerIn)

5. Auswertung des Onlinekurses

Bevor ich zur eigentlichen Auswertung komme, gebe ich dir noch einige wichtige Vorabinformationen.

Geplant war eigentlich ein Kurs, der eine Symbiose von EFT und LOA sein sollte. Für jeden Teilnehmer, jede Teilnehmerin sollte ein ganz persönliches Ziel die Grundlage sein. Erst kurz vor Beginn entschied ich mich jedoch für ein Thema, das meiner Meinung nach für alle interessant war: glücklich(er) sein.

Der Kurs fand im April 2009 statt und ging über 30 Tage (1. bis 30. April 2009). Die Vorgabe sah einen Arbeitsaufwand von durchschnittlich 60 Minuten pro Tag vor. Weiterhin gab es vier »Ruhetage«, ich nannte sie »Glückstage«, mit minimalem Programm. Zusätzlich gab es auch noch fünf ca. 60-minütige Telefonkonferenzen. Die Auswertung des von mir erbetenen Feedbacks bezieht sich auf den Durchschnitt der Bewertungen der 44 TeilnehmerInnen.

Beginnen werde ich mit allgemeinen Faktoren, die nur am Ende des Kurses bewertet wurden.

Allgemein

Prozentsatz des absolvierten Programms: *82,52* (von 100)
Aktive Tage: *27,73* (von 30)
Zeitinvestition pro aktivem Tag: *54,51 Minuten*

Zeitinvestition für die aktiven Tage insgesamt: *25,19 Stunden*

Spaß am Kurs (Skala 0–10, 10 = Super): *6,98*

Schwierigkeitsgrad des Programms (0–10, 10 = sehr schwer): *3,73*

Telefonkonferenzen hilfreich (0–10, 10 = sehr hilfreich): *6,00*

Die häufigsten Kritikpunkte waren die Kürze des Kurses und demzufolge der hohe Arbeitsaufwand von ca. 60 Minuten pro Tag und weitere fehlende Ruhetage. Die Verlängerung der Programmdauer auf zwölf Wochen war daher die logische Konsequenz.

Spezifisch

Die Bewertung bezog sich hierbei auf die sieben Tage vor dem jeweiligen der drei Bewertungstermine (aufgrund der Kürze des Onlinekurses gab es nur drei Termine). Für den Verlauf des »Glücksniveaus« habe ich alle drei Bewertungen herangezogen, für die weiteren Aspekte nur kurz vor und 5 Tage nach Ende des Kurses.

Glücksniveau (Skala -10 bis +10, -10 = ganz schlecht, 0 = okay, +10 = super)

31.03.09 (1 Tag vor Beginn des Kurses): *+1,86*

14.04.09 (Mitte des Kurses): *+4,49*

(eine Erhöhung von *2,63*)

05.05.09 (5 Tage nach dem Kurs): *+6,28*

(eine weitere Erhöhung um *1,79*)

Erhöhung des Glücksniveaus insgesamt: *4,42*

Kleine Randnotiz: Diese Werte zeigen, dass es offensichtlich leichter ist, ein niedriges Niveau zu steigern, als ein mittleres oder gar hohes.

Kommen wir zu den weiteren bewerteten Aspekten.
Zeitlicher Glücklichsein-Anteil: Steigerung von *23,82 Prozent.*
Die folgenden Punkte wurden wieder auf einer Skala von -10 bis +10 bewertet. Der angegebene Wert bezieht sich nur auf die jeweilige Verbesserung.

Körperliches Befinden: *3,84*
Emotionales Befinden: *3,98*
Mentales Befinden: *3,33*
Innerer Frieden: *3,88*
Innere Freiheit: *4,26*
Ausgeglichenheit: *3,55*
Fitness: *3,86*
Vitalität: *3,33*
Schlafqualität: *3,05*

Erwähnen möchte ich noch, dass die Onlinekurs-TeilnehmerInnen weder dieses ausführliche theoretische Hintergrundwissen noch eine Hilfestellung wie die diesem Buch beiliegende CD besaßen. Auch die Erklärung der Klopfakupressur beschränkte sich auf das Allernotwendigste (vier DIN-A4-Seiten).

Bewertung der einzelnen Übungen

43 TeilnehmerInnen haben auch noch die jeweiligen Übungen bewertet. Die Skala reichte hierbei von 0 bis 10 (10 = super). Natürlich findest du hier nur die Bewertungen der Übungen, die ebenfalls Bestandteil dieses Buches sind, von denen ich allerdings einige geringfügig modifiziert habe.

Dankbarkeitsliste:	*8,86*
Vorausplanung:	*8,70*
Freundlichkeitskette:	*8,62*
»Zusammen«-Klopfen:	*8,58*
Loslassen von Negativ-Erfahrungen:	*8,37*
Selbstliebe und Selbstakzeptanz:	*8,32*
Glaubenssatzarbeit:	*8,22*
Klopfakupressur allgemein:	*8,21*
Switchwords allgemein:	*8,19*
Reinigen der Zeitlinie (Vergangenheit):	*8,11*
»Sein-Anker«:	*8,08*
NeiGong mit Bouncing:	*8,07*
Glücks-Bedeutung:	*8,04*
Glücks-Collage:	*8,04*
Glücklicher Mensch:	*7,92*
Loslassen von Glücklichsein-Abhängigkeiten:	*7,92*
Schuld(en) loslassen:	*7,88*
Glücks-Lächeln:	*7,81*
Reise-Anker:	*7,77*
Glücksbefreiungs-Kugel:	*7,77*
Systemisches Gepäck loslassen:	*7,69*
Filmtechnik allgemein:	*7,69*
Loslassen Wünsche:	*7,68*

Annehmen des Körpers:	7,61
Zeitlinie (Jetzt und Zukunft)	
mit Glücks-Wirbel energetisieren:	*7,59*
Loslassen von Glücklichsein-Erwartungen:	*7,58*
Offene Rechnungen loslassen:	*7,46*
Glücks-Umsetzung:	*7,27*
Mittelwert für alle Übungen:	***8,0***

Nachwort und Ausblick

Amerikanische Forscher kamen zu der Erkenntnis: *Glück ist
ansteckend und kann sich ausbreiten wie eine Grippe-Epidemie*[13].

Dies nahm wohl ein – leider unbekannter – Verfasser
(bitte melden!) als Anregung zu folgendem Text[14], den er
mit der Bitte um Verbreitung in Umlauf brachte. Mit einem
herzlichen Dankeschön tue ich dies sehr gerne:

»Weltweite Epidemie«

*Die WHO befürchtet, dass Milliarden Individuen in den
nächsten 10 Jahren infiziert werden. Hier folgen die Haupt-
symptome dieser schrecklichen Krankheit:*

1. Die Neigung, sich durch seine eigene Intuition
   leiten zu lassen anstatt unter dem Druck von Ängsten, aufgezwungenen Ideen und Verhalten, das in
   der Vergangenheit konditioniert wurde.
2. Totaler Mangel an Interesse, andere oder sich selbst
   zu beurteilen oder sich mit etwas zu beschäftigen,
   das Konflikte verursachen könnte.

---

13 Quelle: http://www.ksta.de/html/artikel/123 194 534 9439.shtml
14 Erhalten per E-Mail.

3. Totaler Verlust der Fähigkeit, sich Sorgen zu machen – das ist eines der allerschlimmsten Symptome.

4. Ein konstantes Wohlgefühl beim Wertschätzen von Menschen und Dingen, so wie sie sind, was zur Folge hat, dass man andere nicht mehr verändern will.

5. Das Bestreben, sich selbst zu ändern und für die eigenen Gedanken, Gefühle, Emotionen, den Körper, das materielle Leben und die Umgebung auf eine positive Art zu sorgen, so dass unser Potenzial an Gesundheit, Kreativität und Liebe voll entwickelt wird.

6. Rezidivierende (wiederholt auftretende) Anfälle von Lächeln – einem Lächeln, das »Danke« sagt und das ein Gefühl von Einheit mit allem, was lebt, aufbaut.

7. Eine stets weiter wachsende Empfänglichkeit für Einfachheit, Lachen und Freude.

8. Immer häufigere Momente, in welchen man mit seiner Seele in Non-Dualität kommuniziert, was ein angenehmes Gefühl von Zufriedenheit und Glück verursacht.

9. Befriedigung darin finden, dass man sich wie ein Mensch verhält, der Fröhlichkeit und Licht bringt anstatt Kritik oder Gleichgültigkeit.

10. Die Fähigkeit, alleine, in der Partnerschaft, in der Familie und in einer Gemeinschaft auf eine flotte und gleichberechtigte Art zu leben, ohne Opfer, TäterIn oder RetterIn spielen zu wollen.

11. Ein Gefühl von Verantwortlichkeit und Glückseligkeit: Man will der Welt seine Träume von einer harmonischen und friedlichen Zukunft und einem Leben im Überfluss schenken.

12. Totale Akzeptanz der eigenen Anwesenheit auf der Erde und der Wille, sich jeden Moment zu entscheiden für das, was schön, gut, wahr und lebendig ist.

Wenn Sie weiterhin in Angst, Abhängigkeit, Konflikten, Krankheit und Konformismus leben wollen, vermeiden Sie um jeden Preis jeden Kontakt mit Menschen, welche diese Symptome zeigen. Denn dieser Zustand ist äußerst ansteckend.

Falls sich bei Ihnen schon Symptome zeigen, müssen Sie wissen, dass Ihr Zustand wahrscheinlich hoffnungslos ist. Medizinische Behandlungen können für kurze Zeit einzelne Symptome unterdrücken, aber das unausweichliche Fortschreiten der Krankheit kann nicht aufgehalten werden. Es gibt nämlich keine Impfung gegen Glück.

Weil diese Glückskrankheit den Verlust der Angst vor dem Tod mit sich bringt, was einer der zentralen Pfeiler ist, worauf sich der Glaube an die materialistische moderne Gesellschaft stützt, kann eine große soziale Veränderung entstehen, die sich äußert im Verlust der Neigung, Krieg führen und Recht haben zu wollen, und im Entstehen von Ansammlungen von glücklichen Menschen, die singen, tanzen und das Leben feiern; sowie im Auftreten von Gruppierungen, die ihre körperliche und seelische Heilung feiern, die Lachanfälle und kollektive Glücksgefühlsausbrüche haben.

Bitte weiterverbreiten ...

Es ist sicherlich »gut«, sich von diesem Glücksvirus anstecken zu lassen. »Besser« ist es zweifellos, auch andere damit zu infizieren. »Am besten« lässt du »gut« zu und tust »besser«!

Möge dein Weg zum Glücklichsein gesegnet sein mit Licht, Liebe, Freude, Freiheit, Frieden, Leichtigkeit und Gesundheit.

Herzlichen Dank und alles Gute

Christian

»Also bei mir hat sich das Glücksniveau auch noch in kleinen Schritten weiter gesteigert. Ich habe das Gefühl, die stetige Steigerung hält nach wie vor an. Bei mir war es so, dass ich erst nach Abschluss des Kurses das Gefühl hatte, das Erreichte so richtig genießen und somit das Glücksgefühl auskosten zu können. Irgendwie fiel mir immer dieser Spruch ein: Erst die Arbeit, dann das Vergnügen, obwohl ich während des Kurses ja auch schon viel Vergnügen hatte.«

(Onlinekurs-TeilnehmerIn)

Dank

Mein Dank gilt all den fleißigen Onlinekurs-Teilnehmer-Innen, die bereitwillig als »Versuchskaninchen« zu diesem Buch beigetragen haben.

Ich danke auch den Autoren und Lehrern Fred P. Gallo, Gary H. Craig, Robert Smith, Maya de Vries, Rudolf Kaufmann, Petra Müller, Hans-Harro Franke, Dr. Len, James T. Mangan, Joe Vitale, David R. Hawkins, Chunyi Lin und vielen anderen.

Ein besonderer Dank gebührt meinem lieben Freund Rainer Fath, der mein spirituelles Wachstum in den letzten Jahren in großem Maße gefördert hat und auch wertvolle Tipps, Anregungen und Erkenntnisse zu diesem Buch lieferte.

Danke an Roland Kènzler für kollegiale Unterstützung sowie exzellente Energiearbeit und Transformation mit der Yuen-Methode™.

Ich danke dem Arkana-Verlag für sein Vertrauen, seine Unterstützung und die Chance zu diesem, meinem dritten Buch.

Mein Dank geht auch an dich, liebe Leserin, lieber Leser. Inspiriere mit deinen neu erworbenen Erkenntnissen und Fähigkeiten andere und lasse sie an deinem Glück teilhaben.

Ganz herzlich danke ich auch meiner Familie, meinen Freunden und Bekannten, die mich auf meinem bisherigen Lebensweg begleitet und bei meinen Projekten bedingungslos unterstützt haben.

Anhang

Hier findest du neben dem Literatur- und Linkverzeichnis sowie einigen Informationen zu mir auch noch mein Klopfakupressur-Rezept in Kurzform, eine Etappenplan-Streichliste, den Kristall der Wirklichkeit für »Loslassen« und die Inhaltsangabe der beigefügten CD.

Literatur

Byrne, Rhonda: *The Secret – Das Geheimnis.* Arkana Verlag, München 2006

Dwoskin, Hale: *Die Sedona-Methode®.* VAK Verlags GmbH, Kirchzarten 2006

Gallo F. P.: *Energetische Psychologie.* VAK Verlags GmbH, Kirchzarten 2000

Gallo F. P.: *Handbuch der Energetischen Psychologie.* VAK Verlags GmbH, Kirchzarten 2002

Hicks, Esther und Jerry: *The Law of Attraction.* Allegria Verlag, Berlin 2008

Losier, Michael J.: *Das Gesetz der Anziehung.* Integral Verlag, München 2007

Mangan, James T.: *Das Geheimnis der vollkommenen Lebensführung.* O. O. Parker 1963

Reiland, Christian: *LOA. Das Gesetz der Anziehung.* Arkana Verlag, München 2008

Reiland, Christian: *EFT. Klopfakupressur für Körper, Seele und Geist.* Arkana Verlag 2006

Reiland, Christian: *E-Mail-Trainings-Unterlagen für LOA und EFT.*

Links

Internetseiten des Autors: *www.eft4all.de www.eft-shop.de www.gesetzderanziehung.de*
LOA-Forum: *www.loa-forum.de*

Ho'oponopono: www.hooponopono.org

Wikipedia-Enzyklopädie: *http://de.wikipedia.org*
Wikipedia spirituell: *http://de.spiritualwiki.org*

Zu EFT

EFT-Fachverband der professionellen EFT-AnwenderIn-nen, Deutschland, Österreich, Schweiz: *www.eft-dach.org*
EFT Netzwerk International (ENI): *www.eft-netzwerk.de*
EFT und Kinder: *www.eft-kinder.de*
Deutschsprachiges Forum für energetische Methoden: *www.energiepsychologie.net/forum*

Mein Klopfakupressur-Rezept in Kurzform

Schritt 1. Wähle ein *Problem*, das du gerne loslassen würdest.

Schritt 2. Frage dich, ob du jetzt dazu *bereit* bist. Widerstände sind Klopfthemen. Vielleicht ist es jedoch auch gefährlich, noch nicht die richtige Zeit, oder es muss zuvor ein anderes Problem bearbeitet werden.

Schritt 3. *Verbinde* dich mit dem Problem und versuche die Intensität noch zu steigern. Sei bei der Verbindung so spezifisch wie möglich. Fokussiere den hervorstechendsten Aspekt (Bild, Gedanke, Erinnerung, Gefühl, Emotion). Notiere gegebenenfalls den momentanen *Stresswert*.

Schritt 4. *Anweisung an das Unterbewusstsein:* Bleibe bei deinem Problem und stell dir einen Baum vor, der dieses repräsentiert. Visualisiere, wie diesem alle Wurzeln entfernt werden, woraufhin er fällt.

Schritt 5. *Einstimmung:* Gehe erneut (wie in Schritt 3) intensiv mit deinem Problem in Verbindung, nimm es an (übernimm die vollständige Verantwortung) und klopfe für zwei Atemzüge den Handkantenpunkt (Punkt 0).

Schritt 6. *Sequenz:* Halte die Verbindung und klopfe währenddessen nacheinander die 9 Meridianpunkte. Atme an jedem Punkt einmal ein und aus.

Die Punkte 2,3,4 und 7,8,9 kannst du beidseitig stimulieren. Klopfe so stark, dass es hörbar ist. Atme an jedem Punkt einmal ein und aus und gehe dann weiter zum nächsten. Halte während des Klopfens die Verbindung zu deinem Problemaspekt, so gut es geht, aufrecht. Sollte während des Klopfens der Intensitätswert ansteigen, so mache weitere Sequenzen, bis du eine Erleichterung verspürst. Gehe erst dann zum nächsten Schritt.

Schritt 7. *Abschluss:* Umfasse mit der rechten Hand das Handgelenk der linken, mache einen tiefen Atemzug und sage danach laut oder leise: »Frieden«. (Installiere vorab *einmal* deinen Friedens-Anker, siehe Seite 117.)

Schritt 8. *Test:* Überprüfe das Ergebnis, indem du Schritt 3 wiederholst. Teste gründlich und achte auf Aspekt-Veränderungen (Inhalt, Emotion, Gefühl). Sollte weder dieses noch eine Intensitätsminderung eintreten, so wiederhole die Schritte 5 bis 8, gegebenenfalls mit einem engeren Fokus oder der Konzentration auf einem anderen, stimmigeren Aspekt.

Schritt 9. *Weitere Runden:* Wiederhole die Schritte 5 bis 8, bis der Intensitätswert auf 0 ist bzw. du mit dem gesamten Thema in Frieden

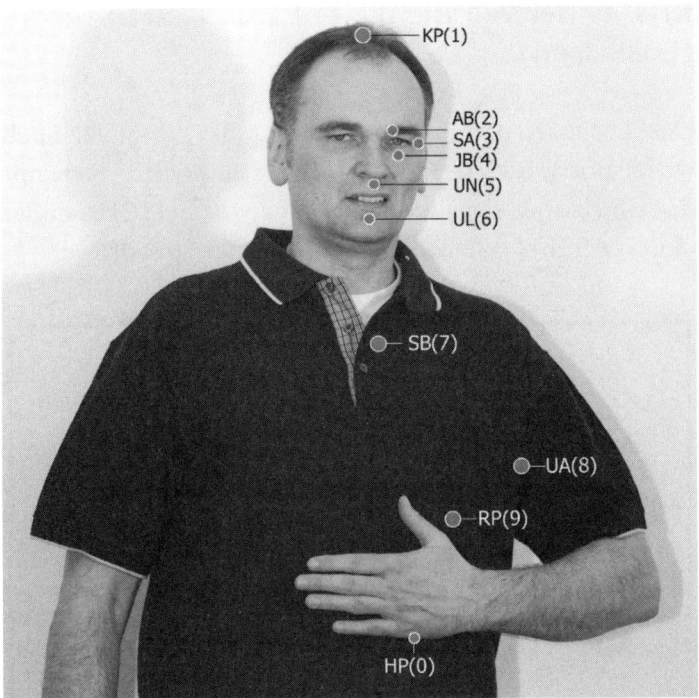

bist. Bearbeite dabei stets den im Vordergrund stehenden Aspekt des Problems. Sollte der Intensitätswert an irgendeiner Stelle nicht weiter sinken, so kannst du diesen Widerstand klopfen. Vielleicht brauchst du aber auch noch diesen Rest. Denke daran, dass positive Veränderungen verspätet eintreten können.

Schritt 10. *Stabilisierung:* Klopfen und/oder Friedens-Anker. Verbinde dich abschließend und auch öfters in den nächsten Tagen für einige Sekunden mit dem Thema, klopfe den Handkantenpunkt und sage »Frieden«. Alternativ zum Klopfen kannst du deinen Friedens-Anker verwenden.

Erwarte nichts, sei entspannt und offen für schnelle, positive und dauerhafte Veränderungen. Lass dich überraschen!

Kristall der Wirklichkeit »EL'GOTSHA« (Loslassen)[15]

Das Loslassen kannst du während des Klopfens noch weiter unterstützen, indem du dich zusätzlich noch mit diesem Kristall verbindest und laut »EL'GOTSHA« oder »LOSLASSEN« an jedem Klopfpunkt aussprichst.

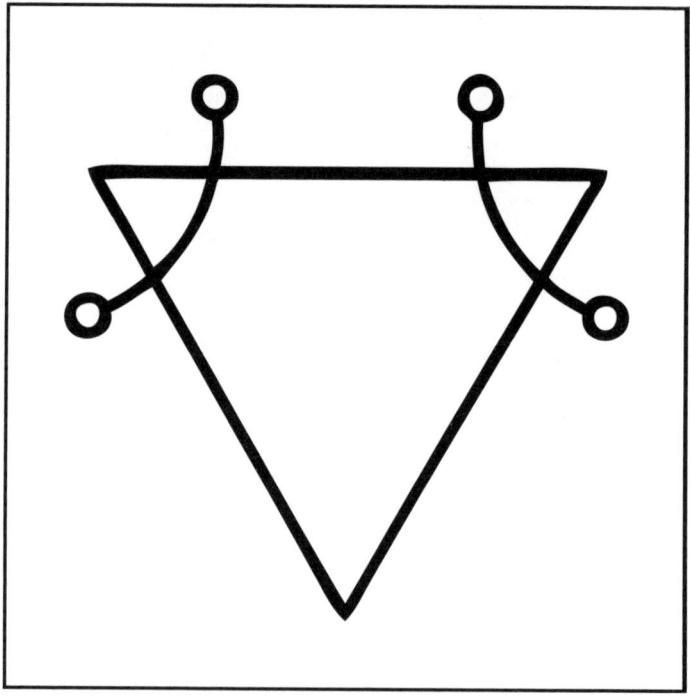

---

15 Mit freundlicher Erlaubnis der Kryonschule, http://www.kryonschule. de. Weitere Infos und Downloads zu Kryon-Kristallen unter http://www. kryonschule.de/die-3-sprache.html

Etappenplan-Streichliste

Mit dieser Liste hast du die Möglichkeit, immer auf dem aktuellen Stand der jeweiligen Etappe zu sein, und erhältst auch noch einen Überblick über eventuelle Resttage.

Markiere bzw. kreuze die absolvierten Tage jeweils von links nach rechts an.

1. Wohlbefinden   ⑦ ⑥ ⑤ ④ ③ ② ①

2. Selbstliebe und
   Selbstakzeptanz   ⑦ ⑥ ⑤ ④ ③ ② ①

3. Negativ-Erfahrungen   ⑨ ⑧ ⑦ ⑥ ⑤ ④ ③ ② ①

4. Schuldgefühle   ③ ② ①

5. Offene Rechnungen   ③ ② ①

6. Einschränkende
   Kern-Glaubenssätze   ⑤ ④ ③ ② ①

7. Systemisches Gepäck   ④ ③ ② ①

8. Zukunftsbefürchtungen   ③ ② ①

9. Erwartungen   ② ①

10. Wünsche   ② ①

11. Glücklichsein-Abhängigkeiten   ② ①

12. Tailender   ④ ③ ② ①

13. Ressourcen und Kraftquellen   ④ ③ ② ①

14. Finale   ⑤ ④ ③ ② ①

Der Autor

Christian Reiland, Jahrgang 1961, ist Seminarleiter und Coach. Seit vielen Jahren beschäftigt er sich mit den Themen Erfolg und Persönlichkeitsentwicklung. In diesem Bereich und speziell zum Gesetz der Anziehung bietet er neben Seminaren auch Telefoncoachings, Telefonkonferenzen und auch ein Internet-Forum an.

Des Weiteren ist er Seminarleiter und Spezialist für den Bereich der so genannten Energetischen Psychologie (Klopfakupressur), insbesondere der Emotional Freedom Techniques (EFT) und bietet dazu einen viermal im Jahr erscheinenden Newsletter an. 2006 erschien sein Buch *EFT – Klopfakupressur für Körper, Seele und Geist,* dem 2008 *LOA – Das Gesetz der Anziehung* folgte, die beide eine sinnvolle Ergänzung zu diesem Buch darstellen.

Kontaktdaten und weitere Informationen:

Christian Reiland
E-Mail: *info@eft4all.de*
Websites: *www.eft4all.de* und *www.loa4all.de*

Die CD

Die hier beiliegende CD[16], produziert von Christian Reiland, soll dich bei der Ausführung einiger der in diesem
Buch vorgestellten Übungen unterstützen. Des Weiteren
kann sie dir helfen, die »Theorie« zu verinnerlichen und
dein Ziel schneller zu erreichen. Ein CD- bzw. DVD-Player
mit Fernbedienung (Pause-Taste) ist sicherlich beim Anhören und Mitmachen vorteilhaft. Die jeweiligen Titel sind
im Buch mit dem  -Symbol versehen.

Titel 1 (Glücks-Trance[17]): Dafür solltest du es dir für ca.
20 Minuten bequem machen. Empfehlenswert ist es, ihn
vor dem Einschlafen zu hören. Einmal pro Tag für drei
Wochen ist ein guter Richtwert.

Titel 2: Das ist ein Experiment. Du wirst die PU-Sug-
gestionen nicht hören können (die zwei Musikstücke
natürlich schon), da diese sich in einem Frequenzbereich
befinden, die für erwachsene Menschen nicht mehr wahr-
nehmbar sind. Dein Unterbewusstsein soll sie jedoch hören. Man nennt sie auch »Silent Subliminals«.

Wichtig: Kinder und Haustiere sollten damit nicht be-
schallt werden, und du solltest sie auch nicht unter Alko-
hol- oder Drogeneinfluss, nicht bei Katatonie oder Epilep-
sie und nicht in der Schwangerschaft verwenden.

16 Musik (Titel 1 und 2) von Gabi Müller http://www.smiling-ears.de
Meeresrauschen (»playa escondida«) von Wolfgang Gurlet http://www.
musicalia.de

17 Glücks-Trance unter Mithilfe von Nora Madeleine Grünzig www.green-
groupe.de

Für Silent Subliminals benötigst du ein Audio-Gerät und insbesondere Lautsprecher, die einen Frequenzbereich bis mindestens 20 000 Herz (20khz) wiedergeben können. PC- und Notebooklautspecher können dies oft nicht.

Titel 2 kannst du bei jeder sich bietenden Gelegenheit (Lesen, Schreiben, Sport, Bügeln, Abwasch usw.) in normaler bzw. angemessener Lautstärke hören, du musst also keine zusätzliche Zeit investieren. Es ist sogar eher kontraproduktiv, sich dabei auf die Musik oder auch eventuelle Hintergrundgeräusche zu konzentrieren. Probier es aus. Dreimal pro Tag (insgesamt ca. 30 Minuten) für drei Wochen könntest du dich ja mal auf dieses Experiment einlassen.

Damit du letztlich weißt, was du *nicht* hörst, hier die Suggestionen, die in den ca. 10 Minuten mehrere Male wiederholt werden:

»Du liebst und akzeptierst dich voll und ganz, so wie du bist.«

»Du liebst und akzeptierst dich voll und ganz, so wie du bist.«

»Du liebst und akzeptierst dich voll und ganz, so wie du bist.«

»Du willst deine innere Kraft leben und glücklich sein.«

»Du kannst deine innere Kraft leben und glücklich sein.«

»Du gibst dir die Erlaubnis, deine innere Kraft zu leben und glücklich zu sein.«

»Du bist es wert, deine innere Kraft zu leben und glücklich zu sein.«

»Du verdienst es, deine innere Kraft zu leben und glücklich zu sein.«

»Es ist sicher für dich und dein soziales Umfeld, deine innere Kraft zu leben und glücklich zu sein.«
»Es ist gut für dich und dein soziales Umfeld, deine innere Kraft zu leben und glücklich zu sein.«
»Gott will, dass du deine innere Kraft lebst und glücklich bist.«
»Du lebst deine innere Kraft und bist glücklich.«

Inhalt der CD

Titel	Buchseite	Länge
Glücks-Trance	Seite 317	13:30
PU-Subliminals	Seite 99, 178, 317	09:59
Friedens-Anker	Seite 117	10:22
Klopfakupressur	Seite 124	12:25
Reise-Anker	Seite 167	15:14
Sein-Anker	Seite 281	10:08